·上海社会科学院

新趋势新应对
城市发展研究借鉴与探索
New Answer under the New Age
Reference and Exploration of Urban Development Research

春 燕 著

上海社会科学院出版社
SHANGHAI ACADEMY OF SOCIAL SCIENCES PRESS

图书在版编目(CIP)数据

新趋势新应对:城市发展研究借鉴与探索/春燕著.—上海:上海社会科学院出版社,2018
 ISBN 978 - 7 - 5520 - 2465 - 4

Ⅰ.①新… Ⅱ.①春… Ⅲ.①城市发展战略-研究-中国 Ⅳ.①F299.2

中国版本图书馆 CIP 数据核字(2018)第 204850 号

新趋势新应对
——城市发展研究借鉴与探索

著　　者：春　燕
责任编辑：王　勤
封面设计：黄婧昉
出版发行：上海社会科学院出版社
上海顺昌路 622 号　邮编 200025
电话总机 021 - 63315900　销售热线 021 - 53063735
http://www.sassp.org.cn　E-mail:sassp@sass.org.cn
照　　排：南京理工出版信息技术有限公司
印　　刷：上海信老印刷厂
开　　本：720×1020 毫米　1/16 开
印　　张：18
字　　数：291 千字
版　　次：2018 年 8 月第 1 版　2018 年 8 月第 1 次印刷

ISBN 978 - 7 - 5520 - 2465 - 4/F・544　　　定价：79.80 元

版权所有　翻印必究

前　言

当前,世界经济已进入一个新的发展阶段:全球化、信息化、新技术的开发与利用、城市化水平的提高、城市网络体系的进一步完善,以及城市人口不断增加、城市人口老龄化和中产阶层规模扩大等。新的发展形势正在积极影响城市运行中的一些基本环境和指导理念发生重大变化,为此迫切需要用新的视角重新思考未来城市发展。

本书研究和探索新形势下的新对策,以国际经验和中国借鉴为核心,结合日本等国家城市发展动态,及其实践中新的重大战略、重大理念、重大项目、重大报告和最佳案例,从城市战略、城市空间、城市经济、城市文化、城市创新、城市交通、城市治理等七个角度梳理不同类型、不同城市的操作实践,筛选形成可供中国城市发展借鉴的经验。这些经验的作用及效果虽然有差异,但正是这些战略及措施的协同作用促进了城市的发展,包括影响了城市环境、社会和谐,以及促进了社会资本在城市建设中发挥更大作用,促进了城市资本与人才的积聚。本书力求做到以国际眼光对城市发展趋势进行综合分析与探讨,真实、全面地建立中国城市发展的国际参照系,以丰富的信息和案例为依托,客观准确地跟踪国际城市发展趋势,结合当前中国城市发展现状找出问题与差距,提出对策与建议,为新形势下国内城市发展提供参考。

目 录

前言 ·· 001

第一篇　城市战略

规划成熟城市——东京 21 世纪城市发展战略 ·· 003
利用市场要素促进新城建设 ·· 013
用交通构建美好城市空间 ·· 023

第二篇　城市空间

紧凑城市新概念——OECD 2012 紧凑城市政策发展报告 ······················· 033
聚焦城市公共空间的新城市形态建设——国际城市建设管理发展新趋势 ······ 040
东京城市创新建设中的容积率管理方式与特点 ·· 051

第三篇　城市经济

老龄社会地区经济影响及对策——基于《面对危机的日本经济》 ········· 063
中心城区商业化集聚促进策略——日本京都案例 ···································· 073
产学官结合形成知识创新集群 ·· 082
专栏：发挥政府职能促进中小企业成为创新主体 ···································· 087

第四篇　城市文化建设

立足特色元素和创意活力的文化发展战略——台北市文化发展案例 ········· 099
艺术家视角下的国际文化大都市——基于《全球城市综合实力评价》报告 ······ 106
区域文化都市建设——日本关西文化学术研究都市 ································ 116

第五篇 城市创新

全球创新网络节点城市建设东京案例······129
三维视角下的亚洲主要城市创新环境比较······148
研究者视角亚洲主要城市知识型创新要素评价
　　——基于《全球城市综合实力排名》报告······163
专栏：日、美支持企业境外投资经验······175

第六篇 城市交通

城市交通评价东京案例······187
从路面电车发展看未来城市公共交通发展趋势······195
未来城市交通设想······208
区域道路交通建设综合效果评价······215
专栏：层次分析法（AHP）改良······224

第七篇 社会及城市治理

现代城市有"农"生活······231
21世纪都市新型社区综合养老发展趋势······237
利用社会资源的日本末端交通治理对策······246
政府主导形成第三方为主的行业管理格局——东京出租车行业管理经验······254
专栏：公共项目治理视角下政府与社会资本合作的制度设计：
　　东京地方铁路建设政策实践分析······262

参考文献······273

第一篇
城市战略

规划成熟城市
——东京 21 世纪城市发展战略

2007 年东京借申办 2020 年国际奥运会候选城市之机提出了东京进入 21 世纪新的城市发展目标：力争十年促进东京城市全面发展，迈进成熟型城市发展阶段，成为亚洲首位城市。为此东京都制定了《东京未来 10 年》、《东京 2020 年》等城市发展战略规划，从城市自然景观、城市基础交通、实现低碳城市、满足人口高龄化需求、提升城市安全水平（抗灾、安居），以及增强生产能力（行业实力）、促进人才培育和社会发展等方面描绘了 21 世纪成熟城市的愿景蓝图。

一、发展环境及成熟城市愿景

（一）21 世纪发展环境

21 世纪初是国际形势变化和日本国内形势发生变化的重要时期，东京在这一形势下提出促进城市全面发展，争取成为迈进成熟型发展阶段的亚洲首位城市。其所面临的发展环境主要包括以下方面：

1. 人口老龄化

21 世纪日本进入老龄化社会，东京作为日本国家首位城市，老龄化社会现象更加明显。首先是老龄人口数量增加和总人口数量的减少对生产与消费能力产生影响，特别是生产年龄人口的减少造成劳动力不足。这成为东京城市经济社会发展面临的最为重大的问题。其次是老龄社会人口健康生命延长，其积极参与社会活动的需求，需要社会提供更多适合老龄人口参与的机会和场所。这也成为未来城市急需面对的问题。

2. 基础设施建设

进入 21 世纪后，日本高速增长时期建设的基础设施开始进入更新阶段。如何进行基础设施的维护和新设施的建设，成为东京持续保持城市竞争力必须面对和解决的课题。未来的基础设施建设要求更多考虑老龄化社会的现实需要，提供更加自由便利的出行条件，同时还要创造更加有利于国际国内交流的城市设施环境。

3. 新的国际竞争

经济全球化和亚洲新兴国家发展使国家和城市间的竞争进一步加剧。2005 年日本国内外资企业拥有数量为 3 514 家，是日本外资企业发展的高峰期，2010 年外资企业数减少到 3 099 家。新兴国家城市的发展对东京的国际竞争力产生很大影响，要保持东京的亚洲竞争实力，东京必须重新调整城市发展战略，加速经济复苏，吸引更多有发展潜力的国际企业选择日本并通过国际企业与日本国内中小企业的合作创造出新的技术和新的服务。

4. 环境与城市安全

环境问题在进入 21 世纪后进一步成为全球关注的热点，全球变暖、生物多样性，以及水资源危机等问题威胁着每个城市。从东京的角度看，2011 年东日本大地震东京都市圈电力供应出现的问题显示出东京在城市能源管理中的不足。东京的民意调查也显示 79% 的市民要求政府采取特别措施应对自然灾害，增强东京的城市抗灾能力，提升首都城市安全。其中，抗灾能力包括完善城市的互助自救系统建设，加强通信系统建设，形成政府、企业、市民共同协助的防御体系，保证未来任何灾害出现之际东京能够保持正常的城市活动。

5. 技术创新、新能源利用及政府职能转变

由于计算机处理能力和应用范围的提升与扩展，21 世纪的信息化发展日新月异。预计在 2050 年开放数据的使用以及基于大数据的各种创新将使不同主体开始承担以往只有政府才能执行的职能。此外物联网社会的信息、知识、商务在模拟空间实现的多维度结合，将促进交通、医疗、教育等在更加广阔的领域里开展创新。

对于这些将会涉及全社会的各种现象需要有相应的制度加以管理。

6. 低碳与新能源

低碳与新能源是进入21世纪世界各国及城市探索发展的核心问题之一。对于东京而言,特别是东日本大地震后政府把能源作为国家战略,在城市管理中进一步强调制定新的能源政策,包括开发新的能源促进东京能源的自产自销,促进东京城市经济的低碳绿色增长。

(二) 成熟城市建设愿景

根据2007年的《东京未来10年》和2011年的《2020年东京》,东京成熟城市愿景包括城市景观、城市交通、低碳城市、应对高龄化发展、提升城市安全(抗灾、安居)、城市生产(行业建设),以及人才培育、促进社会参与等8个方面。东京力争通过这八个主要方面的建设提升城市竞争力,实现城市的健康可持续发展。《东京未来10年》和《东京2020年》对成熟城市愿景的描述如表1-1所示。

表1-1 成熟城市建设愿景

基本构成	愿景描述
城市安全	(1)提升东京在世界上的安全信任度,目标是世界上最为安全首都;(2)拥有应对气候环境变化的能力和防御各种危机的能力
低碳城市	(1)世界最先进的低碳都市:建设城市能源安全、能源自立型的低碳型城市。利用生态环境高效节能,减少城市能源的环境负荷。(2)拥有夸耀于世界的绿色都市环境和新低碳型生活方式。(3)兼顾低碳型发展的绿色城市经济增长方式
城市空间	(1)拥有丰富的充满绿色自然和生态多样性的城市空间;(2)拥有体现城市亲水的环境;(3)拥有美好景观,成为创造美好记忆的城市
城市交通	(1)无出行负担的城市交通环境;(2)拥有安全、舒适、便捷的道路交通网络;(3)战略性维护管理社会资本使用、有效利用社会资本,减少使用周期的维修成本
城市文化	(1)用文化展示的城市魅力;(2)拥有支撑发展文化产业的能力;(3)体现国际化的多文化融合;(4)有特色城市建设和国民教育传统文化的传承
老龄化社会	(1)具备全社会应对高龄者生活的援助系统;(2)障碍者自立生活的地区支援系统;(3)全社会的育儿及家庭援助;(4)365日24小时的安心医疗系统;(5)市民人身、消费、生活安全·安心保障系统
社会发展与公平	(1)对学生学习能力和社会性培育;(2)就业援助系统建设;(3)东京产业人才和亚洲人才培育
社会参与	(1)增加体育内涵,人人能长期参与体育活动;(2)与世界相连接的体育都市

- 资料来源:根据东京都政策企划局的《东京未来10年》整理(http://www.chijihon.metro.tokyo.jp/plan2011/pdf/tougou/2011_honbuntougou.pdf)。

二、成熟城市建设的指导思想及内容

(一) 指导思想

为促进东京成熟城市建设,东京城市发展战略《东京未来 10 年》及《2020 东京》明确的城市建设指导思想如下:

1. 创造东京新价值

东京在成熟城市规划中强调既往的发展得益于不断创新,得益于东京拥有的领先于世界的尖端科技。这些尖端科技包括抗震、节能、尖端医疗设施、机器人等。尖端技术是创新的基础,东京成熟城市建设就是在这些尖端技术基础上利用大都市平台通过创新,创造出东京 21 世纪新价值。东京成熟城市的愿景规划强调以东京大都市为舞台,聚集众多人才,促进各阶层交流,在各种交流中让具有应用价值的技术进一步发挥作用,使科学技术在物质文明的不断创新中实现其新价值。

2. 促进人才培育

人才是成熟城市建设中的重要部分。东京成熟城市愿景规划强调人才是东京最宝贵的社会资本,是东京实现发展的原动力,要通过人才涌现推进东京成熟城市建设。城市发展规划将人才培育作为战略基础,指出东京一直以来都是各类人才的聚集地,在未来发展中,东京将继续发挥这一优势,构建新的人才培养体制,在教育、产业、观光、医疗等领域培养更多"复合型"人才,并为不同类型人才提供多种选择,使受教育者在社会上能够最大限度地、更广泛地发挥作用。

3. 促进与东亚地区的合作

东京城市发展战略《东京未来 10 年》及《2020 东京》,在对经济全球化发展局势进行分析基础上指出,东亚是世界发展速度最快的地区之一,东亚的经济规模远超美国 50 倍,占全球 GDP 的 20%。随着全球化经济的进一步扩大,能源、环境将成为亚洲各国城市发展中越来越关注的问题,《东京未来 10 年》及《2020 东京》指出,东京与东亚地区城市的合作,能促使东京的环境政策及技术等在亚洲地区的发展和繁荣中发挥作用。主张成熟阶段的东京与东亚地区的合作不仅仅在经济方面,还包括文化等软实力方面。

(二) 成熟城市建设的主要内容

1. 安全城市建设

安全城市建设是指城市的安全抗灾能力建设。它包括城市安全保障(抗灾、安居)能力、抗震以及应对气候变化的能力、反恐、防御流感的能力等。建设内容:一是抗震方面将东京都内的住宅抗震率提升到 90% 以上,力争未来的地震预计损失减至一半。二是应对气候灾害,主要包括加强洪水预警系统建设和避难引导系统建设。三是防流感及防恐。防御流感包括加强对新型流行病毒的监控系统建设,防恐主要是加强官民协作防御系统建设,同时加强防御意识训练,加强新防御系统建设等。

2. 全球环境负荷最小城市

"全球环境负荷最小城市"是东京成熟城市愿景低碳城市建设的主要目标[①]。东京低碳城市建设的主要内容:一是执行更加严格的环境标准,促进行政设施的低碳化、民用住宅的节能化;二是设立"地球温暖化对策推进基金",建立 100 万 kW 的太阳能发电设施,推进东京减碳十年计划;三是加速向低碳型汽车社会转型,推进市域每 5 公里范围内必备一处电动汽车快速充电设施的项目建设。提倡废弃物减排运动,减少天然资源的采取、减少温室气体排放,建设值得当今世界骄傲的绿色城市。

3. 城市魅力建设

《东京未来 10 年》发展战略规划中,成熟城市愿景建设的第一项是重塑东京魅

---

① 全球环境负荷最小城市行动目标是至 2020 年东京 CO_2 等温室效应气体的排放量减少 25%。

力。这里的东京魅力是指东京丰富的自然资源河流和绿色植物。东京城市魅力建设:一是城市空间的绿化与保护,如加强街道、公园的绿色种植,加强海上公园和水岸空间建设,加强校园绿化以及保护现有林地、农地和生物的多样化等。二是提高水处理能力,制定新的水质量改善标准。建设和改善下水道以及雨水处理设施,加大海滨公园等公共空间的亲民设施建设。三是景观改善。研究制定与东京发展相适应的魅力东京景观建设方案,包括实现社区电线地下化率84%目标,加强市民与企业联合的社区共建等。

4. 构建不依靠私家车辆的城市生活环境

在《东京未来10年》及《2020东京》中,成熟城市交通的建设目标是用城市交通塑造东京新的城市面貌。其内容一是通过东京三条基础环线建设缓解城市交通拥堵,使东京中心城区的交通平均时速在高峰时能够达25 km/h。二是利用和发挥城市公共交通作用,构建不依靠私家车辆的城市生活环境。它包括以环境负荷较少的轻轨交通为基础建设东京新一代优质轨道交通;利用东京都的公共政策引导作用,以主要交通站点为中心建设小型城市,创造舒适无出行负担的城市生活环境。

5. 用文化衡量和展示东京

用文化衡量和展示城市是东京成熟城市建设独具特色的一项。用文化展示东京:一是通过平台建设向世界展示包括美食魅力、景观、人文等在内的日本的尖端技术和多样性文化;二是利用东京特有的自然岛屿等打造和展示与优美自然和谐共生的文化娱乐空间;三是文化和产业相结合,主要是指在旅游与文化结合基础上,通过与其他城市和社会组织之间的相互合作,向世界展示东京的魅力,争取每年吸引外国游客1 000万人次。

6. 适应高龄化社会发展的示范城市建设

建设适应和满足高龄化社会发展需求的示范城市主要包括三个方面:一是建设高龄者能够安心生活的社会环境,保证满足高龄化社会发展的不同需求;二是完善残障人士自立生活的相关设施,加大服务援助;三是加强对生育子女家庭的社会援助,提升人口生育率;此外适应高龄化社会发展需求的示范城市还包括推进全年365日24小时的安心医疗就诊服务等。

7. 公平社会建设

公平社会建设是指为有志者创造更多公平竞争的社会环境,提供更多发展机会。具体建设内容:一是明确基础教学的指导方针,建设高素质教师队伍,培育儿童的学习能力及社会责任感。二是为满足各年龄段人士学习就业需求,加强就业保障系统建设。设立职业技术奖学金,为有志学习专业知识的人们提供"重新学习"的机会。加强产学交流的人才培养体系建设,培养企业所需的技术人才。三是以回国的留学生和研修生为主创立"亚洲人才银行",战略性地培养有益于亚洲未来的人才,构筑东京和亚洲人才网络体系。

8. 健康城市建设

《东京未来10年》和《2020东京》发展战略明确了活力城市、健康城市建设是成熟城市建设的重要内容,给体育赋予了新的内涵:发展体育,鼓励大众参与。健康城市建设的主要内容:一是支持发展人人能够轻松和持续长期参与的体育项目,形成有益于健康生活的社会环境;二是培育体育人才,通过体育活动让青少年体验梦想,培养合作精神,通过提高竞技能力促进青少年的健康成长。东京健康城市建设提出用体育连接世界,通过振兴体育事业,打造"东京体育都市"。

三、东京成熟城市战略规划的主要特点

(一) 调整城市战略定位

东京成熟城市发展战略瞄准"全球世界级"城市发展方向,同时强调了立足亚洲地区。这一定位改变了东京自日本明治维新以来以西化为主的城市发展方向,是东京城市发展战略的重要调整。明治开始向西方学习,20世纪80年代日本经济高速增长时期东京提出国际化和全球化。从西化到国际化再到全球化,东京探索了构建现代城市的不同形式,成熟城市中的世界级"亚洲首位城市"不再像以往

的发展战略规划将欧美的纽约、伦敦、巴黎等世界一流城市作为比较对象,而是将亚洲新兴城市上海、香港、新加坡、曼谷、吉隆坡等城市作为合作和竞争的对手,将东京放在亚洲及环太平洋的地缘环境当中,强化了作为当今世界级城市东京在亚洲地区的优势及与亚洲城市间的关系与竞争,展示东京世界城市不同以往的发展姿态。

(二)调整城市发展理念

从发展理念上看,与以往的城市发展规划相比,东京成熟城市发展战略的关注重点发生了一定变化,主要表现在三个方面:一是提出城市的生态建设和低碳城市建设,将生态和低碳作为衡量城市发展的重要指标,注重回归本源和命运共同体的城市建设思维,注重城市和自然之间的和谐共生。措施包括在实践中进一步加强城市与城市、城市与生态的整体性、有机性,以及整体关联性建设。促进城市与自然,人与自然的有机联动。二是关注人文。通过保护和利用城市历史文化资源突出城市特点,打造富有文化魅力的城市空间。保护利用历史文化资源,不同的是结合发展体育加强现代式人文教育,促进传统文化传承。三是关注人,关注人的需求及人的动态发展。强调以人为本,主要表现在城市建设中强调回归尊重人的尺度和人的体验,建设更加贴近于人、富有动态属性的智慧城市。强调建设紧凑型的城市尺度、高密度空间,活力街道空间,对老龄人口和弱势群体关怀是成熟城市的重要标志。总而言之,成熟城市更加重视人民城市、生态城市、智慧创新城市建设理念,强调人与自然和谐、可持续发展,以及包括城市空间、社会的公平。

(三)调整城市发展方式

事实上从 2000 年的《东京城市白皮书》开始,东京就已思考转变大都市发展方式以及城市的发展形态等问题,提出力求建设一个工作、居住和休闲等方面都能兼顾的成熟型城市。如在城市空间形态建设方面要求由传统的中央商务区(CBD)转向建设"ABLE City"——兼顾设施、商业、生活和环境的城市形态。2017 年的《东京未来 10 年》和 2011 年的《2020 东京》城市战略进一步明确东京成熟城市发展目标：一是创造活力，为城市复兴增添可持续发展的动能；二是形成整体性，根据城市各类空间要素整合城市功能，发挥城市整体效能，促进城市功能联动；三是传承保护悠久灿烂的历史文化，同时创造人人具有均等发展机遇的城市社会环境。

四、东京 21 世纪城市发展战略的启示

（一）成熟城市不仅是数量上的快速增长

创造财富，促进城市进步，使所有城市居民都能享受到更高水平的生活质量是城市发展的主要目标，也是城市发展战略规划的主要任务。但人们对城市进步和财富的创造在不同时期有着不同的认识，东京成熟城市的愿景规划表明城市进步与发展并不总是数量上的快速增长，东京对城市八大领域不同方面的愿景规划让我们认识到成熟城市建设的一般性概念：一是城市安全、城市景观、低碳城市以及城市交通，这些是成熟城市建设的基础。二是城市的开放性。东京成熟城市建设着眼于城市区域之间的协调发展，着眼于扩大城市的国际间联系。其中城市交通和文化城市建设是促进城市开放的重要支撑。三是城市公平和广泛的大众参与。公平社会、人才涌现，以及满足高龄化社会需求是成熟城市的标志。同时规划也明确促进广泛的社会参与，保证居民利益需要有政府资源和制度保证。

（二）顺应局势把握建设机遇

东京根据城市发展的实际情况以及外部环境，力争在城市老龄化和复杂国际竞争环境下保持城市繁荣。东京提出成熟城市建设的一个重要的特点是把握时机。其表现一是在申办国际奥运会主办城市之际，利用建设更加成熟的亚洲首位城市争取民意，扩大民众对城市基础设施建设的支持，实施规模化的城市基础建设。二是根据城市基础设施需要更新的实际发展现状，将成熟城市的建设重点从 20 世纪 60 年代的道路交通网建设，转型为满足高龄社会需求的魅力城市建设和智能城市建设，同时配合环境问题提出加强低碳城市的基础设施建设，以及文化和社会发展等方面建设。三是及时应对环境变化的战略调整。2011 年，东日本大

地震,东京作为国家的首位城市急需恢复首都功能带领首都圈发展,带动日本进行震后复兴。在这一情况下,东京决定在总结《东京未来 10 年》发展战略基础上对城市发展战略做出调整,以应对新的经济形势和社会变化。新调整的战略将城市安全排在首位,强调了以提升城市防灾害能力和节能及新能源开发为基础的东京城市国际竞争力建设。

(三) 规划方针的一贯性

作为成熟城市建设发展战略《东京未来 10 年》和《东京 2020 年》在城市发展的指导思想和规划方针等方面保持了持续和一贯性。这也是近百年来东京城市发展战略规划的最重要特点之一。一贯性是指国家和东京都对东京城市发展目标认同的一贯性,以及不同时期战略规划在保证东京城市建设基本思路方面的连续性。《东京未来 10 年》和《东京 2020 年》战略规划的指导思路促进了东京城市进一步的转型发展,促进了城市安全建设、新能源管理,以及增强城市的国际竞争力。伴随时代的发展,东京城市建设在持续和一贯性的基础上与时俱进,正如《东京未来 10 年》和《东京 2020 年》战略规划一样,《东京未来 10 年》战略规划没有完全实施的部分,在《东京 2020 年》战略规划中得到补充和完善,《东京未来 10 年》的战略目标在新的战略规划指导下得以实现。

利用市场要素促进新城建设

新城是城市化过程中城市自身发展的客观需求,是城市空间结构重组与优化的重要手段与途径。近年来国内新城建设方兴未艾,但从新城建设的要素集聚、发展活力和可达性等方面看,不少新城建设规模小,交通、商业等基础设施配套不足,难以解决中心城区的过度拥挤、蔓延式扩张等问题。为此,亟需思考如何促进新城建设,使新城建设确确实实适应城市发展。从国际方面看,英国、美国、日本等国家都根据各自发展实际经历过新城建设。尽管其中建设的出发点和目标各有不同,但归纳其新城建设的组织与实施,各国均结合市场要素,发挥了社会资本在新城建设之中的积极作用,有力促进了以人为本、人与城和谐的新城建设,促进了新城的可持续发展。

一、国外新城建设

(一)英国

20世纪中期,作为国策,英国提出在大都市周边进行新城建设,以迁移中心城区过多人口,控制大城市规模,促进区域经济协调发展,提高市民的居住水平。为此,1946年英国议会审议通过《新城法》,1947年又颁布了《城乡规划法》,1952年颁布《新城开发法》。一系列的法律制度为英国的新城建设提供了必要的制度保障和法律依据。在《新城法》中,政府规定新城建设的具体操作机构是政府支持的新城开发公司。其中,在新城开发公司的管理授权中政府明确新城开发要以规划为指导,促使新城人口集聚和产业发展,促进大城市及区域协调发展。新城开发公司在组织公共设施建设、修建道路、划分工业区,采取措施吸引人口迁入的同时,还有权征用、保留、管理、转让土地和其他财产。事实上,最早期的英国新城建设几乎是全部由政府承担投资,之后才开始注重对社会资本的引入。这既是为减轻政府的财政负担,同时也是考虑在新城建设中加入市场要素有利于反映和兼顾新城建设中的社会需求。英国的新城建设从 20 世纪中期到 70 年代后期,经历了较长的建设时期,现在英国城市人口的 1/4 居住在新城,同时新城在就业方面也发挥了重要作用,有力支撑了英国的经济社会发展。

(二) 美国

美国新城建设的标志是《1968 年新城法》和 1970 年颁布的《城市发展与新城开发法》。为满足郊区化的发展需求,美国新城建设的目标是构建合理的区域发展空间,控制城市向郊区的盲目扩散,为中产阶级创造良好的生活空间。美国新城建设的方式采取的是政府与市场的协作模式,即联邦政府与私人开发商联合开发。在新城建设中政府的住房与城市发展部门是新城建设的主要管理机构,其职能是给予新城建设多方面协助,其中包括成立新城研究机构、聚集各方面的专家对新城建设的各种问题进行研究等。美国的新城建设取得了良好成效,其中包括配合政府在第二次世界大战之后采取的一系列优惠的公共政策,有效控制城市向郊区盲目扩散,促进了汽车消费、高速公路建设、住宅建设和家庭购房等,满足大多数美国人追求理想生活的愿望。美国的新城建设告一段落基本上是到 1983 年美国联邦政府停止援助新城建设,在此期间新城建设在构建合理的区域空间和功能布局中发挥了重要作用。

(三) 日本

20 世纪的 50—60 年代以东京、大阪、名古屋为代表的日本大城市在高速发展的经济带动下人口大量涌入,造成大城市中心城区人口密度过高,住房短缺,城市无序蔓延,并且越来越严重。为控制这一事态发展,促进区域协调,日本中央政府先后为三大城市圈制定区域发展规划,并于 1955 年颁布了《日本住宅公团法》,规定日本住宅公团负责单独或与地方政府联合组织和推动新城的开发与建设。1989 年中央政府又发布了《大都市住宅开发及铁路一体化建设特别推进措施法》,对鼓励民营铁路公司利用地方铁路建设参与新城建设的相关制度措施做了进一步的明确,由此日本主要城市新城建设的序幕正式拉开。日本新城建设成果丰硕，除有效抑制了城市蔓延，成功疏解了大都市中心城区功能外，还形成了"中心区—副都心新城—周边特色新城"的多中心多圈层的大都市空间结构，这一城市空间结构有效解决了大都市发展中的多种问题，成为世界大都市城市发展空间建设的典范。

二、市场要素的利用及其表现

从英国、美国、日本新城建设的组织方式看，鼓励社会资本（企业）参与是美、英、日各国新城建设的共同特点，这是市场要素在新城建设中发挥作用的重要前提，也是各国新城建设取得成功的重要方面。日本市场要素参与新城建设的表现是政府鼓励民营铁路公司利用多元特许经营制度参与轨道交通沿线新城建设。事实上早期的日本新城建设是由具有政府职能的日本住宅公团承担的，日本住宅公团利用中央政府、地方政府募集、银行贷款以及住宅债券提供的资金，组织土地的收买、住宅的建设，以及租赁、出售和管理等。在新城建设方面，日本住宅公团只负责住宅建设，其中的道路、供水排水，以及中小学校等公共设施配套建设与维护均属于地方政府负责。这样的开发模式使很多地方政府不堪重负，因此一些地方以财政为由不再接受住宅公团在其行政区内进行新城建设。民营铁路公司的参与有效解决了日本住宅公团在新城建设中的不足，特别是在公共基础设施、公共空间建设等方面，民营铁路公司参与新城建设除对交通基础设施进行建设外，还组织新城的商业基础设施建设和新城内部的公共交通建设。甚至一些民营铁路公司为促进新城建设，扩大新城影响，在新城建设中引入大学、体育场馆等项目。这些建设在促进新城建设，促进新城要素集聚，促进新城实现长远发展等方面发挥了重要作用。英国新城建设市场要素发挥作用的表现是，中央政府通过统一基金向新城开发公司提供预付贷款（这些预付款利息根据预付款提供的时间确定，偿还期多是60年），新城开发公司在新城建设中利用征用、保留、管理、转让土地和其他财产的租赁和出租等收入偿还中央统一基金的预付贷款。这种方式促使新城开发公司在新城建设中尽可能地对商业和工业进行投资，这一方面促进其他工商企业参与新城建设，有利于吸引社会资金，促进新城集聚；另一方面工业和商业的投资是新城开发公司在新城建设中获益的重要途径。由于地理空间、社会发展阶段，以及面临的问题等方面的不同,英国、美国、日本在新城建设的理念、定位、发展目标等方面都存在着诸多差异,但在结合市场要素鼓励社会资本参与新城建设方面,英国、美国、日本表现出了高度的一致性。以企业为代表的社会要素参与新城建设能够根据市场规律进行基础建设,包括从选址到交通线路、交通站点的选择,从新城住宅建设到商业,及娱乐和体育旅游设施等集客设施建设,都充分考虑了城市乃至区域整体的发展需求,考虑了企业利益与新城发展前景相结合,按照市场规律和城市发展的实际需要进行规划和建设。

三、政府职能

英国、美国、日本鼓励社会资本参与新城建设,其中政府的职能表现主要有以下方面。

(一) 制度的保障

为促进社会资本参与新城建设,各国都制定了相关的政策法律。英国 1946 年制定了《新城法》,该法在之后 30 年的新城开发建设中发挥了重要作用。到 1978 年为了适应新的发展形势,英国对 1946 年的《新城法》进行了修改,颁布了新版的《新城法》。日本 1989 年制定了《推进大都市宅地开发及铁路一体化建设的特别措施法》,鼓励民营铁路公司通过地方铁路建设参与新城开发。该措施法还规定政府可以通过特殊措施促进与住宅开发配套的地区铁路一体化建设,其中包括政府为保证新城铁路的顺利建设,促进大都市稳定有序发展,可以进行财政专项出资和发行地方债券等。这项措施有力支持和促进了民营铁路公司参与新城建设。

表 1-2 一体化建设特别措施法中政府专项出资及发行特别地方债相关内容

地方政府专项出资	① 地方政府提请国务大臣同意后可以利用专项建设经费,向企业投资进行铁路设施建设 ② 为促进规划的铁路建设,地方政府还可以向铁路建设企业提供资金以及贷款等方面帮助 ③ 地方政府通过转让或采取其他方式购入土地使用权以确保规划铁路的建设用地
发行特别地方债	① 地方政府在进行一体化建设规划时,对于不能通过地方财政法规定列入经费的项目,可以选择通过贷款或转让等方式为铁路建设企业提供所需要的土地、设施、经费等方面支持 ② 在法律允许范围内地方政府依据地方财政收支情况,可以考虑通过组织和发行地方债为规划项目筹集经费

•资料来源:根据田坂敏雄的《東アジア都市論の構想—東アジアの都市間競争とシビル・ソサエティ構想》整理。

（二）持续的资金保障

资金的供给不是指单纯的政府资金供给。美、英、日各国通过不同方式的制度设计保障社会资本利益及其在新城建设中的资金需求，因此使其新城建设得以顺利进行。以日本为例，为鼓励社会资本参与，在持续资金保障方面政府制定了多元化经营特许、政府利息补助等多项特别政策。1911年政府颁布《轻轨铁路补贴法》，允许社会资本在地方铁路建设中从事多元化经营，以及通过固定资产税的优惠，补贴企业铁路建设与运营。多元化经营就是允许民营地方铁路公司在经营主业的基础上从事一定规模的与主业相关的开发和商业活动。这些开发和商业活动包括企业可以在铁路沿线进行土地的商业开发，经营与铁路业务相关的公交和出租汽车等服务、提供卖场、超市购物以及休闲娱乐等。多元化经营特许，为企业通过经营铁路和新城建设中获取足够的资金提供了方便。1972年政府又进一步实施贷款补贴和设立基金支持新城建设。贷款补贴规定民营铁路建设的贷款偿还期限为25—30年，对贷款利息超过5%的部分可以实施特殊资金补贴。1987年东京又提出了"特定都市铁道建设储备金制度"，并制定了"特定都市铁路建设促进特别法"，其中规定民营铁路公司可以将部分交通运输的建设投资计入运费中，其增收的部分作为"特定城市建设准备金"逐年积累免予征税（积累期限一般为10年），在准备金用于交通设施建设时企业还可以得到政府给予的配套资金奖励。这些政策从保障持续资金的供给角度看对社会资本参与新城建设起到了至关重要的作用。

（三）培育新城的价值

培养新城价值是指政府对产业的支持。在新城建设不断推进的基础上，美、英、日各国政府都为新城产业发展提供了政策支持，以便创造新城的商业价值。其中日本通过自立新城建设支持新城工业、商业和服务业发展，伴随着时间的推进，新城产业逐步发展起来，这些产业的发展给新城带来了新的价值。英国为促进新城价值增长，鼓励社会资本在业务可持续发展的前提下，以较低的土地租金和便利的交通设施来吸引商业和学校在新城集聚，从而开创充分的就业岗位和学习机会。

由于新城价值的增长,社会资本能够更顺利地进行租赁,因此政府的措施往往能够得到社会资本的响应。这样,新城越来越多地吸引人口、产业在新城发展,新城的商业价值便逐渐成为衡量新城发展的重要指标。

四、案例:东京多摩田园新城建设

多摩田园新城也称多摩田园都市,位于东京西南郊区。20 世纪 60 年代中期,日本最大的民营铁路公司东京急行电铁公司(以下简称东急)以开发东京西南城郊铁路为契机收购和整合了沿线土地,以此规划了面积约 5 000 公顷的多摩田园新城。1965 年多摩田园新城建设正式启动,从开发准备、规划建设到规划调整历经了 30 多年,2000 年多摩田园新城已拥有了完善的基础设施、良好的生活和居住环境,开发建设规模超过了 3 204.3 公顷,城市人口达到了 50 万(新城规划人口 50 万)。1987 年日本建筑学会授予多摩田园新城"优秀城市建设业绩奖",1989 年多摩田园新城获得"城市绿化内阁总理大臣奖",2002 年为表彰东京多摩田园新城建设业绩,日本都市计划学会为多摩田园新城颁发了日本都市计划学会石川奖。

东急建设多摩田园新城的特点如表 1-3 所示,其中交通、环境、商业是东急多摩田园新城建设的基础。多摩田园新城规划建设的模式是通过东京急行电铁公司组织成立由土地所有者、地方管理者,以及规划师等多方参与的多摩田园新城开发协议委员会。该委员会是多摩田园新城建设管理机构,在实际建设中该委员会与土地所有者共同协商新城的规划,协商扩充新城必要的城市功能与设施。东急公司通过可达、集聚、活力建设创造了多摩田园新城的城市活力,使之成为东京高品质生活的重要象征。

表 1-3 多摩田园都市建设特点

建设特点		内 容
建设理念	循序渐进使规划与建设需求自然结合	划分阶段逐步扩充作为新城的必要城市功能与设施,不追求在城市建设初期决定城市的最终形态,形成规划与建设需求的自然结合,打造更加接近自然的和谐的城市生活和景观环境
功能与形态	紧凑型综合开发	多摩田园新城以住区划分单元,原则上每个单元有一所中学、两所小学,以及两所幼儿园、保育院,还设有诊所、商店、邮局、图书馆、储蓄所、体育设施和儿童乐园等。各个住区与近邻住区中心、幼儿园、学校等的连接通过步行道连到一起

(续表)

建设特点		内　　容
区位特点	大都市近郊约30千米	多摩田园都市距东京中心城区约30公里，是东京都市圈的近郊区。该区位选择的初衷是为了解决中心城区人口居住，以及在中心城区的就业，通勤时间不能太长
建设时间	渐进式建设	多摩田园新城规划明确以渐进式方式推进新城建设，即利用建设项目的影响和带动推进新城的整体开发，目的是提升土地整合性及城市建设与城市开发基本原理的亲和度，打造更加接近自然的和谐的城市生活和景观环境。多摩田园都市从规划到建设基本完成，用了20多年的时间
交通特点	新城与城郊铁路建设融为一体	多摩田园新城沿线道路建设，最大的特点是交通出行便捷，多摩田园都市线是新城的主要干线交通，该线全长31.5公里，连接东京中心区的地铁线，以及与公营的城市地铁连接。线路区间有21个站点，其中新区有多个站点充分满足了新城的便捷出行。田园都市线是东京都市圈的主要通勤交通线之一，也是相邻区域的港北新城的居民出行的主要交通线
管　理	多元参与	多摩田园新城建设由新城开发协议委员会承担管理职能，该委员会在规划开始时成立，由土地所有者、地方管理者，以及规划师等多方组成，该委员会在实际建设中与土地所有者共同协商，在规划扩充新城必要的城市功能与设施，以及在推进新城建设中发挥作用

- 资料来源：根据东急电铁的《東急多摩田園都市とまちづくり》整理（http://www.tokyu.co.jp/company/business/urban_development/denentoshi/index.html）。

（一）新城基础设施

多摩田园新城建设中有综合开发的商业百货、超市，同时东急电铁公司还在其业务范围内经营旅行社、体育俱乐部等旅游休闲产业。这些综合的商业服务项目直接影响和带动了新城相关产业的发展。近年来多摩田园新城的信息产业也有快速发展，各行各业的经营范围不断扩大，从国内到海外，业务涉及电视广播、文化产业和信息网络等多个行业领域。产业发展给多摩田园新城发展带来活力，也为多摩田园新城的发展方式转型创造了条件。

（二）新城社区环境

从社区环境看，东急为新城创造了低成本便捷的出行环境，其中包括加强公共交通服务，改善社区与地方铁路之间的连接，这些举措有效减少了新城的机动车出行。据统计，东京市域有地方铁路建设的区域，其地区公共交通出行的分担比例均达到 27.5%，代表了东京大都市圈公共交通出行的平均水平，其中类似东急在社区提供的末端交通发挥了重要作用。

五、利用市场要素促进新城建设的启示

（一）完全的政府机制不适合新城建设

新城建设是一项具有深远意义和重大影响的事业，从美、英、日等国的经验看，新城建设最佳方式是设置一个专门的机构来进行新城建设，完全的政府机制不适合承担新城这样规模的建设，如日本住宅公团所表现出的各种问题。另一方面社会资本参与新城建设也有产生风险的可能，包括在融资和实施建设等方面导致垄断，因此普通的商业企业也是不合适的，美国、英国、日本特别选择了新城发展公司、民营铁路公司参与新城建设，政府与这些社会资本能够长期保持合作的关系值得思考。

（二）社会资本投资是政府主导新城建设、把握市场规律的有效途径

社会资本企业的最大优势是善于把握市场需求，当企业利用政策参与新城建设时，会将企业的开发利益与新城发展前景有机结合，更多考虑市场需求，使之融入新城的规划和建设之中。从英国、美国、日本新城建设的实践看，新城开发公司、民营铁路公司，以及私人企业通过政策参与新城建设，政府通过社会资本了解市场需求把握市场规律，进而更加有效地促进新城建设满足城市整体发展需要。这种利用社会资本力量组织的新城建设会更多体现投入与产出的关系，更多适应全局发展需要，形成人与物以及产业的集聚。从政府鼓励角度看，尽管一些资金来自政府，如通过政府统一基金提供预付款项等，但这些预付款实际上是需要偿还的贷款，社会资本会为自身投资负责，这促使新城建设必须满足和体现发展需要。

（三）发挥社会资本优势共同解决新城建设问题

新城建设是一项系统工程，以新城末端交通为例，随着新城基础设施建设的不

断完善,城市末端交通问题会越来越突出地成为城市建设中不可以忽视的问题。一些国内新城建设尝试开通社区公交和免费租赁自行车等,但依然难以满足新城交通出行需求。多摩田园新城的建设案例中,为民众创造良好的新城生活环境,也为民营铁路公司主营的交通业务提供了客流,民营铁路公司积极统筹资源为社区提供接驳公交,解决了新城的末端交通问题。这一事例表明社会资本能够在新城建设中发挥重要作用,创造多种可能。

(四) 激励企业在新城建设中发展

以国内的城市交通企业为例,长期以来为促进企业发展,各地政府除直接财政补贴外还有许多间接的政策优惠,如轨道交通运营财政退税、房产税减免、所得税优惠(轨道交通盈利起5年内所得税优惠)等。这些补贴和优惠常常被指缺乏对企业创新发展的激励,同时也给政府财政带来很大压力,近年来国内也有地方和城市试行轨道交通企业多元化运营,如香港特区1996年赋予香港地铁公司开发沿线房地产的权利,深圳在2005年通过利用资源补贴允许企业多元化支持城市轨道交通运营等。从东京案例中可以看到企业多元化经营不仅没有依靠政府补贴,还在促进新城建设中扩充了企业实力,不少民营铁路公司在促进新城建设过程中发展成为集团公司。

(五) 明确合作关系加强制度设计

新城建设是城市发展战略的重要组成部分,是政府应对现实问题制定的特定发展战略,它主导着城市的空间结构、人口和产业布局。长期以来国内新城规划建设也在强调新城建设的市场机制,强调新城开发要运用市场经济规律,统筹城市各方面资源,促进新城建设。但要实现这一目标,使新城建设适应城市发展需求并不是一个层面政策和制度能够完成的,需要各方面政策的密切配合,以及部门之间的通力合作,特别是政府与民间企业之间的相互合作。英国、美国、日本的新城建设经验表明新城建设是一项涉及全局的系统工程,包含着明确的建设目标、政策法规、机构和市场化运作。成功的新城建设离不开政府主导,也离不开市场化运作机制。因此要使新城建设能够以大都市整体发展战略为导向,服务于城市的整体战略,一是要在政策和制度方面明确职能分工,明确市场利益和新城发展前景的协作关系,形成能够各司其责的战略性合作关系。二是要有政策制度上的完善和企业制度的配合。三是要明确包括政府和企业之间的职责,如土地权属、企业和地方以及民众之间的利益关系。四是监督管理机制。使各项决策在透明状况下运行,用制度和监管保证企业参与新城建设的公开、公平、公正。只有在这种情况下作为市场要素的企业参与新城建设才能够发挥作用,避免盲目开发,促进新城和企业的共同发展。

用交通构建美好城市空间

2007年《东京未来10年》以建设成熟的亚洲首位城市为目标描绘了东京未来城市发展蓝图。在城市交通建设方面,规划提出用交通构建城市美好空间,它包括利用道路、航空等交通设施构建全方位的城市立体交通,同时以多摩为中心培育东京新的多中心交通节点,改善公共交通,促进紧凑城市建设,提升新技术应用,促进智能城市建设。美好城市空间就是在这一目标前提下表现的城市的便捷与畅通,以及城市生活的无负担出行。东京是世界上城市人口最多,人口密度最大,交通系统最为发达的国际大都市,城市交通一直是东京城市发展以及建设规划的重点。用交通构建美好城市空间,突破了传统的以交通论交通解决大都市交通问题的规划方式,从更大范围思考了城市发展与交通建设。

一、"交通构建美好城市空间"的主要内容

(一) 实现城市的便捷与畅通

在规划的交通构建美好城市空间方案中,城市的便捷与畅通主要包括以东京城市环线为主的城市道路交通建设、以陆海空协作为主的城市立体交通网络建设,以及以多摩为核心的城市新交通节点建设。

1. 以环线为主的城市道路交通建设

东京环线是指围绕东京的三条环线道路,分别是首都高速中央环线、东京外环线、圈央道。在东京,与放射状道路相比,城市道路交通建设中的环状道路建设相对落后,因此也是东京发生交通拥堵的主要原因之一。为解决城市交通拥堵,提升首都城市功能,"交通构建美好城市空间"规划提出通过三条环线道路建设形成首

都圈更大范围的高速道路网,缓解东京中心城区以及周边的交通拥堵,缩短通行时间,改善城市环境,提高城市物流效率。

表 1-4　环线建设目标

规划目标	内　　容
缓解城市交通拥堵	(1)三环路交通建设将缓解圈央道内侧约 600 处主要交通拥堵的情况;(2)实现东京中心城区交通高峰时段的车辆平均速度约 25 km/h(2005 年的车行时速 18.8 km/h)
缩短通行时间	(1)新宿—羽田国际机场通行时间可由目前的 40 分钟缩短至 20 分钟;(2)八王子至筑波的通行时间由现在的 3.5 小时缩短至 1.5 小时
改善城市环境	可以削减首都圈 CO_2 排放量 200 万～300 万吨/年(是目前东京都年排放量的 3%～4%)
提高物流效率	(1)确保紧急运输道路降低运输成本约 1 成;(2)在提高首都圈的防灾能力等方面发挥作用

• 资料来源:根据东京都的《东京未来 10 年》及《2020 年的东京》文献整理(www.metro.tokyo.jp/INET/KEIKAKU/2011/.../70lcm101.htm)。

2. 陆海空协作为主的立体交通网络建设

机场和港口是东京对外联系的重要支撑,是东京都市圈交通的重要构成部分。合理组织陆海空对外交通,不仅能够提升和体现城市实力,也关系到整个城市交通状况改善。陆海空协作立体交通网的建设,一方面可保证城市机场、港口人流和物流畅通,另一方面在竞争日益激烈的国际环境中,通过改善东京陆海空对外交通状况,可有力支撑、提升东京作为东亚航空航运中心的国际竞争力。

表 1-5　陆海空立体交通网络建设

项目	建设内容	战略目标
陆	(1)改良成田新高速铁路的日暮里站,改良京急蒲田站等;(2)改变桥梁耐力不足的情况和消除十字路口、交通瓶颈路线的交通阻塞;(3)建设圈央道、建设机场附近和多磨地区的物流集散地	(1)提高成田机场使用率,扩大羽田机场的使用率;(2)提高港湾地区的使用率;(3)提高羽田机场的国际化水平
海	(1)建设新的码头,扩大主干航道和亚洲航道,增强吞吐能力;(2)有效利用 IT 技术,使用 IC 标示削减港湾成本,将交货周期在十年内从 2.4 日缩短到 1 天,物流成本减少 2 成;(3)改善和扩大港湾设施	(1)在亚洲各国大规模建设港湾、亚洲与北美、欧洲主干航路吞吐量不断增加情况下,保持东京港的国际港湾的地位;(2)使东京港在成本、支付周期等服务方面得到提高;(3)满足货运增加、船舶大型化发展趋势,参与亚洲主要港湾的竞争
空	(1)在 2009 年扩大羽田国际机场 1.4 倍容量基础上,通过增加国际定期航班,提高羽田国际机场的国际化水平;(2)2009 年完成成田机场的平行航线建设,扩大机场容量;(3)推进横田机场的军民共用设施的改造,以应对首都圈西部地区的航空需求	(1)改善首都圈机场在国内线和国际线容量不足的问题,满足日益扩大的航空需求,满足各大航空公司不断增长航班及建设新航路的要求;(2)缩短羽田国际机场和成田国际机场国内和国际航线换乘中转的时间,提升东京都作为东亚航空中心的国际竞争力

• 资料来源:同上。

3. 以多摩为核心的首都圈新空间节点建设

多摩位于琦玉县和神奈川县的交通枢纽地区，人口超过 400 万。以多摩为中心跨琦玉和神奈川两县的区域又被称为"广域多摩区"。"广域多摩区"以拥有诸多大学、研究机构和创新型企业著称，在其周边有筑波的基础研究中心和城南地区的基础技术产业基地川崎。此外琦玉至横滨的沿海地区是诸多研发机构和生产企业的聚居和集散地。"广域多摩区"在人员和物资等方面有着较大的交通需求。为适应日益激烈的国际竞争，满足企业发展和创新技术产业发展需求，"交通构建美好城市空间"将"广域多摩区"纳入便捷畅通东京建设之中，以期通过首都圈新的空间节点建设实现各地区之间的连接和相互交流。以多摩为核心的首都圈新空间节点建设包括多摩交通系统建设和多摩技术产业区建设。

多摩系统交通建设，一是借圈央道和多摩南北道路建设的契机，加强多摩地区与琦玉、神奈川和山梨等县的联系，促进多摩地区同周边地区的联系。二是结合横田机场的民用化，为多摩地区发展成高度自治性的首都交通节点创造条件，促进多摩基础建设和交通设施使用率的提升，使多摩地区发展成首都圈的中心地区。

多摩技术产业区建设，一是利用东京三环路为框架的高速道路体系，联合筑波和京滨等地区，促进广域多摩地区、筑波、城南地区和京滨地区的产业技术的联合和交流，促进新技术和产品的开发，以及进一步推进产学研联合，培养高智能信息家电和微型机器(MEMS)等领先制造产业。二是利用羽田机场国际化和横田基地的军民共用，扩大广域多摩地区和东亚各国以及国内其他城市间的交流，促进广域多摩地区的技术革新和新型产业的形成，形成本地的研发业务基地。将广域多摩地区建设成为"多摩硅谷"，使其成为不仅是首都圈而且是代表亚洲的产业集散地。

（二）无出行负担城市生活环境

创造无负担生活环境包括完善城市公共交通和形成以车站为中心的紧凑型城市形态。

1. 完善城市公共交通

完善城市公共交通是配合三环建设进一步确保公交的准时和快捷，同时利用道路空间研究新型公交方式,使公交成为市民出行的主要选择,改善东京都市圈的交通拥堵状况。其具体措施包括以下六项:一是灵活运用公交车辆优先体系(PTPS)建设公交标准,提高车辆的准时性和便捷性。二是明确轨道交通的作用,重新改编公交线路和运行次数,引进环保型车辆,扩大新型公交服务。三是为满足高龄者的外出和市区土地的高效利用,研究引进新型环保公交车,创造新的地区交通方式。四是在公交车停车站建设 IT 技术信息显示装置,发挥站点信息发布功能。五是推进地铁规划项目的建设,研究新型路线未来的运输需求动向。六是灵活运用道路空间,研究新型公交体系,引进环境负荷较少的 LRT[1]。

此外,完善城市公共交通还强调了技术与环保两个方面。技术方面一是开发和应用 ITS 等新技术控制交通动向[2],改善交通拥堵状况,实现城市公共交通的安全快捷。二是促进有效使用道路交通。运用最新的 ITS 技术,通过覆盖范围广的交通信息系统,提供最优路线选择信息。三是推动引进安全驾驶支持系统,实现东京的无事故交通。环保方面一是积极采用低公害车型,促进低公害及低排放车辆的普及,进一步减少车辆的 CO_2 和大气污染物质排放。二是增设自行车道,提高自行车的有效使用。三是完善交通规则、制定车辆停放配套措施。设置公交车辆安全优先的驾驶网络体系,提高交通的便捷性。

2. 以车站为中心的紧凑型城市建设

以车站为中心的紧凑型城市建设目标就是创造不完全依靠车辆的城市生活环境。规划中提出了五项具体实施措施:一是地区与铁路企业合作,在以车站为中心的步行圈中开发商业、医疗福利、住宅、文化、体育等设施,形成能够通过步行和公交满足出行需求的城市社区环境。二是加强通道、站前广场等的人行通道等基础设施建设。在车站周边形成方便步行出行的环境,强化交通节点职能。三是充分利用商业街的空闲店铺和公共空间建设集会场所、绿地、公园等公用设施,提升城市活力和促进交流。四是社区、居民、企业、专家等齐心协力共同建设有活力有个性的城市。五是以车站和周边地区的集散地为示范区,推进车站改造,灵活运用东

---

[1] LRT——Light Rail Transit 的略称,通过灵活低盘式的车辆,改善停车站,在发车方便性、准时性、快捷性、舒适性等方面,构筑优质的下一代轨道交通体系。
[2] 通过设置指示标,设置路向,通过天线,能够收发车辆位置、到站时间等交通信息。

京都公共事业联合引导政策,以车站为中心推进城市建设。

二、构建美好城市空间的特点

东京用交通构建美好城市空间的核心是实现城市交通的便捷畅通,在此基础上是节点建设(多摩网络节点建设)、紧凑城市建设(以车站为核心的无出行负担社区环境建设),以及步行街建设。采用多方案综合应对城市交通问题。

(一)节点建设

节点建设是利用多摩在首都圈再建一个经济社会发达区,形成积聚,满足区域人口就业、通勤、生活等需求,进而引导交通方式,控制和减少大都市圈机动车出行总量。从城市交通特性看,城市不同空间交通方式,机动车分担率各不相同。城市规模越大,节点区域,即中心区的公共交通出行水平越高,机动车的出行分担比例越低。这与节点完备的交通设施和紧凑型建设相关,也与由此影响的交通出行方式和出行习惯相关。从东京的机动车出行分布看,东京城市机动车平均分担率33%,中心城区的机动车分担率为21.4%,而远周边地区机动车分担率是55.8%,它反映的是交通节点的作用。东京正是靠这种由节点构成的多中心空间结构保持了城市的公共交通出行,形成机动车出行分担率逐步下降的交通可持续发展局面。

(二)紧凑型城市建设

从减少机动车出行看,建设密度影响出行方式选择,低密度建设是影响大都市机动车出行的一个重要方面。因此,交通构建美好城市空间,从交通角度提出城市建设中的土地利用问题,包括增加步行区和公共基础设施建设满足因私出行需求。鼓励紧凑型开发不仅增加区域人口集聚,更是有利于创造公交出行环境,有利于控制和减少大都市机动车出行。

(三) 加强步行区设施建设

步行区域是指出行时间在 20 分钟左右的区域,在这一区域,根据城市交通需求特点是以步行为主。因此,用交通构建美好城市空间,关注在步行区域内完善和充实相关公共服务设施和商业服务设施,使日常生活所需的因私出行能够最大限度地在步行区域内完成,对于减少机动车出行和保证城市交通的畅通,具有重要意义。

三、交通构建美好城市空间的启示

(一) 解决交通拥堵不能单纯以交通论交通

交通拥堵作为城市病已在国内的许多大中城市蔓延,而解决交通拥堵的主要措施一般多集中体现在加速道路交通设施的建设,但现实情况是交通拥堵依然存在,且趋于严重。东京在解决交通拥堵的做法值得参考,解决交通拥堵不单纯是道路建设,而需要多方面措施支撑。环线道路建设能够形成更广泛的道路交通网,疏导交通。强化机场功能,加强机场交通,不仅考虑到城市发展的需求,从缓解交通问题看疏解了绕道市中心前往机场的交通量。机场交通是城市交通的重要构成,是城市的对外联系通道,如果各区域通往机场有直线交通,也能对缓解交通起到非常积极作用。此外,节点建设和培育、新城加强紧凑城市建设和加强社区设施建设也是改善交通的有效措施。

(二) 重视新城的独立交通系统建设

新城需要交通做支撑,这是众所周知的道理。东京在讨论交通前提下谈及培育新城,似乎与我们单纯讨论的发展新城的出发点有所不同,交通构建美好城市空间中,东京从四个方面规划了相关建设。其中多摩的交通建设方案不单是沟通与中心城的联系,更多强调的是与周边区域的直达式联系。这样的交通设计决定了新城不再依赖中心城而具备了独立的交通枢纽功能。因此也保证了多摩利用积聚多院校、多研发机构、多企业的资源优势打造"多摩硅谷"。成为不仅代表首都圈而且代表亚洲的产业集散地。新城只有具备特定的功能、具备独立对内对外联系能力，才有可能作为城市自主运行实现发展。

(三) 适应时代需求

东京有世界上网络密度最高、正点率和安全性最好的铁路交通，但是为满足老龄化社会出行无负担，东京在建设立体空间交通基础上提出了加强公共交通建设和紧凑城市建设两个方案。表明未来东京在提高公交舒适、便捷度，推进以车站为中心的小型城市建设，以及管理好社会资本等方面仍将继续提升，力争创造舒适无负担的生活环境。中国面临同样的问题，因此，如何满足时代要求，成为城市管理必须讨论的课题。交通与城市建设同心协力才能真正有望实现舒适无负担的生活环境。

四、结　语

交通是城市重要基础设施，而减少交通拥堵，创造便捷顺畅的城市交通出行环境是城市管理，特别是改善大都市环境的重要任务，也是低碳社会发展的客观要求。近年来城市机动车出行数量不断增加，城市交通拥堵现象日益严重，给城市交通管理以及城市环境治理带来巨大压力。一些城市加速扩宽道路，改自行车道为机动车道，然而并未解决交通拥堵反而增加了机动车出行数量。还有一些城市通过限制车牌号和采取限行等方式控制和减少机动车出行。但事实上城市机动车出行的增加受多方面因素的作用和影响，单一通过控制车牌号或限号控制机动车出行往往难以收到理想的效果。一是限制出行没有考虑机动车出行的需求，限制机动车出行的管理方式与构成机动车出行的因素没有直接关联，不仅难以有效缓解因机动车出行不断增加给城市管理带来的压力，还会对正常出行需求产生不良影响；二是车辆限行缺乏长期可持续性，只有既满足出行需求又能保证交通畅通的管理方式才符合可持续发展的要求。城市交通问题的治理在于城市规划和设计，东京用交通构建美好城市空间表明解决城市交通问题要从规划开始,通过综合方案,通过新科技的利用完善公共交通,通过紧凑型城市建设和新交通节点建设解决城市交通拥堵问题,解决机动车出行带来的一系列问题。东京经验为如何规划城市交通提供了有益的借鉴。

第二篇
城市空间

紧凑城市新概念

——OECD 2012 紧凑城市政策发展报告

2012年6月OECD(经合组织)日本分部在巴黎发布《紧凑城市政策:世界5城市案例分析报告》(以下简称OECD报告)。该报告在考察分析墨尔本、巴黎、温哥华、富山、波特兰等城市空间形态与经济社会发展状况基础上指出,紧凑城市有利于在环境、社会、经济等不同方面促进城市实现绿色增长,并借此对紧凑城市相关内容进行了定义。该报告还为实现紧凑城市建设拟定了18项评价指标和五项指导性意见。本文在简要介绍上述报告内容基础上,归纳了国内城市化建设中值得借鉴的经验。

一、OECD紧凑城市报告

(一)紧凑城市概念

紧凑城市作为当前城市政策讨论最为集中的概念之一,有各种各样的形态。OECD紧凑城市报告从三个不同侧面概括了紧凑城市的特征:一是高密度方式进行的紧凑式开发;二是以连接公交设施为基础的城市空间布局;三是方便的社区服务设施及工作出行的便捷性。其中,高密度紧凑式开发是指市街区的高度利用,城市功能的连续性或可衔接性,以及社区公共空间的确保等。以连接公交设施为基础的城市空间布局主要包括对城市街区的有效利用,有良好的公共交通可达性等。区域内的服务设施及工作出行的便捷性是指土地的混合利用,居民能够以步行或利用公交到达社区服务机构。OECD紧凑城市报告认为紧凑城市不仅是人口、建筑物在有限区域内增长,还包括紧凑的城市设施、混合的城市功能和良好的公共交通设施、网络形街道,以及高质量的环境监控和城市管理。OECD紧凑城市报告提出的三方面特征提供了认识紧凑城市的方法,也为评价和推进紧凑城市建设提供了有价值参考。

(二)紧凑城市建设的意义

在阐述紧凑城市的建设意义方面,OECD紧凑城市报告指出,紧凑城市不只是环境概念,紧凑城市能够在环境、社会、经济等方面促进城市的绿色增长。从经济层面看,紧凑型城市能够通过减少机动车出行降低由此产生的人均能耗,降低通勤时间提升工作效率。紧凑城市通过合理的空间布局最大限度地有效发挥公共服务设施的作用,减少不必要的城市基础投资,降低公共服务成本等,对于提升城市可持续发展具有重要意义。因此许多国家期待通过紧凑型城市发挥作用促进实现政府的绿色增长计划;从高密度开发方式看,OECD报告认为高密度紧凑式开发具有保护土地资源和降低能源消耗的双重意义。高密度和高强度紧凑城市开发能够遏止无序的城市蔓延,节约土地资源可以提高公共交通设施的利用率,可以在更为方便的通勤距离内提供更多的工作、生活日需品,同时还通过容纳更多的城市发展活动,激励更多的出行欲望,从而增强社区活力和社区联系,形成紧凑城市的社区文化。

(三)紧凑城市建设的政府目标

OECD紧凑城市报告强调,紧凑城市的建设不可能只在单一层面上实施政策、制度、财政等方面的管理,需要政府不同部门之间的协调,需要同级政府内部、各级政府之间,以及政府与民间之间明确相互的职能与分工,形成在政策、财政、制度等方面各司其责的战略性合作网络。同时报告还指出需要结合社区利益和建立协作关系,发挥政府协调职能。OECD报告强调紧凑城市建设不是一个单纯的项目建设,而是全面规划和适应社会发展的城市建设。与传统的注重空间的城市规划相比,紧凑城市建设需要对整个城市的资源进行全面的统筹。因此,大众参与原则是紧凑城市建设的重要基础与保障。尤其是在城市再建和更新改造中,在城市现有区域土地充分利用的开发模式中,如果没有得到居民同意是难以进行有效建设的。注重多方利益关系的协调,保证社区利益,一般来讲没有经过居民参与和同意的开发是不可持续的,是现代社会发展的必然结果。

二、紧凑城市评价

OECD报告在紧凑型城市评价方面特别整合环境、社会、经济等方面指标,通过城市开发形式、城市空间结构和交通组织的结构构建了紧凑城市评价指标,内容如表2-1所示。OECD日本分部的紧凑城市政策报告中指出,高密度紧凑城市理念是城市长期发展过程中人们为解决不同城市问题而持续探索,并将其成果和目标不断发展、深化而形成的。紧凑城市理念的形成,最初是为了保护地方自然环境和农田,限制城市的无序蔓延扩张。之后是为了满足节能需求,提升生活品质成为建设紧凑型城市的目标。随着可持续发展探讨的不断深入,紧凑城市成为城市为实现可持续发展目标的政策措施之一。在追求绿色增长的时代,紧凑型城市由于对经济发展具有潜在的促进作用,又被赋予促进经济增长的重要职能。因此从评价指标可以看出:紧凑城市不仅是环境概念,紧凑城市将在环境、社会、经济等方面,在促进人类追求的绿色增长方面发挥作用。从环境方面看,紧凑城市能够使交通出行距离缩短,减少机动车排放产生的人均能耗量,减少CO_2排放,保护包括农田等在内的自然生物多样性环境。从社会层面看,紧凑城市将更方便不会驾驶机动车人群的出行,促进有利健康的自行车和步行者出行,通过改善公共服务的效率提升交通出行效率。从经济角度看,紧凑城市有助于缩短劳动者的通勤时间,增加多样性生活、活力以及创新,提高劳动生产率,降低公共事业投资及维修费用。通过紧凑城市评价指标可以看到绿色发展对紧凑城市寄予的希望。

表 2-1 紧凑城市评价指标

评 价 项 目	评 价 指 标
高密度型开发	1. 人口增加与城市开发的比率
	2. 城市人口密度
	3. 旧城区改造
	4. 较高建筑物的利用
	5. 住宅形态
	6. 出行距离
	7. 城市的绿化覆盖率

(续表)

评价项目	评价指标
公交贯穿的城市建成区	8. 公交出行规模（公交出行数）
	9. 公交设施的可达性
地区服务设施与工作出行的便捷性	10. 就业与住宅环境的协调
	11. 区域服务设施与住宅规模的匹配
	12. 区域服务设施的可达性
	13. 步行及自行车出行次数
对紧凑城市政策产生影响的相关指标	14. 公共空间与绿地
	15. 交通的能源利用
	16. 住宅能源利用
	17. 可持续发展
	18. 公共服务

• 资料来源：根据佐谷説子的《コンパクトシティ政策：世界5都市の比較分析，OECD》整理（http://www.oecdtokyo.org/theme/terri/2012/20120613）。

三、紧凑城市建设

建设紧凑城市的关键，一是用地功能的混合，二是城市的适度紧凑，三是公交发挥主导作用。OECD报告在建设紧凑城市中强调，不同城市要根据各地的实际情况将建设目标与政策手段相结合，制定一揽子的政策性推进措施。并提出了以下五点高密度紧凑城市建设的建议。

1. 形成共识

OECD报告指出建设紧凑城市要制定明确目标，研究大都市圈范围内的紧凑城市实施战略，从法律层面上保障包含紧凑城市政策的城市计划能够得以落实。在此基础上，使地方政府、民间投资等相关关系者能够对紧凑城市的未来愿景有一个共同的认识。

2. 制定建设密度标准

制定建设密度标准是指制定最低建设密度标准。OECD报告强调促进高密度的紧凑式开发，要加强和利用制度手段的有效性，同时也包括利用城市绿带促进紧凑型城市开发建设。

3. 促进综合开发

促进综合开发包括旧城改造的综合开发，要求城市在改扩建过程中实施综合开发，且协调产业政策促进城市街区功能的再造。

4. 加强社区服务设施建设

以增加生活多样性和提升市民生活质量为目标，促进混合用地开发，使住宅与地区公共服务相协调，增加步行和自行车的出行比例。

5. 负面影响的最小化

制定缓解拥堵的政策，提供经济适用住宅，提供高品质的城市设计和城市绿化。

四、政府在紧凑城市建设中的主要任务

OECD报告中，对于紧凑城市建设中政府的任务与职能提出了以下几点要求。

一是政府要根据地区紧凑城市愿景进行规划，公告实施建设紧凑城市政策，让居民和投资者对未来城市空间印象有明确的认识，在听取意见建议基础上使远景开发建设成为可能。此外，政府在对紧凑城市建设给与明确支持外，还需对地区具体实施的战略措施、管理、财政等方面给予监管。

二是政府部门之间要相互协调。为实现紧凑城市建设目标，需要同级政府内部、各级政府之间以及政府与民间之间明确相互的职能与分工。紧凑城市的实施不可能在一个层面上实现政策、制度、财政等方面的管理。因此，相关关系者的责任要在开始阶段能够相互理解，形成在政策、财政、制度等方面各司其责的战略性合作关系。

三是要建立协作促进关系保障社区利益。紧凑城市建设，政府要结合社区利益发挥协调功能，处理项目开发中横向及纵向关系，这是垂直推进紧凑型城市建设的有效方法之一。在OECD报告的案例分析中，政府在同社区保持传统合作的基

础上,还新增了与院校的创新合作关系,如在大都市计划中吸纳当地院校参与,由此能够获取较实用的观点、重要的知识和技术方面的信息与建议。同时院校也在与政府合作中,使大学周边以及校园内建设得到改善。

四是要建立基于评价指标的问责制,促进监管透明度。在一系列的管理手段中,大城市如何改善城市功能,特别是如何展示实力水平和评价绩效,需要根据不同地区实际情况建立紧凑城市评价指标。通过这些指标,城市管理、投资等相关关系方以及市民,对紧凑型城市的建设愿景和发展状况能够进行判断。同时,从增强政府监管透明度的角度讲,通过指标的建立,决策者和居民在协商和协调的基础上,将建立更加紧密的关系。

五、对国内紧凑城市建设的思考

近年来国内许多城市将紧凑城市建设作为指导城市建设的重要方针之一,期望通过规划高层和超高层建筑综合体实现绿色低碳的紧凑城市。这一方面说明紧凑城市在环境方面的作用已被普遍接受,另一方面也说明紧凑城市的作用和影响被形式化或者是单一化了。紧凑城市不单纯是一种具体的城市形态,而是城市建设的指导理念。建设紧凑城市包括的不只是建设高楼综合体,它需要科学的设计,其中包括综合利用集中设置的公共设施,有效地减少交通距离和废气排放量,遏制城市无序扩张。此外建设紧凑城市还包括减少出行距离、降低出行次数、避免单一的土地用途、减弱对小汽车的依赖、发展公共交通;以及促进公交线路沿线集中项目开发、改善公共服务水平,创造便于步行和自行车出行的生活环境等。只有科学认识紧凑城市及其建设的意义,才能够得到全面的紧凑城市建设效果。目前,国内正处于城市化发展的高峰期。城市扩张和新城建设使城市规模不断扩大。以快速城市化为背景,以遏制城市无序扩张为目标,紧凑城市承担的不只是当前城市建设面临的问题,更关系到未来城市可持续发展的格局。结合OECD紧凑城市报告所阐述的核心思想,国内紧凑城市建设需要把握的重点可归纳为以下七个方面。

一是把握时代发展趋势,适应社会发展的需求。城市功能的意义在于满足城市人群的生产生活需求。紧凑城市建设需要对整个城市的资源进行全面统筹,并且对社会问题进行充分的研究和把握。紧凑城市建设不能仅仅看成一个实体的规划,要统筹全局与社区,跟随时代发展,进行突破与创新。

二是坚持创造可持续发展的城市空间,最大限度地重视现有土地的有效开发,科学地规划开发土地,建设紧凑城市。减少市政基础设施投资,降低公共服务成本,保护绿地。

三是坚持人与自然和谐的生态建设原则,在紧凑型城市建设中设立禁止开发区域保护农田、保护耕地。这个思想在很多已经实施的城市规划里面已经得到体现。例如北京新一轮的总体规划里就设立了这样一个不可开发的区域以及绿化带等。这是一个非常重要的原则,应该在保证环境容量的前提下,优先保证不可建设的区域。

四是步行及公共交通优先。紧凑型城市开发能够提升效率,大幅降低时间成本这已是社会的共识。紧凑城市建设坚持步行和公共交通优先,将可以切实减少机动车交通出行和能源消耗。

五是发展满足工作和生活需要的复合功能。紧凑型城市主张注重发展地区产业,避免建设单一功能社区,尽量减少地区对区域外城市功能的依赖,减少出行时间和距离。促进产业发展,若地区的生活工作需要长距离出行才能实现的话,就会形成一个大范围的出行流,如一些大中城市正在承受这样一个问题带来的严重后果,城市功能过于单一,很多城市服务功能都要通过跨区域出行来实现,因此导致一些城市问题的出现。

六是公众参与的原则。当前我国已进入一个新的社会发展阶段,公众参与是实现紧凑型城市建设的基础条件,尤其是在旧城区更新改造中,只有充分听取居民及相关方面的意见,才能够有效规划利用城市现有土地,建设理想的紧凑城市。

七是保持地方特色的原则。紧凑型城市鼓励形成各城市自身的特色,包括建设风格、环境特色、交通方式、产业特色、文化体育、节庆活动等。每一个有特色的环节都能体现城市的创新建设与城市活力。

聚焦城市公共空间的新城市形态建设
——国际城市建设管理发展新趋势

近年来以城市公共空间为重点的新城市形态建设正在成为发达国家提升城市竞争力的重要方式,它强调利用城市公共空间的集约和积聚效应提升土地资源利用率、整合区域功能、创造城市活力和满足产业和社会发展需求。城市形态是一个城市由城市空间结构、功能机制为主组成的整体形象特征,随着时代的发展与变化,城市整体形象也在随之更新,创造和构建新的城市形态已成为适应社会发展的一项重要需求。本文介绍新城市形态建设的发展趋势,并通过实际案例考察新城市形态的建设特点,在此基础上结合城市建设管理现状归纳聚焦城市公共空间促进新城市形态建设的几点认识。

一、新城市形态建设的发展趋势与管理特点

(一)新城市形态建设的发展趋势

1. 日本

2006年以构建和谐、美丽、魅力城市为目标,日本内阁会议通过了相关的《城市建设指南》。该指南聚焦城市公共空间,规定了城市建设中公共空间建设的管理办法与建设标准。其内容包括项目空地、空间景观、公共设施、道路、广场及沿道空间等。该指南规定了利用"现场协议会"、"协议招商事项准则"等制度约束项目的产权方、开发方和经营者,以确保实际建设中公共空间的建设能够加以落实。在此基础上,2013年日本国土交通省的《新成长战略》进一步提出利用公共空间建设促进城市的创新建设,其中还提出了包括容积率奖励在内的多项制度。

2. 英国

2008年负责英国城市设计与建设行政管理的"城市建设管理一厅(也称住宅与社区一厅)"成立,该厅的主要职能是配合建筑与都市环境委员会(简称 CABE 委员会),促进英国的城市设施环境的改善。CABE 委员会全称"建筑与都市环境委员会"(The Commission for Architecture and The Built Environment),是由内阁大臣负责的城市建设管理的顾问机构,主要负责城市公共空间建设管理评价。CABE 委员会于1999年成立,其成员包括担任城市建设的建筑师、景观设计师、工程师、规划师,以及艺术顾问和地产开发商等权威专家。CABE 委员会以促进"良好都市形态"建设为目标,对城市的开发和建设项目进行技术评价,其中评价的主要对象和标准是城市公共空间建设。CABE 委员会通过评价为项目制定开发建设目标,并根据这一目标对项目中存在的问题提出意见与建议。由于 CABE 委员会的工作不具有指令性,城市建设管理一厅(住宅与社区一厅)的设立补充和加强了这方面的职能,使 CABE 委员会的评价建议成为项目审批的重要参考,保证了 CABE 委员会在提升项目的设计标准和质量,促进城市公共空间建设等方面发挥更重要作用。

3. 法国

1989年法国里昂制定《城市公共空间设计指南》,该指南是"大里昂"(Grand Lyon)计划的一个组成部分,目的是优化和提升城市环境。该指南要求对城市公共空间进行主题策划,策划通过对城市空间、建筑、景观等的调查,明确城市区域的不同风格,为开展公共空间主题的设计建设提供依据。《城市公共空间设计指南》的实施推动了里昂大量的城市环境改造,形成该城市更加和谐宜人的城市空间环境。

(二)新城市形态建设的管理特点

1. 突出对公共空间建设的管理

新城市形态建设管理中,各国加强管理的共同特点是聚焦公共空间制定了专项的建设管理制度,规定了公共空间建设管理范围和管理标准。如日本的《城市建设指南》规定城市建设中凡涉及道路、广场、空地、公共景观、空间效果、公共设施的部分,不论建筑内部还是建筑外部都要纳入公共空间建设管理,设立专门的机构负责。专管机构的成员要求由从事城市土地利用和景观设计的专业设计师、项目开发单位和负责城市基础建设的专职人员、行政机构负责城市基础设施的管理人员,以及拥有工程建筑设计资质的顾问等不同利益集团代表共同组成,必要时还需要邀请景观设计和色彩设计人员参与。英国 CABE 委员会的管理方式也是在多元参与的基础上,规定机构的最高长官要由大臣担任,成员中约 70% 是从地方自治体以及公职机构人员中任命,强调了 CABE 委员会对公共空间评价管理的权威性。此外,CABE 委员会还通过设立总理大臣奖,鼓励建设效果优良的公共空间项目。各国通过政策制度加强对公共空间建设的管理,其目的是发挥公共空间建设在促进新的良好城市形态建设中的作用,通过多样性、规模化及有连锁效应的城市空间满足社会经济的发展需求。

2. 公共空间的专业化设计

日、英、法各国在新城市形态建设管理中对项目设计的要求主要集中在项目一体化和公共空间的系统建设。项目一体化是指项目规划建设要从城市全局和地区全局出发,在设计与建设中突破地块管理以及项目自身的限制,满足项目所在区域整体对设施功能的建设要求。公共空间系统化建设是配合项目一体化建设,整合系统关系、集约利用建设空地,并通过多样性的空间设计体现有个性的城市空间。为更加有效地促进公共空间系统建设,日本《城市建设指南》特别规定在协议会中要用 1∶500 的基础平面图和立体模型对区域功能一体化和公共空间系统化设计进行展示,使各相关人员能够从全局角度了解各个项目的设计内容,理解和把握各自部分在整个项目环境中的位置与关系,并把这些因素进一步反映到各自下一次的设计当中。通过设计展示,不同项目之间还可以加强磋商,听取不同方面的意见,共同协作建设与整体项目相匹配的多样性公共空间,促进项目一体化建设的目标实现。

3. 多元化参与和多元化决策

新城市形态建设中,日、英、法建设管理的另一个特点是开放式多元化参与。不论是日本的《城市建设指南》,还是里昂《城市公共空间设计指南》,以及 CABE

委员会,都通过制度建设体现了新城市形态建设管理对多元化参与的重视。在《城市建设指南》中,规定涉及公共空间建设的计划决策要经过现场协议。现场协议要求在每个设计决策阶段都要组织项目开发方、土地所有者以及设计单位等进行计划设计方案的现场协议。现场协议讨论的主要内容是围绕公共空间的系统建设,其中的意见和建议由相关的组织部门形成书面材料,分发给各个参加单位和部门,以便在下一次会议上就相关条款提出反馈和修正方案,最终形成可以实施的计划案。现场协议的目的是保证在项目功能一体化建设中发挥各方面作用,通过达成一致性的意见最大限度平衡各方利益,以协调各个单体建筑和公共空间建设的关系。作为制度现场协议贯穿项目建设的全过程,在促进公共空间的合理性建设,促进不同功能在项目空间上的平衡发挥了作用。

二、新城市形态建设特点:东京六本木案例

(一)东京六本木概况

六本木位于东京都中心部港区,项目占地11.6公顷,是2003年完成的东京都指定"城市改造试验项目"。六本木项目建设最大的特点是庞大的公共空间占总建筑面积的26.8%,这些公共空间包括零售、餐饮、娱乐等商业设施,还有影剧院、博物馆和城市规划馆等文化设施,以及公交候车区、道路和步行通道,绿地和屋顶稻田等。六本木利用这些多样公共空间将不同功能设施连接,形成一个庞大的现代化综合体,同时配合立体开发减少水平方向的交通需求和拥堵,打造出了东京的新地标和最具活力的地段,成为举世瞩目的新城市形态建设的典范。

(二)东京六本木项目的建设特点

1. 建设理念

作为21世纪新城市形态建设的典范,六本木项目的建设理念是为营造更丰富的城市生活,集合公共空间创造新的城市形态。形成这一建设理念的基础是19世纪20年代、40年代、80年代东京都城市再建和城市结构的变化。在长期的发展过

程中东京作为日本产业发展的基地,城市形态伴随着产业的发展而变化,在产业结构由二产向三产转型过程中,特别是进入信息时代,东京不断以新的功能和城市形态满足着人们对于效率和多样化的进一步需求。这种变化方式直接影响了六本木在项目规划建设中首先考虑社会发展需求,考虑环境资源、城市安全以及未来老龄化趋势等问题,确定规划建设工作和住宅环境中的商业、休闲、教育、医疗、行政等基础设施一体化的新城市形态。

2. 建设方式

六本木的建设方式是:以公共空间为核心+高密度+综合型+立体化。采取这一建设方式的目的,一是发挥公共空间在促进土地资源有效利用、形成多样性空间、实现连锁性规模经济效应等方面的积极作用,为营造丰富城市生活环境创造有利条件。公共空间多样性,使人们的工作和生活能够在包括步行在内的短时间范围内得到满足,只有这样节省出来的时间和闲暇才可能用于社交、娱乐、购物等活动。二是高密度开发能够在节约利用土地的基础上争取更多的建设用地,满足大量公共空间建设的需要。三是从以往单纯高密度忽视竖向立体空间利用造成的水平方向拥挤,城市环境更加糟糕等情况考虑,六本木通过采取立体式建设能够有效解决高密度开发可能出现的各种问题。

(三) 六本木的建设成果

1. 现代城市综合体

六本木改变了以往单一功能建设的开发模式,在项目中提升了商业和文化设施的建设比例,以六本木商务核心区的森大厦为例,森大厦总建筑面积380 106 平方米,地上54层,地下6层。其中地上7—48层为商务办公、2—5层为饭店餐饮和商业店铺,49层以上是森艺术中心,六本木的森大厦既发挥着商务设施的作用,提供着良好的商务办公环境,同时也是东京市民和游客观光休闲和交流的最佳场所。除森大厦外,在六本木还有吸引人气的博物馆、观光设施、综合影院和露天表演舞台等,这些设施与区域内的商务、住宅等设施有机地构成了六本木庞大现代的城市综合体(图 2-1)。

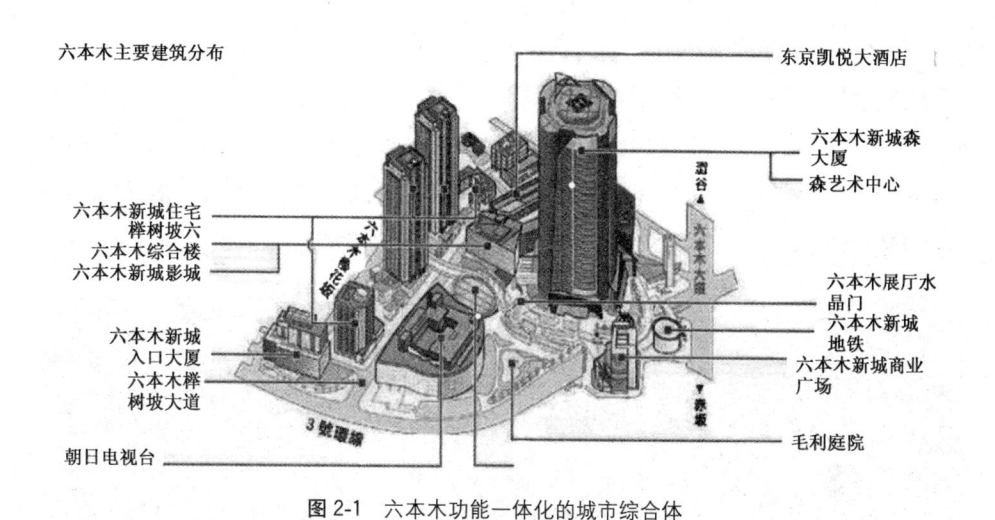

图 2-1 六本木功能一体化的城市综合体

• 资料来源:根据设计新潮杂志社的资料整理。

2. 多样性系统化的公共空间

六本木建筑面积的 26.8% 是公共空间,这些公共空间的功能和类型多种多样,从室内商业、零售、娱乐、步行街到露天影剧院等一应俱全。多样的公共空间为生活和工作,以及到访这里的人们提供着多样化的服务和多样化的选择。不仅如此,六本木还有许多具有网络作用的公共空间,如六本木 A 区总建筑面积为 24 526 平方米的好莱坞广场,该广场将 A 区内的地铁出入亭、商业零售、学校、办公等设施有机地联系在一起。六本木 B 区的公共空间分散在各个主体建筑之间,步行街、综合广场、休憩长廊在不同的主体建筑之间贯穿,形成 B 区分布有序、结构清晰的空间环境。不论是 A 区还是 B 区,自然有序的城市结构主要依靠的是公共空间系统的支撑。

3. 城市自然与文化地标

大量的公共空间为六本木绿化提供了条件,六本木的绿化不仅是地面,还有墙面和屋顶,特别是榉树坡综合设施在其屋顶种植了稻米等农作物,孩子们在那里可以亲身体验和接触自然环境。在繁华的城市街区能够在植成林地的街道和公园中散步休憩是六本木独特景观之一(图 2-2)。除绿色空间外,露天剧场和森艺术中心是六本木东京文化都心的重要体现(图 2-3),露天剧场位于朝日电视台和榉树坡综合设施之间的空地上,开放式结构,总面积4 900平方米多用途的圆形室外舞台空间,能够使观赏者和表演者形成互动。森艺术中心位于森大厦的最上面五层,是日本现代美术最高的展示空间,其中包括展示艺术中心、森艺术博物馆、东京都景观展望台、六本木新城俱乐部等,观众可以通过快速电梯直达52层。琳琅满目的艺术和自然相互融合形成六本木独一无二的风格,成为代表东京现代城市的重要地标。

图2-2 六本木步行景观及屋顶绿化

- 资料来源:同图2-1。

图2-3 六本木森艺术中心

- 资料来源:同图2-1。

（四）六本木案例的启示

1. 21世纪城市需要更多的公共空间

这不仅是由于城市公共空间代表规模效益，更是现代城市需要一个新的提升方式。城市高速发展之后，建设进入了一个新时期，需要以一个新的形式提升城市品质，用创新的城市空间形态满足高效商务和多样性娱乐、交流、生活的需求。公共空间能够塑造有独特魅力的城市空间，提高城市生活品质，满足现代城市高效和多样性需求，促进城市新的进一步发展。

2. 规模化和水平扩张的建设方式已不适宜现代城市建设

六本木建设取得成功的经验之一是集约高效的土地资源利用，六本木通过高密度的立体开发不仅满足了包括公共空间在内的大体量城市综合体建设用地需求，也解决了以往水平扩张导致的城市拥堵等问题。六本木的建设经验表明在土地资源稀缺的现代城市，以往规模化和水平扩张式的建设模式已不可持续，高密度建设也能够实现"密而不挤"，而多样性的公共空间建设是其成功的关键。

3. 政策手段是促进城市创新建设的关键

六本木采用的容积率标准达到和超过700%，这一建设密度大大超出六本木项目所在区域的指定容积率，其中发挥影响作用的是政府"城市改造试验项目"的特殊政策。根据"城市改造试验项目"规定，六本木建设可以执行特殊的容积率标准，因此特殊政策在引导和鼓励六本木新城市形态建设中发挥了至关重要的作用。

三、城市建设管理现状及问题

（一）城市功能的一体化建设

根据《城市规划编制办法》，现行城市建设是以城市控制性详规为基础。城市建设在城市控制性详规指导下，规定了开发地块的建设用地性质，建设总量、绿化率、基础设施配套、公共服务配套,甚至包括建筑体量、建筑体型和色彩等。详规是从宏观以及中观层面控制全市和地区范围一体化建设的重要保障,但从控制性详规的内容看,作为宏观和中观层面管理各级详规尚没有就地块项目与周边环境在空间、建筑形态、环境等方面的建设提出规划要求。这样的管理建设方式导致建设项目无需考虑与周边的联系,以及响应整体项目的建设需求。又由于各项目的建设指标和用地规模(包括公共空间建设在内)是按照主体建筑规模进行分配,项目设计和建设是以各项目的主体建筑为核心,优先考虑主体建筑以及其附属设施的建设,以保证各自主体建筑功能相对完整。因此项目建设出现的突出问题是项目建设完成后其功能及设施形式和内容封闭而单一,缺乏与整体项目的联系与融合。特别是公共空间难以在与周边环境形成整体的功能一体化空间方面发挥作用,造成宝贵的城市土地及空间等资源浪费。

(二) 城市公共空间的建设与管理

在控规管理制度下项目建设的最大特点是以地块为基本单位。项目的公共空间建设是按项目划分的用地大小进行核算,建设内容包括广场、绿地、停车场等。这种情况下受以主体建筑建设为主的影响,项目的公共空间建设更多是在保证各自主体建筑功能相对完整的基础上,利用剩下部分和各零星空地安排和拼接补充成公共空间。因此被动的公共空间建设很难发挥整合空间、积聚不同人群、创造地区活力的作用。同时,在城市公共空间建设中具有专项规划资格的是以城市形象建设为主的城市广场、绿地、城市公园及街心绿地等,这些公共空间的建设规划由专门机构负责,但广场、绿地、城市公园的规划目标是以城市形象、景观等为重点,因此规划设计的内容难以兼顾服务形象工程之外的整合周边设施、创造多功能空间、满足城市功能的建设需要。

(三) 利益协调建设和多元参与

多年来大量的建设投入促进了城市建设的发展,高楼林立,有越来越多的快速城市交通。但其中依然缺少面向市民生活的设施与空间建设,如地铁线路之间的衔接,地铁与商业设施、商务设施间的步行地下通道或空中连廊,地铁与其他交通方式之间换乘衔接(如与高铁、民航换乘衔接),社区居民活动广场等的公共设施建设。由于缺乏这部分公共空间设施建设,导致地铁站公共功能开发不足,不同交通方式之间的衔接不够便捷,商务大楼之间缺少交流与资源互补,部分商务楼、居民社区因缺少生活服务设施而出现如广场纠纷等各类问题。这些问题反映出城市规划管理缺乏第三方的多元化参与,没能有效协调和促进公共利益最大化,使开发商可以无需考虑或很少考虑其他方面诉求,单纯根据自身的需要进行设计,追求自身利益最大化。这样不仅影响着城市基础设施的有效利用,还关系到城市一体化建设及和谐社会建设。

四、聚焦公共空间建设促进新城市形态建设的思考

(一) 树立新的城市建设管理理念,加强公共空间的建设管理

城市建设管理的目标在于有目的地组织城市空间环境,从整体角度开展不同的开发活动,在空间上协调各个不同个体,形成连续与呼应,体现城市利益。城市公共空间是城市建设中最有活力、最具有整合与集聚力的要素,能够体现整体利益。在国际经验中,以公共空间为核心的城市建设是美丽、魅力新城市形态建设的主要特征。树立以公共空间建设为核心的城市规划建设管理理念,从全局出发加强对公共空间建设的管理,促进地区功能一体化的新城市形态建设,将有利于宜居城市的建设与发展。

(二) 完善城市公共空间建设的专项管理制度

结合日本《城市建设指南》和里昂《城市公共空间设计指南》的管理经验,制定针对城市公共空间,包括城市空地、城市空间、空间效果、景观设计等建设的管理规章与管理标准。在项目建设中组织专门机构负责公共空间的设计与管理,明确公共空间的设计理念、公共空间与整体系统的关系、空间的创意设计等;建立城市公共空间建设的项目评估机构,借鉴英国CABE的做法设立城市公共空间的专门评

估机构。该机构的评估结果虽然不是指令性的,但应作为政府部门审批项目的参考。这样可使建设项目在设计阶段就借鉴相关经验。同时,通过项目评估这种第三方参与、激励城市建设多元化管理的方式,群策群力,吸取多方面意见,争取形成好的建设方案。

(三)重视公共空间设计的专业化和多元化管理

在城市建设管理中根据项目的实际情况,组织专家团队加强城市公共空间建设的专业化设计,通过专业化设计使建筑内部和相邻的公共空间相融合,发挥公共空间作用。特别是对超越地块及涉及项目内部的公共空间,借鉴国际经验组织协议会,通过讨论等形式说明公共空间设计的过程和建设依据,在扩大多元参与的同时,完善现行规划管理中的不足,营造出功能混合、系统统一、紧凑型的整体城市空间环境。在日本《城市建设指南》中对城市建设中涉及公共空间的部分,除要求专项设计团队设计外,对于公共空间建设的相关计划也要求组织不同项目单位参加讨论,即现场协商会制度。通过现场协商促进公共空间在整合单体建筑和联系区域空间方面发挥作用,促进不同城市功能相互衔接进而形成整体建设。合理的公共空间建设能够在项目功能一体化建设的基础上最大限度地平衡各方的利益。

五、结　　语

新城市形态建设不仅是城市的形态建设,更是城市管理观念的创新与转型。21世纪是城市重要的发展期,与以往规模化建设相比,高效的资源利用,满足新的产业和社会发展需求,集聚新的城市活力实现可持续发展是未来城市发展建设的大趋势。新城市形态建设以城市公共空间管理为切入点促进城市建设管理方式的创新,对于城市建设向更高发展阶段迈进具有重要意义。

东京城市创新建设中的容积率管理方式与特点

在经历高速发展之后,城市建设进入了一个新时期。土地资源集约利用、创造更优质的城市空间,实现可持续发展等要求城市实施创新型建设。对此一些发达国家城市将容积率作为促进城市创新建设的重要手段,通过容积率管理的直接和间接作用,鼓励有创新的城市建设,鼓励包括地方政府在内的社会各方面力量参与城市创新建设,其中东京在这方面的成功经验值得借鉴。

一、东京的容积率管理

东京的容积率管理主要有以下三种方式。

(一) 特区式管理

东京容积率的特区式管理是运用"都市再建特别区"制度[①],核定和控制建设项目容积率的管理办法。该办法规定政府为重点的再建区和重点再建项目划定特殊政策区,区域内的建设项目可以根据建设需要实施特殊容积率标准。如在特别区的项目因环境贡献而没有用足的容积率可以在区域内部平衡,实施容积率分摊或转移,即不足部分可通过区域内的其他建筑提高容积率来补足(图2-4)。

这里的环境贡献是指对城市发展有贡献的建设,包括城市的空间多样性、功能完整性、整体和谐性、综合开发建设、品质细节性等。在日本的东京、近畿、中部三大都市圈由政府指定的"都市再建特别区"已有65个,其中多数分布在东京都市圈,东京著名的大手町地区、千代田地区的再开发都实施了该政策。

[①] "都市再建特别区"制度是基于日本都市再建特别设置法,为加强国家重点区域和重点项目建设制定的特殊管理政策。

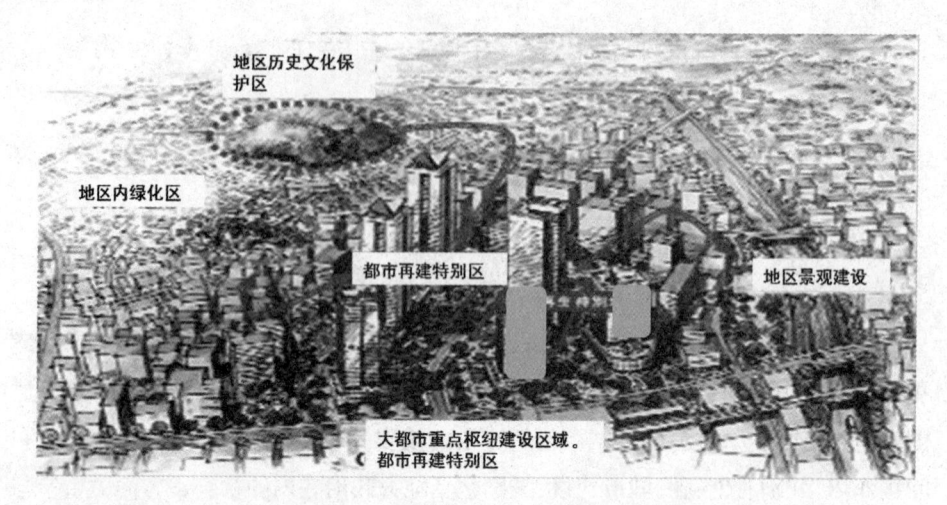

图 2-4　都市再建特别区制度概念

- 资料来源：https://www.city.chiyoda.lg.jp/koho/machizukuri/toshi/saisetokubetsu.html。

（二）定制式管理

容积率的定制式管理是为具体的建设项目独立设计制定容积率标准的管理方法。该管理方法的主要政策依据是《东京城市景观发展促进条例》[1]，依据该条例定制式管理可以分为愿景目标管理、建设目标管理及案例参考管理等三种管理形式。

1. 愿景目标管理

定制式管理中愿景目标管理是以地区规划设计的发展愿景为基础，评价和制定开发项目的建设容积率。愿景目标管理的运作规则是：①地区根据《东京城市景观发展促进条例》在城市总体规划框架下编制本地区的再建方针，明确建设愿景。②明确再建中存在的主要问题，制定以解决问题实现愿景为目标的容积率贡献度评价标准。③组织有社区代表、专家、地方管理人员等参与的项目评审委

---

[1] 《东京城市景观发展促进条例》"街並み再生方針"是 2003 年东京都为解决东京密集型社区城市建设中出现的各种问题颁发的城市建设管理条例。条例要求城市再建区要根据各地实际情况编制本地区的"城市再建方针"，明确在城市总体规划框架下地区建设的阶段性发展目标以及相关制度措施。条例鼓励利用容积率管理手段解决地块细分、街道狭窄、功能单一等建设问题，加强整合和联合，重建塑造有特色的宜居社区环境。

会。④根据政府制定的运作规则开发主体设计和提交项目建设方案。⑤项目评审委员会依据评价标准对建设方案的贡献度进行评价,设计相关项目的容积率标准。表2-2是东京都武藏小山地区根据《东京城市景观发展促进条例》编制的地区再建方针,其中明确了地区的建设愿景和容积率贡献评价标准。

表2-2 东京都武藏小山街区再建方针

愿景	愿景:有魅力都市生活空间 整合细分及零星地块,联合和重组再建街区,促进形成网络化的市街区环境。加强社区商业功能、中心城居住功能的开发与再建、提高社区的防灾抗灾能力

地区发展愿景贡献评价项目	(1) 被列为地区开发计划的以下建设内容的最大容积率可以设定为上限550%
	① 必要公共设施和公益设施建设项目
	  • 购物商场建设·步行专用道建设
	  • 广场形态的公共空间·停车场
	② 影响土地区划形态的基础设施项目
	  • 根据地区空间地形条件,整合相邻地块的设施建设(最小建设面积是650~3 000平方米)
	③ 与建筑设施相关的项目
	  • 墙面退让(2~4 m)
	  • 符合地区相关建设规定的设施高度(根据地区状况的规定)
	  • 建筑物外观建设、屋外广告、基于设计指南的购物商场的外景观建设
	  • 考虑和照顾相连地块日照等影响的设施建设,考虑与其他建筑形成综合影响的项目建设
	  • 建筑物高层部分原则上以住宅设施、医疗和福祉性设施建设为主,低层设施以商业·文化交流设施为主的项目建设
	④ 城市绿化相关建设
	  • 有计划的和谐的城市绿化建设(广场形态公共空间大约为30%以上)
	(2) 能够在上述评价基础上进一步增加容积率标准的评价项目,最高上限是600%
	  • 建设新的广场形态的公共空间,容积率可以+30%
	  • 步行空间建设+20%
	  • 地区集会场所的建设容积率标准可以+50%
	  • 步行者站台等设施建设的容积率标准+50%(不论是哪一种情况都有相关的规模要求)

• 资料来源:根据东京都武藏小山街区再建方针整理(http://www.mlit.go.jp/crd/city_plan/katuyourei.html)。

2. 建设目标管理

建设目标管理是对于具体的开发项目,政府制定项目的建设目标,明确目标下的开发内容以及对应的容积率标准。开发主体根据政府制定的建设目标和项目内容及容积率标准,选择与自身企业特点和需求相关的项目进行建设。建设目标管理主要适合于政府主导的公共设施项目,如表2-3是政府主导的车站枢纽建设的目标管理指标。该项目的建设目标是促进地区活力,形成步行公共空间等,政府为此设计了商业街、店铺、步行街等项目,以及对应的容积率奖励标准。

表 2-3 建设目标管理制定项目容积率标准

建 设 目 标	项 目	容积率奖励标准
商业街 1 层活力街区建设	店铺、饮食店、步行街道	→+50%或+100%
地下公共步行街建设	地下公共步行街	→+50%或+100%
地下公共步行空间建设	地铁出入口设施连接	→+50%
魅力的城市街道	公共空间与广场建设	→+50%

- 资料来源：http://www.mlit.go.jp/crd/city_plan/katuyourei.html。

3. 案例参考管理

案例参考管理是以国土交通省提供的先行先试成功案例为参考，评价制定开发项目容积率标准的管理办法。该方法作为愿景目标管理的补充，各地区在评审具体方案时，可以在本地区再开发方针的基础上参考国土交通省和各行政区规划机构网站提供的相关参考案例，评价和制定评审方案的建设容积率。表 2-4 是国土交通省提供的东京千代田区采用综合策略实施的城市再建案例，其中有千代田区建设中的主要问题、采取的对策措施，以及实施后的效果等可供对照参考的内容。

表 2-4 成长战略参考案例——东京千代田区建设

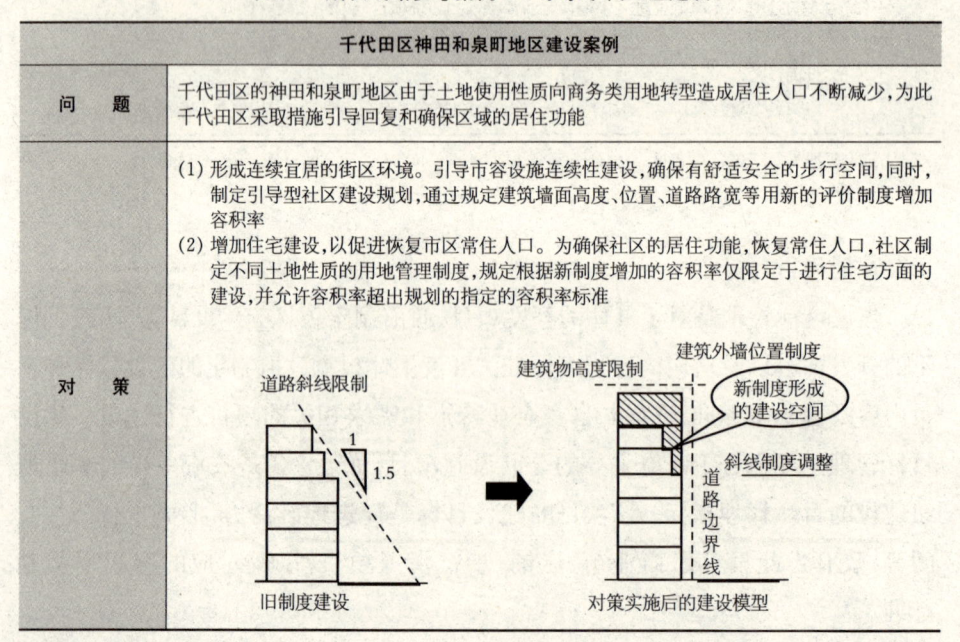

千代田区神田和泉町地区建设案例		
问题		千代田区的神田和泉町地区由于土地使用性质向商务类用地转型造成居住人口不断减少，为此千代田区采取措施引导回复和确保区域的居住功能
对策		(1) 形成连续宜居的街区环境。引导市容设施连续性建设，确保有舒适安全的步行空间，同时，制定引导型社区建设规划，通过规定建筑墙面高度、位置、道路路宽等用新的评价制度增加容积率 (2) 增加住宅建设，以促进恢复市区常住人口。为确保社区的居住功能，恢复常住人口，社区制定不同土地性质的用地管理制度，规定根据新制度增加的容积率仅限定于进行住宅方面的建设，并允许容积率超出规划的指定的容积率标准
^	道路斜线限制 1 1.5 旧制度建设	建筑外墙位置制度 建筑物高度限制 新制度形成的建设空间 斜线制度调整 道路边界线 对策实施后的建设模型

第二篇 城市空间

(续表)

千代田区神田和泉町地区建设案例	
组合式措施	地区的市容引导规划＋按用途容积型地区计划 通过市容引导型计划对容积率最高限度、建设高度、最小占地面积、建设外墙位置，以及工作物放置等进行具体制定，利用新规定余留出的建设空间提升建设容积率(以及包括缓解斜线限制)，同时规定新增加的容积率只能用于住宅建设
区域位置与面积	(1) 东京千代田区　神田和泉町地区 JR　秋叶原站东 (2) 面积 4.3 公顷
规划指定容积率	商业用地容积率：800％、600％、502％
效　果	(1) 通过计划引导重建和增加住宅功能等，整个地区内的常住人口数量由 1995 年的 3.4 万人增加到 2003 年的 4.1 万人 (2) 用墙体后移形成空间进行步行空间建设，塑造了与道路一体化的安全舒适的社区空间环境 (3) 由于地区计划的执行是通过个别重建进行控制，因此要使地区全面产生效果还需要时间

• 资料来源：国土交通省都市计划 http://www.mlit.go.jp/crd/city_plan/katuyourei.html。

(三) 环境贡献评价制度

环境贡献评价的目的是创造有地区特色的城市空间，提升宜居环境。该制度的最大特点是可以制定超出一般容积率的建设标准鼓励城市的公共空间建设，基础设施建设以及促进城市综合开发。

1. 公共空间贡献奖励制度

公共空间贡献奖励是专对通过综合开发为社区形成一定规模公共空间所制定的奖励制度。奖励方法是可以将建设公共空间部分的容积率转移，增加到项目建设的其他部分。这种奖励制度即保证土地使用效率也保证了城市的公共空间建设。

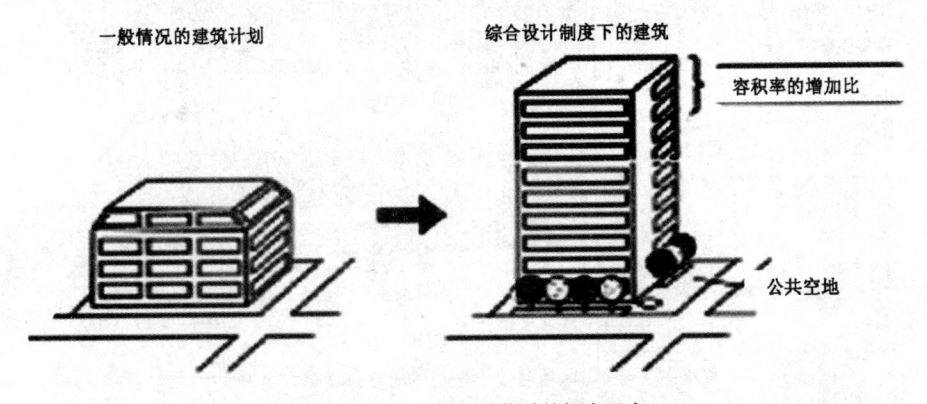

图 2-5　公共空间贡献奖励的概念示意

055

2. 公共设施建设奖励制度

公共设施建设奖励作为环境贡献评价的措施之一,可以统筹项目的容积率标准,对项目因进行公共基础设施建设而未利用的容积率可以转移到其他地块综合利用。

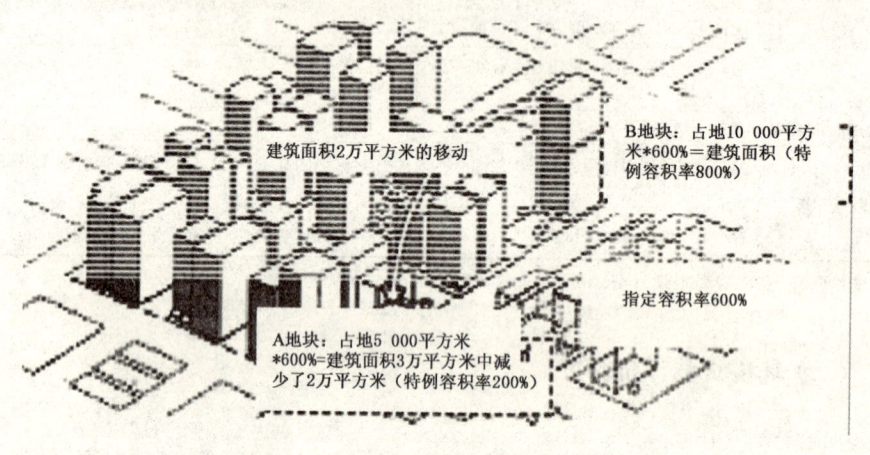

图 2-6 公共设施建设奖励的概念示意图

3. 综合开发建设奖励制度

综合开发奖励制度的目的是保障和完善地区的生活空间,该制度允许不同用途建设的容积率相加使用,开发主体可以用商业或商务用地节约下来的土地进行

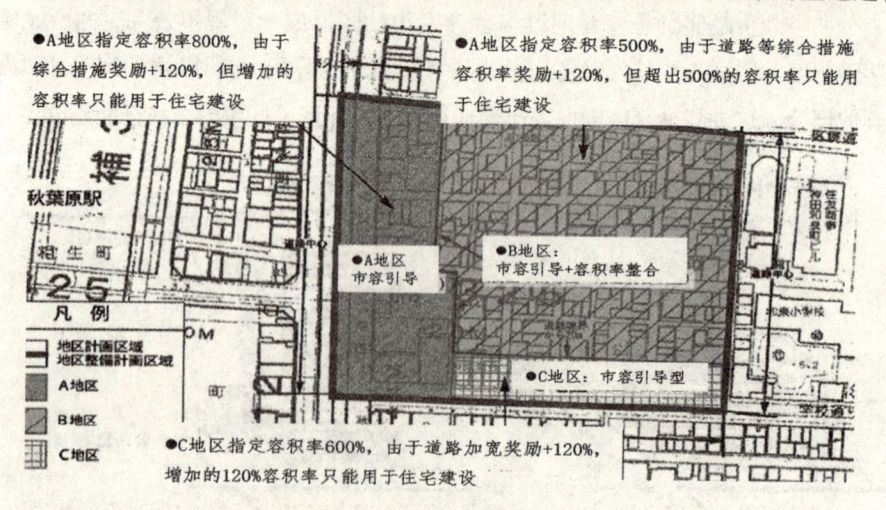

图 2-7 千代田区地区建设采用的综合开发建设奖励

- 资料来源:根据 http://www.mlit.go.jp/crd/city_plan/katuyourei.html 资料整理。

住宅、道路等生活设施建设,对综合开发建设超出部分,根据综合开发建设奖励制度可以制定超额的容积率标准。千代田区案例中就是采用综合开发建设奖励制度。

二、东京城市建设容积率管理的主要特点

(一) 容积率管理的空间细化

按照应用空间对容积率实施细化式管理是东京城市建设容积率管理制度最突出的特点之一。细化的容积率管理可以分为:①由城市总体规划制定的各行政区总的容积率标准,也称指定容积率。②由地区结合发展方针设计的地区控制容积率。③基于评审委员会对方案贡献率评价形成的项目实际建设容积率。在这三个等级的容积率当中,容积率的管理目标、设计标准,以及应用空间都不相同。基于总体规划制定的指定容积率是市域空间范围内资源综合开发与保护的基础,政府通过指定容积率宏观控制和管理各个区的建设规模;地区控制容积率是各计划开发地区以总体规划为基础结合本地区发展实际,统筹设计的标准奖励性容积率。地区控制容积率的目的是从地区层面促进资源的合理优化,形成有特色的城市街区环境。这里的地区可以是行政区范围,也可以是几公顷或几十公顷由一个或几个社区联合的大街区;关于实际建设容积率是以开发地块为基本单位,评审委员会通过对建设方案和地区发展要求进行平衡,确定方案建设标准。在这个平衡过程中通过增加和转移容积率为地区换取公共设施、公共空间等建设的同时,也最大限度地满足了开发主体的特殊要求。容积率的细分管理保证了城市总体规划对城市建设的统筹管理,也结合了实际需要,鼓励和促进了地方管理部门和开发方积极参与城市创新建设。

(二) 容积率管理方式的多样性

东京的容积率管理没有统一的制度标准,特区式管理、定制式管理、环境贡献评价管理,多样化的容积率管理是为了各地区可以根据实际情况需要选择合适的

管理方式,争取最有效地实现空间资源优化配置。在各管理方式中侧重面各有不同但也相互联系,其中定制式管理是容积率管理的基本方式,该管理方式内容明确公开,建设方能够在最初阶段了解地区的发展用意,并通过方案设计体现建设方的共识;特区式管理通过容积率的分摊和转移使容积率的管理更加灵活,能够在更大范围内统筹和分配空间资源;而环境贡献评价为地区公共设施和公共空间建设提供了更多的政策保证,通过该制度,地区可以增加局部地段的开发强度,保证公共空间和公共设施建设。

(三) 容积率管理的制度化

东京容积率管理的另一特点是制度化,即政府管理＋社会监督。其中政府管理是政府编制地区建设方针,明确地区的发展目标、建设需求、设计地区的容积率贡献评价标准。社会监督是项目评审委员会对照地区编制的建设方针,将项目评价转化为项目的建设标准,成为地区开发的依据。在这种管理方式中政府管理和社会监督两者承担着不同的作用相互约束,政府管理负责反映地区社会、经济、环境的实际需求,评审委员会作为社会监督将地区的建设需求落实在具体项目上,当建设项目容积率确定后,所有相关标准就具有了法定效果。因此容积率管理的本质是运用政府管理机制和调动社会力量参与城市建设与管理,并对此给予法律保障。

三、容积率制度的建设成果

(一) 形成高度集聚的战略性区域

东京"大丸有"地区(大手街、丸之内、有乐町的简称)位于东京中心城区,是东京重要的商业中心和商务中心,在全球化背景下为进一步增强该地区的辐射力和引擎作用,2002年东京都指定该地区为"都市再建特别区",实施特别容积率制度。根据这一特区制度,"大丸有"地区重新平衡了所属的119.1公顷范围内的土地使用情况,综合制定的新容积率由原来的1 000%提升到了1 300%。新的容积率标准保证了东京"大丸有"区域的土地再开发,东京新厦、新丸大厦、Gurantoukyou 大厦、丸之内公园大厦等设施相继建设,促进了该区域新一轮的集聚与发展,目前东京"大丸有"地区积聚了金融、服务、制造业等领域的世界顶级公司,该区域产值占日本 GDP 产值的 20%,是东京作为首都市圈最重要的高集聚战略性区域。

(二) 促进新的城市形态建设

东京六本木位于东京中心城区,是东京都指定的城市再建示范区。根据新制度六本木城市再建制定了不低于 700% 的高容积率标准,在这一标准下六本木项目在占地 11.6 公顷的区域内完成了 724 524.60 平方米建筑面积(包括地下空间建设)。高密度开发获得的大量建筑空间为六本木实现塑造新城市形态的建设理念创造了条件。六本木的新城市形态突出了多样性的公共空间建设,以及紧凑和谐的立体式综合开发。六本木的公共空间占总建设面积的约 26.8%,其中不少公共空间为地下和屋顶,六本木利用这些公共空间开发商业广场、餐饮、零售和娱乐。还利用公共空间建造成人们散步的街道、种植林地和开辟公园以及用于社区公共设施建设等。完善的城市基础设施和丰富多样的公共空间使六本木成为东京最有活力的地区,六本木的城市再建也被誉为进入 21 世纪最引人注目的新城市形态建设的典范。

(三) 确保宜居的社区环境建设

千代田区地处东京中心城区,由于土地使用性质不断向商务类用地转型,造成居住人口不断减少,为了保障地区的社区生活环境,控制居住人口向外迁移,千代田区制定了以加强居住功能设施建设为目标的地区再建方针,其中重点设计了鼓励综合开发回复社区居住功能的容积率奖励评价标准。在这一政策影响下千代田区的神田、骏河台、淡路町、丸之内、有乐町等地区相继实施了新的地区综合开发,再建规模接近 10 公顷,容积率分别在 500%~1 500%。新的再建项目使地区内增加了更多安全的居住生活空间和社区环境。至 2010 年千代田社区人口已由 2000 年的 3.6 万人增加到 4.8 万人,新制度建设有了较明显效果。

四、创新建设的容积率管理启示

　　东京由于规划控制及可持续发展理念的影响,用地建设受到很大限制,因此进行创新型城市建设,满足经济社会发展是东京城市发展战略关注的重点。容积率是实施规划管理的重要指标,关系到城市建设的开发密度,还关系到许多方面的建设利益,更影响着城市可持续发展。可借鉴的东京容积率管理经验有:①在把握宏观规划控制的基础上,注重实际建设中不同地区不同类型建设存在的差异性,通过规划目标的分级管理,使规划更加接近实际需要。②利用容积率管理争取投资效益最大化,在这当中也包含这地区发展的最大利益,协调和平衡城市建设中的利益关系,鼓励包括地区政府在内的社会力量参与城市创新建设热情,促进有更多的实现双赢的城市创新建设。③发挥社会监督,在越来越多以市场因素为主导的开发中,借鉴东京管理方式给地区和社区更多的执行空间,引导城市建设融入更加多元社会参与是保证容积率制度正确执行的基础。东京的容积率管理体现了创新的思维和创新的建设方式,是促进城市创新建设的重要基础。

第三篇

城市经济

老龄社会地区经济影响及对策[*]

——基于《面对危机的日本经济》

人口老龄化是指总人口中的年轻人口数量相对减少,老年人口数量在总人口中所占比重不断上升的过程。一般意义上,一个国家或地区60岁以上老年人口占总人口数量的10%,或65岁以上老年人口占人口总数的7%时,就意味着这个国家或地区的人口开始进入老龄化社会。从国家和地区角度看人口年龄结构变化形成的老龄化对地区的经济社会发展具有重要影响。日本内阁府年度经济财政报告《面对危机的日本经济》对老龄化背景下的经济形势进行了分析并为局势设计了应对方案,本文介绍其中内容,以供研究参考。

一、老龄化社会的地区经济影响

经济领域中人口老龄化带来的地区影响涉及的范围包括投资与消费、储蓄、税收、劳动力市场、产业结构和社会福利体系等方面。近期发布的日本内阁府年度经济财政报告《面对危机的日本经济》(以下简称内阁年度经济财政报告),从经济增长和经济结构两方面归纳了老龄社会对地区经济的影响。

(一) 对经济增长的影响

根据内阁年度经济财政报告老龄化社会影响劳动力和资本的供给,而这两个因素与经济增长有着直接紧密的关系。从劳动力层面看,人口增加是经济增长的基础,大量劳动力的增加不仅从供给侧方面促进经济增长,还通过扩大需求促进经

---

[*] 本文为国家自然科学基金重大项目:"公平,活力与可持续——老龄社会的经济特征及支持体系研究"(项目编号71490734)研究成果。

济的良好增长。而人口老龄化劳动人口数量相对减少,对经济增长形成的影响是负面的。资本方面,内阁年度经济财政报告结合投资和消费考察了老龄社会对经济增长的影响,结果是政府及社会资本对老年保障费用(年金)支付的增加,对社会固定资产投入的减少,以及由此引起的全员劳动生产率和储蓄率的变化等。针对老龄化社会对劳动力和资本的影响,日本内阁财政年度报告的对策是:改革退休制度和年金制度、利用国外人力资源和开展技术进步提升全员劳动生产率(TFP)。其中的退休制度和年金制度改革除推迟退休年龄等内容外还包括扩大妇女就业和鼓励高龄者力所能及地参与社会贡献等。内阁希望通过这一系列改革措施提升劳动生产率和劳动人口比例,挖掘经济增长的潜力。同时促进资本投资和固定资产装备比例的增加,可以使劳动力人口得到充分利用,减少老龄社会负担[①]。

(二) 对经济结构的影响

老龄社会对经济结构的影响,日本内阁年度经济财政报告从三个方面进行了归纳,一是人口的老龄化使 GDP 的构成结构发生变化,二是医疗保险支出项目的费用增加,三是老龄社会带动了服务化产业发展。

根据日本内阁年度经济财政报告,老龄社会影响 GDP 的结构发生变化。GDP 结构的变化表现在支出和分配两个方面。支出方面是指老龄化社会会出现社会储蓄率的降低和家庭消费比重的上升。而储蓄率的长期下降,对设备投资形成较大的负面影响,它的直接影响是造成全社会设备投资比重的相对降低。分配层方面,人口结构变化将会改变劳动者报酬在 GDP 中所占比重,取而代之的是资本存量增加,以及固定资产消耗比重的上升。

在医疗保险项目的支出方面,日本内阁府年度经济财政报告利用家庭支出的统计分类,预测了未来各年龄段的家庭消费结构,从中得出未来支出项目中比重增加的项目包括保健、医疗,以及生活用水、电、煤气等支出,比重减少的项目是交通费用。这些数据在一定程度上反映了未来老龄化社会消费结构的变化,当然随着未来技术进步以及新产品和新服务的出现,也许还有可能出现新的消费结构变化。

---

① 内阁采取的一系列措施主要是参考美国案例。美国通过一揽子的改革措施提高劳动生产率,有效地减少和控制了社会负担。

关于老龄社会带动服务化产业发展,日本内阁府年度经济财政报告根据OECD的一项调查指出,老龄社会消费结构突出的变化是服务费用的增加。日本内阁府年度经济财政报告指出老龄化社会新的消费支出是以保健·医疗为中心的服务性支出。虽然高龄者家庭(65岁以上)与一般家庭支出相比数量相对低两成,但包括医疗服务在内的医疗相关费用的支出相对较大。此外支出较大的项目还包括生活居住环境改善、旅游方面支出等。这些消费倾向对产业结构变化以及对整个经济都将会产生影响。

二、应对老龄社会的主要策略

为应对老龄社会对地区经济的影响,日本内阁年度经济财政报告从保障老龄化社会地方财政角度强调了以下方面。

(一)加强技术创新及与海外联系合作

根据内阁年度经济财政报告,老龄化社会劳动力的减少是影响经济增长的主要方面,但只要能够保证劳动生产率和生产效率的提升就能够减轻这一影响。为此日本内阁年度经济财政报告指出,保持未来经济增长的关键是推进技术的进步与创新以及进一步地加强与海外的合作。报告还强调了在推进技术进步和创新中政府的主要职能和作用是加强促进创新环境建设:一是通过专利保护和技术转让等方式调动方方面面参与创新的积极性,促进增强创新活力;二是通过生产与管理,将人力资源从低生产率部门转变为高生产率,来提高宏观的生产力;三是加强海外合作,主要包括通过贸易与外国的联系,通过外贸交易的连接实现新技术,提高生产率和经济增长。

(二)重视利用国外人力资源

在老龄化社会和人口总量不断下降的大背景下,内阁年度经济财政报告主张通过年轻人、妇女和老人确保劳动力需求的同时,还要加强利用国外人力资源,以期提高劳动生产率。内阁年度经济财政报告结合英美等国经验指出吸引更多高技能的外国人力资源,其措施不仅是在制度上开放门户,还应为高技能人才提供比其他国家更有利的发展环境、更好的工作生活环境与设施。良好的工作生活环境包括建设更加方便外国人的居住的环境社区,提供包括教育和医疗在内的"社会福利",满足高技能人力资源的发展需要。报告还强调企业在促进高技能人力资源方面应发挥积极作用,通过企业层面的制度设计来改善整个社会的环境,接受有能力的外国人,使高度专业化的人才能够活跃起来。

表3-1 外国劳动力经济增长贡献率

国 家	外国劳动力人口比重	外国劳动力经济增长贡献率
英 国	0.3%(10万)	15%~20%
爱尔兰		4.80%
法 国	0.1%(1.9万)	1.30%
德 国	0.2%(8万)	
日 本	0.2%(12.5万)	

• 资料来源:根据日本内阁年度经济财政报告整理。

(三)加强再分配制度的地方转移支付

再分配的地方支付转移是指通过社会保障福利收入的再分配制度,将财政支付转移到老年人口相对集中的地区。这种转移支付方式主要是考虑人口老龄化造成的社会保障福利的增加给地方经济带来的负担,以及通过转移支付减少区域差距,特别是对人口迁移外流和人口数量下降的地区。作为社会福利保障分配的一种基本形式,收入再分配能够保障和推动地区经济发展和促进社会公平。日本内阁年度经济财政报告着重强调,因为人口减少,地区政府进行支付转移的公共项目经费将大幅度缩减,通过社会福利收入再分配,将这部分支付转换替代充实到地方老龄化集中、对社会福利保障要求高的地方,有利于减少由于老龄化产生的地区差异。

(四)加强税制改革,保障地方政府的社会保障财源

2000年后日本各地的企业所得税税收迅速回升,但同时各地区的税收收入和

地区财务实力差距也明显扩大。为使老龄化社会各地方政府能够持续保持稳定的公共服务,特别是社会保障服务,内阁年度经济财政报告提出,发挥地方作用,加强税制改革,构筑新的地方税收体系,保障地方政府的社会保障资金来源。主要措施包括在降低相关税率的基础上,根据各地区的税收额度设立"地方法人特别转让税",实施对地方的支付转移。"地方法人特别转让税"以老龄化地区为重点,以确保包括消费税在内的地方财政为基础,各地区根据经济规模以及地区消费与收入之间的相关性,判断老龄化对地方税收的影响程度。以此为标准确定相关的税收额度,确保地方政府社会保障的资金来源和公共服务的可持续性。

(五) 利用地区评价促进地区的人口聚居

集聚人口、减少人口流出,是保证地方财源,满足老龄化社会需求,促进地区自身发展的重要基础。为应对人口流出,增强地区的人口积聚能力,内阁年度经济财政报告强调加强开展地区综合评价,一是通过综合评价加强地方基础建设,二是根据综合评价规划市镇村的合并,扩大地区规模。地区综合评价的操作内容包括:从人口规模指标、固定资产税、所得税、道路、教育、社会福利等表现地区经济状况的指标中,选择定义若干与人口流入相关的人口资产综合指标,城市地区地理特征指标,劳动环境综合指标,通过这些指标明晰地区人口资源规模,影响人口积聚的要素,老龄社会地区居民期待的更完善的公共服务,以及地区的产业就业和社会基础设施等方面情况。地区综合评价为探讨减少人员外流,吸引人员流入,为探讨老龄化社会对策,以及进行市镇村合并扩大地区规模提供理论依据。

(六) 进行市街村合并提升公共服务效率

组织市镇村合并以求有效的公共服务和公共服务行政经费的最小化。内阁年度经济财政报告在鼓励这一做法的同时强调了有效的公共服务需要一定程度的人口集聚和公共设施基础。事实上随着人口老龄化的加深,日本各地区的市街村合并已在积极进行,据统计从1999年末到2008年,日本市街村的数量减少了约45%,其中市街村合并方式包括有形的也包括无形的。从人口规模和人均公共服务费用的关系看,地区的人口规模上升人均公共服务的费用会降低,但具体到不同的服务项目情况也有所不同。如人口规模达到一定程度,政府财政支出中的"总务费"(包含税收)、民生社会福利费、卫生等清扫费、包含支付企业贷款的工商费等,会由于人口规模的上升而降低人均费用。但就业对策费、农林水产以及消防等费用,会因人口的增加而增加。由于不同服务的成本和不同地区的发展目标,采取怎样的地方规模最为合适还很难划定统一的标准,但普遍的规律是保持适当规模,以节省可能节约的行政费用,行政单位过小各项行政费用的单位人员支出会超过平均数。

(七)公共服务的委托

公共服务委托是指现有公共基础设施和社会固定资产的管理方式,其中包括对现有设施和社会固定资产进行修缮,延长其使用寿命。一般来讲老龄化社会发展中一方面是新的公共项目建设,同时也需要对现有设施进行有效地维护。内阁年度经济财政报告中提到的措施是政府全额出资成立股份有限公司,以业务委托方式进行"设施管理"和"资产管理",这种公共服务委托方式在严峻的财政状况下对减少行政经费支出、减轻社会老龄化对地方财政的压力和影响具有积极作用。又能确保老龄社会的公共服务的持续。

三、地区经济影响对策的特点

(一)发挥地方作用保证地方政府财源

在内阁年度经济财政报告老龄社会地区经济影响对策中,首先明确保证地方财政收入,之后的一系列对策也都围绕了这一核心。如老龄化社会最直接影响地方财政的社会保障问题,内阁年度经济财政报告要求通过政府再分配方式进行地方支付转移,并广泛动员引入社会力量,多方面多层次地支持地方政府,为地区提供稳定的公共保障服务。在此基础上还通过改革税收调动地方积极性,鼓励地方承担社会保障的责任。此外通过地区评估建立了地区发展能力的自我评估机制,明确了地区公共基础设施建设的基本条件和进行市镇村合并的规划原则。多项措施发挥了地方作用，同时也缓解了国家层面支付的压力。

（二）认同老龄者的社会贡献和能力，保障老龄者权益

对于老龄者，内阁年度经济财政报告采取了鼓励、引导老龄者对自身生活方式进行调整的态度，认同了高龄者对社会经济拥有的贡献能力，并将其作为减少劳动人口不足的重要力量，鼓励老年人的再就业和参与社会活动。事实上为鼓励老年人再次就业，日本各地已有专门的组织机构为老年人提供职业介绍服务，负责为退休者介绍适合他们的工作。在保障老龄者权益方面，内阁年度经济财政报告强调的再分配方式和涉老服务标准是一种公平的保障制度，通过这些方式和标准保障了不同地区老年人基本生活，缩小了福利、服务和设施的地区差异。

（三）广泛动员社会力量的多方应对

对于老龄化的经济影响应对，内阁年度经济财政报告在强调发挥地方政府作用的同时，还采取了动员社会力量政企合作多方应对的策略，如公共服务的委托管理就是政府牵头建立管理机构，制定设计相关项目服务管理的政策及标准，引导社会组织、企业和个人参与。内阁年度经济财政报告指出单纯的政府职能无法应对老龄化的地区经济影响，需要通过政府和社会力量合力，多方参与应对老龄化社会问题。

（四）关注老龄者消费市场，重视老龄产业开发

老龄化社会庞大的老年人消费群体是未来产业发展的重要基础，内阁年度经济财政报告表明，服务化产业的发展是老龄社会的主要特征，鼓励注重老年市场开发，发展涉老服务产业，满足老龄者的养老需求，特别是体育休闲旅游、文化教育等行业。同时指出随着人口老龄化速度的加快，为适应居家养老模式的产业需求，要进一步调整结构，大力发展满足居家老人的生活服务需求，开发各类居家服务项

目,制订发展老年产业的优惠政策,鼓励和扶持老年产业发展,为老年产业的健康发展提供良好的制度保障。

四、老龄社会地区经济影响及对策的启示

(一) 应对老龄化地区影响需构建长期发展的对策思路

老龄化社会地区经济影响是社会普遍关注的问题,日本内阁年度经济财政报告用 2050 年的时间节点分析预测了日本老龄化社会的地区经济影响,表明了老龄化社会发展的长期性存在。长期以来,年轻化是人类社会发展的常态,但随着医疗技术、卫生条件,以及人们自我保健意识的提升人类寿命得到延长,同时文化教育、社会发展使人们的生育观念发生改变,生育率下降,两方面因素作用下人类迎来了前所未有的老龄化社会。有数据显示,当前全球的老年人口每年增长速度为 2%,高于相同时期总人口的增长率,而且也超出了其他各年龄组的增长速度。根据我国国家统计局发布的数据,2017 年 60 岁及以上人口数量已超过 2.3 亿,占总人口的 16.7%,预计在未来的 40 年我国老年人口数量还将持续快速增长,即使以后的人口老龄化速度会有所放慢,我国总人口中老年人口比例也将很长时间维持在 34% 的水平。各方面数据表明老龄化社会已成为现代社会的一个重要标志,是社会经济发展的必然趋势。因此应对老龄化地区影响需构建长期发展的对策思路,正视老龄化将是社会常态,突破传统的逻辑框架,用新的长远的思路和方法来探讨解决老龄化社会经济影响的途径,探讨社会在老龄化的前提下继续健康、协调地运行和发展,才有可能真正有效解决老龄社会的地区经济影响问题。

(二) 以社会整合视角重新构建地区发展的政策体系

在老龄化对劳动力和资本的供给形成的影响中人口老龄化的劳动力影响在全社会已形成共识,并希望通过劳动生产率的提高进行平衡。日本内阁年度经济财政报告采取的平衡对策,包括利用提高劳动力素质平衡劳动力绝对数量减少对经济增长和社会保障体系的负面影响;还包括推进技术进步创新和进一步加强与海

外的联系与合作等。地区经济是一个由多系统要素构成的复杂大系统,从本质上讲老龄化社会对地区经济的影响是人口系统的年龄结构变化与现行社会架构及公共政策等系统要素之间的相互不适应。解决这些不适应,需要政府通过相关的对策措施进行调节,使社会尽快适应人口结构变化带来的一系列的系统影响。从日本内阁年度经济财政报告不难看出,尽管老龄化社会的地区经济影响是人口结构变化形成的系统变化,但却不能单纯从人口结构入手。单纯的人口调节、单纯的老年人问题政策调节,或针对某一部门的政策都不足以全面应对老龄化社会产生的地区经济影响,而应当以长期的社会整合视角重新构建地区发展的政策体系。如日本内阁年度经济财政报告列举了老龄社会地区经济影响的一系列对策。这些对策就是在地区经济的"多系统要素"基础上整合了各方面关系,为老龄化社会发展创造了良好的环境:如技术创新、通过生产与管理将人力资源从低生产力部门转变为高生产力部门,以及加强了与海外合作等。社会整合除了对多系统要素关系进行统筹外,还涉及地区的短期目标与中长期战略之间的相互统筹,通过社会总体发展思路实现地区的可持续发展。

(三) 规划适合老龄社会发展的产业

日本内阁年度经济财政报告显示,老龄化社会改变国民的需求结构,其中的医疗保险支出的增加,服务化产业的发展带动的老龄产业将是未来产业发展转型的一个基本方向。这些"老龄产业"既包含了人口老龄化背景下老年人口对老龄服务和产品的需求,还包含老龄化社会发展引发的特定的兼具公益性事业和专业服务特征的新兴产业,如养老看护服务,以及类似公共服务委托的设施管理及资产管理等服务性产业。老龄社会的新型产业有巨大市场前景,将成为未来经济社会可持续发展的重要支柱。因此从应对策略角度看规划适合老龄社会发展的产业应兼顾以下方面:一是在产业结构转型升级的过程中推动适合老年人就业的产业发展。发展适合老年人就业的产业的意义不仅在于增加劳动力人口,还包括使人口老龄化与社会经济发展相协调。老年人在知识、经验、社会关系等方面还具有独特的优势。公共政策应引导老年人进入适合其体力和脑力条件的行业,根据老年人的特点开发合适的职业,并避免卷入同年轻劳动就业者的竞争。老年人不仅是老龄社会的消费者,而且也是生产者。规划适合老龄社会发展的产业要做的正是将这些方面统筹起来。二是应当制定相关的公共政策,鼓励老年人口推迟退休,或在退休以后能够继续通过灵活就业和志愿者服务等方式最大限度地发挥老年人口的人力资本与社会资本优势。中国劳动力市场供求关系正在发生的重大转折,这也使得更好地利用老年劳动力不仅成为可能,而且成为必须。

五、结　语

人口年龄结构是社会结构的基本形式,人口年龄结构发生重大改变时将会从多方面,从深度和广度对地区的社会经济产生影响。从长期发展看人口老龄化是未来发展变化的一个主要趋势,老龄化将成为社会发展的常态。日本是世界上率先进入老龄社会的国家之一,分析日本内阁年度经济财政报告一方面是考察老龄社会人口年龄结构变化以及老龄社会个人行为决策对整个经济产生的影响,另一方面可以看到政策因素在平衡老龄社会地区经济影响中的积极作用。如面对人口外流通过政策促进市、街、村合并扩大地区人口规模保证地方基本财政,又如通过政策引导国民收入再分配保障老龄化社会的社会福利,实现相对的社会公平,以及鼓励创新提升单位劳动产出和多方案的促进劳动人口供给等。这些政策因素都与经济有着密切关联。老龄化的地区经济影响需要政府加以应对与调节,合理规避老龄化给经济社会发展带来的各种风险,使社会尽快适应人口结构变化所带来的一系列变化,实现在地区社会老龄化前提下的持续健康有序地运行和发展。未来中国老龄人口发展速度将超过世界平均水平,老龄化对经济增长潜在负面影响的强度远远会高于现在 OECD 国家平均水平,这些均要求政府突破以往的逻辑框架,用新的长远的思路和方法来探讨解决老龄化社会经济影响的途径,探讨社会在老龄化社会的前提下的发展方式,只有协调与老龄社会的关系,才有可能真正有效地解决老龄社会的地区经济影响问题。

中心城区商业化集聚促进策略
——日本京都案例

随着城市化和城市新型商业区的不断出现,以往城市核心区的传统商业受到极大挑战,如何更新改造,重新激发都市核心区新的发展活力成为实现城市转型发展的重要内容之一。对于这一问题日本京都制定了一系列促进中心城区商业集聚振兴策略,在这些策略的作用下京都中心城商业重新形成集聚,焕发了城市核心区活力,在促进京都的城市转型发展中发挥了作用。本文在考察京都中心商业区特点基础上介绍其振兴策略的主要内容,为新形势下的城市中心区问题研究提供参考。

一、独具特色的京都中心商业区

京都人口约 150 万,是日本的第七大都市,历史文化名城,日本历史上的重要都城。京都历史人文资源丰富,京都中心商业区是京都文化资源最集聚的区域之一。近年,京都城市商业中心区出现了越来越多诸如商业连锁店、专卖店等新商业形式和商业业态。新的业态和商业形式改变了原有中心商业区商业结构、商业氛围,带来了新的环境改变。形式各样的商铺配合琳琅满目的商品,丰富的景观和文化表现,吸引了越来越多游客和居民进入中心城区,使京都中心商业区呈现出欣欣向荣的发展景象。

(一) 形式各样的街区特色

京都中心城区的每一条街巷都拥有各自的特色,形成了京都城市中心商业区独特的风景。这些特点不仅表现在各街巷的业态和店铺形态上,还体现在店铺的建店概念,以及街巷的氛围等方面。从商业角度看京都中心区的每条街巷都有不同特点的业种及其经营特点,每一个商家的营业内容都是根据各条街巷的特色选择的。游客和消费者能够根据各个街道的特点区别和判断该街区的主要功能。这些形式多样的街巷和商家在京都中心商业区的商业集聚中发挥着重要作用。

(二)丰富的文化表现

京都中心商业区有为数众多的百年老店,其文化表现多种多样。有代表时代特征的各类建筑,有作为文化传承保留下来的许多文化资产,如五山借景以及各种文化活动等。此外还有各类民间民俗,如鸭川纳凉、五山之火观赏等。这些文化表现汇集在一起勾画出京都与众不同的都市风景和中心城区特色。从商业角度看这些文化表现已成为创造京都中心区新价值的基础。据调查,京都中心商业区的许多游客便是为探寻京都文化而来,游客群中对京都文化抱有浓厚兴趣的占相当比重。对此京都中心商业区也积极配合,通过开发有文化表现的新商品和新功能迎合了游客文化消费需求,中心商业区的这些努力增加了街区的文化感染力和京都中心商业区的影响力。

(三)街道景观的游览性

京都中心商业区商铺规模不大,但商铺不是围绕车站周边的单纯集中,而是分散在各条街巷之中。沿街布满,使各街巷都充满活力和个性魅力。从游客角度看城市中心区的店铺都是有实力的店铺,京都中心商业区簇拥的这些店铺与街道相融,使街道增添了许多游览性。

(四)保留居住的混合式开发

与日本其他都市的中心城区不同,京都的城市中心区是商业与居住功能并存的区域。区域内居民生活与商业活动密切相连,这种联系的密切度远高于其他大都市,是京都中心商业区发展的要素之一。京都促进都心商业集聚活力策略也积极把握了这一特点,鼓励京都中心区包括周边区域进行大量的住宅建设与开发,使中心商业区周边30—40岁年龄段人口集聚增加,这些新老居民为街区增加了新的活力,逐渐成为支撑中心城商业区发展的重要力量。

二、京都促进中心商业集聚活力的主导方针

京都中心商业区能够实现这一繁荣在于京都市方方面面的努力。其中,京都促进中心商业区集聚策略发挥了重要作用。这些策略根据中心城出现的问题以提升京都中心商业区品质,促进中心商业区发展,保证商家和业者利益最大化和吸引更多游客为目标,指导方针包括以下五个方面。

(一) 打造品牌街区

打造品牌街区是指在京都中心商业区内及周边街道集聚商铺,结合消费者的需求,通过丰富多样的商业功能区建设打造京都中心商业区品牌,扩大京都文化影响,实现京都文化的商业化应用,提升街区价值。品牌建设一是在保持京都特色基础上,结合现代文化表现方式多角度、多层次地将京都文化融入街区设计当中,建设有人文个性特点的、立体感的、协调和有趣味性的商业街区。二是在中心商业区及其周边街道集聚商铺,加强人文和个性的空间展示,使游客能够在街区的每个角落都能直观感受不同时期文化。三是将个性融入各个商家店铺,依托各个街区的不同定位,对中心商业区内还有可能开发的特色街道,包括现阶段特色不十分突出的街道进行改造,逐步形成街区特色,表现中心商业区的协调和趣味感。

(二) 丰富街区内涵

京都市内文化资源丰富,中心商业区是京都市区文化资源最集中的区域。这些资源包括百年老店、传统产业、文化遗产,以及有时代特点的建筑和各种文化活动等。因此京都促进中心商业集聚活力策略明确要求利用这些资源进行街区建设,文化资源与街道设施、商业活动融合在一起,建设有文化表现力的街区,创造出京都中心商业新的街道氛围和地区价值。

（三）提高核心商业区的游乐性

提高核心商业区游乐性是针对调查反映出的问题提出的。据调查，京都商业街来往客流中直接进入大商场，或在街道上通行，或有固定的出行目标的游客和访客占总来访者的半数以上。而欣赏街景风光，品味都市繁华的游客在游客总数中占有少数部分。结合这一实际情况，京都中心商业集聚策略提出发挥大都市核心区优势和个性特点，增加街区的文化韵味，提升商业街沿街的游览性，提升京都中心区活力，吸引更多市民和游客。

（四）培育和提升店铺吸引客户的能力

京都促进中心商业集聚活力策略将京都中心区商业街主要的长期顾客对象定位在 30—40 岁年龄段的游客及市民，鼓励中心商业区通过基础改造，将街区与高品质文化生活相结合，影响这些人群成为中心商业区品牌店、老店的固定客户群。并通过改造吸引更多逗留商业街游客和来访者。

（五）提升资产价值

提升资产价值主要是针对京都中心商业区的临时性商业连锁店不断增加的情况。京都中心商业集聚策略认为这主要是短期收益驱动的结果，而这一现象影响着京都商业街整体的特色发展，造成未来商业街的品质和价值的下降。提升资产价值是以中长期发展为目标，要采取措施防止临时收益这一情况的发生，必须创造提升商业街区中长期价值的环境。

三、京都提升中心商业区活力的主要策略

以促进提升京都中心商业区品质和京都都市生活服务质量，以及繁荣京都中心商业区，保证商家和业者利益最大化和吸引更多游客为目标，京都提升中心商业

区活力和集聚力的策略包括以下四个方面。

（一）加强协作与联盟，培育创造地区价值的人才

加强协作与联盟，培育创造地区价值的人才：一是发挥中心商业区各个业者积极性，鼓励经营者为促进销售、赢得顾客、拓展服务领域尽心尽力出谋划策，并使之成为中心商业区的经营常态。在此基础上建立中心商业区业主联盟，包括联合对现状有紧迫感和危机感的业界商业人士，形成对区域发展危机感的共识。政府为有共识者创造更多的见面和了解畅谈的机会，从中发现合作项目，培育植根于京都，能创造新价值的商界人才，形成中心商业区有共同利益的业主联合协调发展。合作项目包括区域的联合、相同客户群的合作、业务协作的联合、信息合作、百年老店和连锁店之间的结合项目等，利用京都中心商业区的各方面优势，通过协作形成超越行政区域的共同利益联合体。

（二）促进不断的推陈出新

京都中心区商业街的魅力在于新与旧，传统与现代的结合。为保持这一魅力，京都中心商业集聚策略鼓励推陈出新，从街道建设到业态组织，从店铺装饰到商品销售都多方面努力。以街道建设为例，京都中心商业集聚策略积极促进街道的新基础设施投入，促进街区的老店铺改造和可持续发展核心店铺的培育等。

（三）营造提升资产价值的环境

为提升中心商业区的资产价值，保护植根京都的商业经营者，京都中心商业集聚策略努力改变不动产所有者重视高租金，即使是租期短也能接受的局面，提倡以中长期发展为目标发挥不动产作用。具体做法是联合不动产所有者组织地区价值保护联盟，邀请专家、相关政府机构、金融单位参与，组成提升不动产价值的管理机构，改善和抑制承租人因考虑短期收益导致临时连锁店增加，地区价值下降，以及中长期资产价值下跌的局面。

（四）提升街道的观光游览功能

通过各种方式展示京都中心商业区独特浓郁的商业氛围和商业区丰富的文化内涵，同时通过个性店铺的特点，提升街道的游览性。措施还包括，联合个体店、商业街、其他街巷以及居民，加强商业街共同的信息传送，利用公共空间和文化设施等吸引游客。通过商业街的店铺与沿街的氛围提升商业街的游览性，发挥和挖掘各个商铺个性魅力和文化积淀，为来访者提供更多的商业街乐趣。

四、京都中心商业区集聚策略的主要特点

（一）系统的规划与布局

京都中心商业区系统的规划与布局是根据不同街区资源条件和商业规模与布局，结合游客规模、购买能力等明确各街区的发展前景以及特色定位，在保证基础商业功能的同时根据中心商业区特点推广文化餐饮、旅游休闲等，积极引导各类型商业和多功能街区发展。其表现一是结合不同街区资源优势，发挥各街区的优势竞争力，使业态结构与区位优势相适应。支持不同特点的商业集群发展。同时，避免无序扩张招商，最大限度保证区域商家的经济效益。二是利用政策引导关联业态之间的联动，形成合力，打破商家间各自为营、不良竞争的局面，对同种业态体现错位经营，细分消费群体，促进形成良性竞争环境。三是鼓励创新，挖掘潜在消费群体，在保留固有消费对象的同时提高品牌效应，拉动潜在消费需求。

（二）多方位促进地区商业集聚

多方位推进中心商业区集聚是指在中心商业区不断打造新的载体，如老店、专业连锁店、专卖店等，通过这些载体吸引有实力的的商家，使京都中心商业区的经济总量与资产积累得到提升，成为京都经济发展的重要增长极。现在京都中心商业区已形成了以传统百年老店为主体，以专业连锁店、专卖店为补充，结合城市街

景,带动商业与旅游观光结合的综合商业集群。在中心商业区各种资源的进一步整合,商业业态的积极调整中,优化的商业环境和消费品质所形成的城市生活体验服务,促进了京都商业服务产业的快速发展。

(三) 特色发展突出商业与人文的融合

京都中心商业区振兴把握了京都人文和商业两大要素,以文促商,以商兴文,利用人文优势使京都中心商业区成为京都一景。独具特色的商业街簇拥历史悠久的百年老店,具有时代特征的各式古老建筑表现了京都独有的城市文化和民情风俗。这种突出商业与人文融合的发展方式,将深厚的城市历史文化与现代商业相融合,为当代同质化的城市建设开辟出一条商业发展的特色之路。

(四) 品牌战略推进协同发展

京都作为日本重要的文化代表性城市,中心商业区是其城市的核心区,也是其现代化商业的集聚地,其中包括"商业购物、旅游、休闲、商务、展示"等功能。京都为加强中心商业区品牌建设提出了多项措施,其中包括促进街道新基础设施建设的"老店铺改造项目",优化商业结构的"可持续发展的核心店铺培育项目"等。通过这些项目有效加强了中心商业区配套设施建设,提升了中心商业区的整体水平。这些项目与措施带动了核心商业区商品及服务的升级换代,提升了中心商业区整体格局档次,促进了中心商业区的品牌街区建设。

(五) 商旅互动促进现代服务业发展

大量多样式的商业设施、文化活动、传统建筑,以及京都城市的繁华,使京都中心商业区成为日本国内外游客购物、观光的首选地之一。京都中心商业区商旅互动促进现代服务业发展,就是利用京都旅游资源和丰富的文化资源,即京都老城区形成的旅游景点。商旅互动一方面促进了旅游和各类商业的集聚,另一方面促进了资本和人才的聚集,带动了整个京都的服务业发展。

五、对国内城市中心区商业发展的启示

城市中心区是城市对外形象展示的窗口,也是城市最具实力的地区。京都在保护传统商业的基础上,发挥城市中心商业区优势,引入购物中心、购物广场等复合型商业业态满足了不同人群的消费需要。新兴的商业模式促进了京都中心商业区传统的老字号工艺与现代的商业管理相结合,提升了商业服务水平和中心商业区的商业形象。同时京都中心商业区保留了居住和商业功能并存的形式,通过餐饮、住宿服务等提升中心商业区的商业服务等级。这些对于国内城市中心商业区建设的启示如下。

(一) 重视系统规划,形成商业集聚

对城市来讲中心城区均拥有较好商业基础,有老字号和品牌企业,以及中心城区商业具有的对外辐射发展能力,这些对带动城市发展具有重要意义。京都中心商业区在政府规划指导下,在各个商家企业的协同努力和协调发展中,形成了中心商业区产业链,取得了良好的经营业绩和商业集聚。京都中心商业区发展经验表明规划的重要作用:通过规划支持中心城区建设,支持区域内商业、贸易、流通等企业以协作为纽带,以品牌为载体进行合作。通过相同客户群的合作、信息的合作、百年老店和连锁店的合作,以及超越行政区域的企业业务联合,形成了中心商业区的商业集聚,并借助城市中心城区对外开放的窗口建设扩大影响力,拓展城市中心区的商业辐射范围,其效果将提升商业服务品质,促进中心商业区的集聚,带动整体城市发展。

(二) 利用人文优势建设有特色的中心商业区

文化是城市商业发展的核心竞争力之一。每个城市都有自己的发展历史,有不同于其他地区的文化表现。城市中心区区别于其他区域最主要的方面正在于中心城区是城市文化表现最集中的区域。京都经验是通过多方面的努力,结合了城市历史

人文及景观将中心城文化与核心区商业结合在一起,促进了区域文化资源优势向商业产出的转化,打造了独具特色的京都商业品牌。因此,有特色的街区或设施、有特色的商业、有特色的小吃,以及反映城市发展的文化展览、演出等是建设特色中心商业区的基础,在此基础上通过中心城再建,用现代化的表现手段提升商业区服务水平,刺激商业消费,都是促进特色中心商业区建设不可缺少的方面。

(三) 扬长避短,促进形成多方位发展格局

城市中心商业区是城市经济社会发展的核心区域,中心城区有优势但也有限制,如交通、人口分布、商业分流,以及中心商业区域内部无序竞争等。京都市合理组织,通过拓展中心城区城市功能和商业规模,优化商业结构,提高商业品质,逐步形成了中心商业区的多方位发展局面。这一经验表明中心城区要增进发展活力须不断创新完善城市功能,促进区域商业的多极式发展。当前受电商等因素影响,国内中心城区正处于产业升级的重要时期,可借鉴京都推动中心商业区发展经验,合理定位中心商业区城市功能,通过有城市特色的商业服务为中心区商业带来新的发展动力。

结　语

商业集聚现象并不是一种全新的社会经济现象,但随着城市化的发展,商业集聚日益成为城市发展的一个重要增长极,对城市经济的发展具有十分重要的现实意义。从产业集聚角度看,中心商业区是城市依托中心城区所处区位及附近人群,为满足消费需求,由各方面集聚来的类型多样的商业企业共同协作,提供多样化的商品和服务所形成的社会经济发展模式。京都中心商业区策略就是为实现这样一个经济社会发展模式所进行的各方面安排。它结合周边居民特点、文化环境、消费能力等多种因素成功实现了中心城商业集聚,促进了中心城区的经济社会发展。其中集聚策略审时度势,对资源进行合理配置,在中心城商业集聚中发挥了重要作用。因此把握未来发展趋势,结合实际出台政策才是保持中心城区竞争力和稳步健康发展,促进街区商业集聚的关键。

产学官结合形成知识创新集群

科研成果转换成适应社会需要的实际应用需要很长的时间。通过相关措施形成具有竞争力的"知识创新集群",能够加速科研成果的转化过程。日本在科技进步与产业发展中的经验也表明了这一点。长期以来,日本政府在推进科研成果转化和企业创新中发挥着重要作用。其中,日本文部省作为政府国家层面推进创新的主要职能机构,通过制定相关政策积极鼓励和支持了"知识创新集群"的形成。文部省相关政策的主要方针是:在地方政府主导基础上,各地区以具备突出研究潜力和拥有独立研究项目能力的院校为核心,联合企业和其他研究机构等共同参与,形成连锁性的"知识创新集群",促进开发新研究成果和实现成果的进一步产业化、商业化。"知识创新集群"实质就是构建产学官为节点的网络,形成地区的人力资源网络、融资系统、创业援助体系。在这样的网络系统中,作为核心的院校及研究机构的技术要素与企业的需求相互适应,形成推动地区不断创新发展的内在动力。

一、日本文部省"创新集群"政策的形成及其资助

(一)"知识创新集群"策略的形成

2001年3月,日本内阁批准了文部省《第二期科学技术基础计划》。该计划为促进产业集群的形成与发展,提出了促进形成地区性的"知识创新集群"。2006年3月文部省在《第三期科学技术基础计划》中再次强调在重点发展世界级集群地区的同时,要加强扶持项目规模虽然小,但具有地区特点,能够最大限度地带动和提升地区竞争力的"知识创新集群"项目建设。文部省指出鼓励"知识创新集群"的形成包含了两个方面内容:一是以形成世界级规模为目标的"知识创新集群";二是不限规模,以体现区域特色为主的城市社区范围的产学官合作"知识创新集群"。

2010年的"知识创新集群"建设进一步将已经开展的"知识创新集群项目"和"城市社区产学官合作促进项目"以及在大学建设的产学官体制相结合,将"产学官合作战略项目"与"创新系统建设项目"结合,加强各地区组织创新的独立性,加强了研发项目与区域组织和大学的合作关系,形成了系统的一体化"知识创新集群"组织格局。

(二) 政策扶持方式

"知识创新集群"组织系统的建设,特别是为扶持形成以地区为主体的"知识创新集群"(地区创新系统建设),文部省强调了院校的创新集群功能,同时鼓励通过地区的产学官联系网络促进院校内相关的网络节点建设。

2010年文部省计划的地区创新集群年度预算额为120.65亿日元。计划援助的内容包括三个方面:一是用于支持瞄准国际市场,能够形成世界级竞争能力的国际目标集群项目,预算经费约占总项目经费的65.8%。二是用于支持规模虽小,但能够最大限度地体现和提升本地区的特点,形成小规模的产业创新集群的都市社区产学官联合项目,预算经费约占25%。三是优先支援框架项目,即用于重点支持已取得了一定业绩的地区性产业集群项目,经费预算约8%。

2010年促进院校等产学官自立合作计划的年度预算额26.49亿日元。该计划资助的重点在人员费用和活动两方面:其一人员费用,也称之为功能强化型资助,预算的计划费用约占总经费的77%,用于支持院校等为强化产学官功能所必需的人员费和活动费;其二是活动和协调经费资助,计划的预算经费资助金额约占总预算的22%,主要用于支持产学官合作协调活动以及项目的培育。该计划从加强地区产学官合作的角度出发,以形成世界级集群为目标,重点支持与地区的核心机构及组织合作研究的院校开展的产学官合作。

二、"知识创新集群"的主要特点

(一) 产学官关系定位

关于"知识创新集群"的产学官协作关系,文部省的基本观点是"产"列于首位,用意在于产业是推进科学研究的原推力。从企业角度来讲,研究成果运用于企业发展,提高了企业的生产率才能够使企业获得更大的利润,拥有更多的社会资金。文部省认为企业的不断发展也会使更多的资金不断投入到科学研究中,使研究和企业都获得持续发展的动力。在这方面企业对研究的资助考验着企业决策的眼光,只有投入对产业可持续发展有益的科学研究,才能得到后续发展。否则,投入得不到回报,对企业发展非常不利。因此需要在"产"和"学"两方面进行沟通,文部省的政策鼓励和要求地方政府要尽其主要职能建立信息传送、引介专家、联合研讨、发展壮大协作关系推进创新集聚的产学官协作。

(二) 院校为产业发展提供保证

在"知识创新集群"建设中文部省强调了院校是基础,如果没有院校为产业和研究机构提供人才,那么产业的专业水平就难以保证,产业发展和研究机构需要院校提供人才,需要智力支撑,正是由于院校以及各级培养机构不断培养各种专门性人才,使人才不断补充到各产业和研究机构,智力支持保证了各企业高附加值的生产,提高了研究机构的科研水准。所以,学校在沟通产学研三方面中有重大作用。研究机构也在三者沟通中起了较大作用。研究机构在企业的资金支持下进行研究,其研究成果又投入到企业生产中,提高了生产效率,为企业创造出更大的利润。

(三) 政府为集群形成搭建桥梁

在知识创新集群建设中政府发挥的巨大作用是制定各项法律、法规,从法律角度鼓励和规范产学研合作,保障日本产学研合作中各方面的合法利益。此外政府还推出各种商业计划,创造商业机会,鼓励企业、产业、院校、研究机构等都能参与到其中。如日本文部省建立了国立学校与民间企业交流的共同研究制度以及在学术国际局设置"研究协作室"等促进企业与高校的结合。

(四) 企业是产学官合作中的主体

在官产学的合作中一般来讲企业是合作体系中的主体,首先这是由于学术研究的资金需求主要来源于企业,企业通过提供资金为官产学的合作提供了保障。其次是企业的需求是影响学术研究的重要因素,技术研究跟随企业需要找到研究的课题。不仅如此,院校的人才输送也与企业直接相关,因此日本大学的专业设置会在很多方面考虑企业的需求,培养适合企业需要的专门性人才,这也能增加院校毕业生的就业率。

三、日本"知识创新集群"战略的启示

(一)利用"产学官"协作关系促进创新系统建设

从本质上看文部省"知识创新集群"战略体现的是创新系统建设,而在这个系统中发挥重要作用的是"产学官"的合作协作关系。"知识创新集群"建设中这种关系的基础是相互沟通和相互促进、平等和互助协作的。这些既是实现"产学官"合作的基础,也是创新系统建设的基础和必要条件。"知识创新集群"的"官产学"合作在平等与互助基础上,各方面优势得到了发挥,并在其中获得了各自的利益需求。其中《科学技术基础计划》战略设计的"产学官"不同职能定位促进了各个合作方找到了建立互助合作关系的点,并围绕这一基本点通过长期保持合作关系创造出合作成果。

(二)多方式的产学研创新体系建设

文部省《科学技术基础计划》的主要目的是加强"产学官"的相互沟通,建立不同职能机构的合作关系。其政策设计的重点是为合作创造条件,找到合作契合点。具体包括制定相关措施促进大学、科研机构与企业开展合作,如在大学创办科学技术园区、发展促进技术转移的中介公司等,使"产学官"在合作中各自发挥长处和作用而不互相冲突,使合作关系能够长期保持,创造出合作成果。关于产学研合作国内也有相类似的做法,但是由于国内企业管理和企业研发能力等方面的实际情况,从技术创新层面看由企业来承担主体这一做法,国内与日本知识创新集群的协作方式还是有许多不同,应加强政府主导,根据实际情况,通过多方式的创新体系建

设促进实现产学研的合作。

(三) 扶持中小企业在产学研合作中的作用

文部省《科学技术基础计划》将"知识创新集群"按照其规模,分为世界级"知识创新集群"和以体现区域特色为主、不限规模的城市社区范围的"知识创新集群"。这种做法的意义在于将中小企业创新单列出来作为重点扶持的对象。当前国内的院校和科研单位的研究工作和研究成果与市场相融合、与企业需求相结合的局面还不普遍,这种情况决定了研究成果难以按照市场需要顺利运用到对应的企业生产当中。而企业,特别是中小企业的科技需求由于科技开发能力相对较低,科研项目的规模化也相对较小,难以与大学和科研单位之间实现专门的、稳定的和不间断的合作。因此,辅助中小企业、院校和科研单位合作应是国内产学研合作中更加需要重点关注的部分。如把有优势的中小企业的技术需求统合一起,形成有规模的科研需求综合项目,这样和院校、科研单位的合作可能会更加稳定和持续,有利于在不断的合作基础上建立起企业、院校、科研单位三位一体的产学研战略联盟。

专栏：
发挥政府职能促进中小企业成为创新主体

中小企业是地区最具活力的经济群体，是促进地区经济社会发展的重要力量。同时中小企业还是技术创新的重要力量，正如上文"产学官结合形成知识创新集群"提到的地区的经济发展与繁荣离不开中小企业的贡献，更离不开中小企业创新。然而由于中小企业的自身特点，扶持中小企业，鼓励中小企业参与创新，是政府工作职能中的一项重要任务，它关系到地区产业结构优化、市场活力以及地区的综合竞争优势。本文结合国内中小企业发展现状以及中小企业成为创新主体的意义，考察国外扶持中小企业创新经验，为国内促进中小企业成为创新主体提供参考。

一、国内中小企业发展现状

（一）中小企业创新发展现状

2016年上海发布了《上海中小企业创新能力调查报告》，该报告反映了当前中小企业创新发展的现状。其中包括中小企业对创新缺乏认识，创新成果少，缺乏外部对中小企业创新支持等。根据《上海中小企业创新能力调查报告》中小企业为开展创新活动的新增创新投资非常有限，半数以上的中小企业为创新新增的创新投资在总收入中的比重均小于5%，新增创新投资经费占总收入10%—20%的企业仅占被调查企业的14%，新增投资在5%—10%之间的企业为25%，几乎没有企业的新增创新投资达到总收入的50%以上。在创新产出方面75%的企业没有新增有效专利，有新增专利1—3项的企业为13%，另有8%的企业新增加了4—6项专利。此外政府资助方面，调查的中小企业中62%的企业没有获得过政府相关资金支持和奖励。16%的企业获得了小于10万元的支持和奖励，14%的企业获得的支持和奖励达到50万—100万元。在创新环境方面,有70%以上的企业没有获得过政府购买项目,获得政府购买1—5个项目的企业为16%,获得政府10项以上项目购买的企业数在被调查企业中占7%。此外在创新孵化方面,被调查企业中获得较多孵化支持的企业只占9%。

(二) 中小企业开展创新的主要问题

分析影响中小企业创新的主要问题有:企业自身对创新的认识有问题,也包括客观的缺乏资金,缺乏基础条件,以及中小企业担心创新风险等问题。从企业的观念与认识看,国内中小企业的创新活动开展较晚,许多中小企业对开展创新的重要性和必要性缺乏认识,对增强中小企业创新能力缺乏危机感和紧迫感,因此许多企业创新动力不足,缺乏对开展自主创新活动的主动性。从资金与企业实力看,国内中小企业普遍存在着资金不足的问题,中小企业经营利润少,负债多,缺乏创新必需的资金,甚至有些企业即使掌握了自主知识产权,也因为资金问题而无法进行批量生产。从创新技术等基础条件看,当前在中小企业中具备创新能力的中小企业所占比重较小,其中掌握关键核心技术,且拥有自主知识产权并进行新产品开发的企业数量更少。技术、设备、拥有研发能力的人才作为创新的基础制约着许多中小企业创新。同时缺少能够掌握技术创新方向并组织创新的企业家也是影响中小企业进行创新活动的原因之一。从开展创新的风险看,企业新产品开发周期长风险大,而中小企业抗风险能力差,由此也造成中小企业的创新动力不足。即便具备自主创新的意识和积极性,制约中小企业自主创新的因素依然较多,包括自主创新观念体制机制、技术人才政策以及融资渠道不畅等方面。

(三) 中小企业创新发展趋势

随着制造业对其产品服务重视的不断增强,创新已不仅是在单一产业中进行,产业融合正在为中小企业创新提供更多空间。如服务要素在制造业创新中的作用日渐重要,许多创新既包含技术要素,也包含服务要素。如信息通信、批发零售、旅店业、餐饮服务业等。擅长服务业的中小企业比较熟悉市场环境、了解客户的需求、善于瞄准特定市场的优势，有利于中小企业进入产业融合创新的新领域发挥中小企业特长。同时互联网也为中小企业创新发展带来机遇，使中小企业决策快、机制活等优势便于发挥。此外信息技术日益普及与深化应用也将一定程度缓解中小企业创新中，在信息获取、经营管理、市场营销、筹融资等方面的问题。

二、中小企业成为创新主体的意义

（一）增强市场活力

中小企业是市场经济主体中数量最大、最具活力的企业群体。当前在各种政策影响下，国内中小型企业发展迅速。中小企业的发展不仅表现在数量上，在市场上的影响作用也非同小可。现实中市场对中小企业而言有着很大的压力，但中小企业特殊的组织结构和经营方式，使其在开展经营活动时能够较为准确地判断市场需求，把握商机进出市场。从创新而言中小企业在市场经济活动中既有必须提高应对力的动力，又有进行制度和技术等方面创新的潜力，因此当中小企业为生存发展开展各种创新，必将形成数量众多充满活力的中小企业群体，它们参与的生产活动不仅提升了生产效率，同时也对市场产生很大的冲击影响，为市场竞争注入强大活力。

（二）增加产业联盟的创新优势

经济发展很大程度上依赖于企业创新。与大企业相比中小企业在创新方面具有不可比拟的优势。这些优势包括中小企业创新的市场表现、中小企业创新的持续性和风险易化解性，以及中小企业实现创新先进性和创新推广的时效性等。所谓中小企业创新的市场表现是指中小企业对市场需求的敏锐反应，容易抓住商机进行创新。持续性是指中小企业的创新开发在生产到达成熟期后，能够快速根据市场需求进行新产品开发，使创新不断开展。而风险化解是相对大企业同其他中小企业形成的产业联盟协作关系来讲，中小企业创新容易形成整体利益，即使是创新生产出现问题遭到挫折，中小企业的组织特性有利于帮助联盟及时转产，使风险分散化。创新先进性是指中小企业在创新开发中调动研究人员的积极性，使中小企业也能拥有最先进的技术。推广的时效性则是中小企业利用创新接近市场需求等优势,满足技术创新和推广之间的时间间隔日趋缩短的现实要求。

(三)促进产业协作网络中的分工合作

在激烈的市场竞争中,企业之间通过相互分工形成产业的协作网络。企业可以在这种产业协作网络中突破本身资源的限制,同不同类型的企业进行专业化的产业分工与协作。在这种产业协作网络的关系中,实现创新的中小企业可以利用专有的生产技术或管理技能参与产业分工,能够在生产的各个环节实现取长补短,相互促进,使企业在竞争中、在产业链的优化和升级中获得利益和发展。可见企业参与产业协作分工合作的基础是创新,中小企业成为创新主体在产业协作网络中参与分工与合作,是促进中小企业不断提升优化的重要条件。

三、国外促进中小企业创新发展模式

(一)美国

1953年美国成立中小企业管理局(Small Business Administration,简称SBA)。作为政府支持中小企业技术创新的政策执行部门,该机构主要负责为中小企业的研究开发和技术成果商品化提供技术性帮助,增强中小企业的研发能力和市场竞争力。美国中小企业管理局总部在华盛顿,在地方设机构有100多个,通过这些机构为中小企业增强研发能力和扩展市场提供支持,其中包括为中小企业提供贴息贷款、协调贷款和担保贷款等,还包括通过税法为特定中小企业提供税期延迟等支持。除此之外美国中小企业管理局还对中小企业给予管理技术上的帮助,通过培训、会议、免费咨询等方式帮助中小企业提高管理层的经营管理水平。美国中小企业管理局还依法帮助中小企业在联邦政府采购额中争取相应合理的份额,帮助中小企业开展进出口贸易等[1]。作为专业化服务中小企业的政府机构,中小

---

[1] 中小企业管理局通过制定"中小企业出口流动资本项目",商业银行可以利用这个项目为中小企业提供短期出口信贷。

企业管理局同时还是维护中小企业利益的代言人。联邦政府对此给予美国中小企业管理局很高的地位,除局长由总统亲自任命外,美国国家经济委员会还为中小企业局保留了一个席位,以便随时听取来自中小企业的意见和建议。

(二) 英国

英国扶持中小企业创新采用的是国家计划方式。所谓国家计划方式就是政府通过贷款担保和税收政策鼓励中小企业创新。其中,贷款担保计划是政府对拥有发展前景,却不能满足抵押要求的中小企业提供的一定比例的金融贷款担保。企业创新若出现问题,中小企业的损失是负责部分未被担保的贷款。该计划的目的是通过政府出资担保并承担较大风险的方式促进金融机构对中小企业进行贷款;税收激励是政府通过制定税收优惠措施,刺激投资者为中小企业创新进行投资。一般来讲政府对某一行业或企业实行税收优惠,可以吸引更多社会资本投资这些领域,进而促进该行业或企业发展。英国政府的税收激励主要包括,政府向社会招标基金管理公司(也称之为风险投资公司),通过基金管理公司在伦敦股票交易所向公众募集定期的中小企业发展投资资金。向基金管理公司投资的投资者可以享受到一系列的税收优惠:如根据投资额减征当年一定比例的所得税、免征风险投资原始股红利所得税、持有股票一定年后卖出免征资本利得税等。基金管理公司根据要求将所融资金的70%三年内投向中小企业。基金管理公司在投资退出时享受免征资本利得税等优惠。

(三) 日本

日本十分重视中小企业创新发展,2004年日本经济产业省制定了支持中小企业开展创新活动的战略援助计划。该计划由经济产业省特许厅授权经济产业局,通过各地方中小企业服务中心在其管辖区域内对法律认定的中小企业进行公开招募。企业以促进地区发展为目标提出申请,经地区中小企业服务中心审核筛选。选出的中小企业经经济产业局确认,由地方中小企业服务中心负责开展创新援助活动。对中小企业创新发展援助的主要内容,一是创新基础分析支援:①将企业希望获取的技术资料按领域进行归纳整理,形成便于操作的图或表,为企业选择创新领域拓展业务或寻找专利技术创新提供参考。②收集提取与企业创新相关活动、相关创新记载参考书目以及相关创新开发和参考书目被引用的次数等,分析企业同这些相关信息之间的优势关系。③帮助企业找到和利用具有通用意义的专利技术。二是创新的战略规划援助:①协助企业研究和制定开发战略,如市场开发战略,根据市场动向并与其他企业优势比较,制订本企业的开发计划。②分析海外市场动向,比较利益和成本,探讨企业生产制造、市场开发、销售能力以及创新产权保护等方面对策。三是项目评价援助:对企业开展创新业务的方针进行评价,并以此评价为基础,帮助和促进企业开展和实现融资活动。援助的方式包括各地区中小企业援助中心根据中小企业具体的经营内容、发展阶段以及创新项目等,向企业定期派遣专家或企业咨询公司,为中小企业开展创新活动提供全程服务。

四、外国促进中小企业创新的主要特点

(一)发挥政府职能作用

美国、英国、日本扶持中小企业创新发展表明,市场经济的发展需要中小企业的发展,更需要中小企业的创新。中小企业发展由于其自身条件限制,单纯依靠市场方式无法解决,特别是创新需要政府有力的扶持,需要有产学研的合作。在这种环境下,政府发挥职能作用,通过各种方式,如设置政府援助机构、采取国家计划指导等,均可以使中小企业克服困难,去实现企业发展目标,进而促进地区发展。中小企业是地区经济中最有活力的群体。政府重视中小企业的培育和扶持关系到地区的经济的可持续性发展和地区竞争力的提升。

(二)重视形成企业创新发展机制

美国、英国、日本支持中小企业发展的措施中虽然没有规定统一的实施活动内容和形式要求,企业可根据自己的经营和创新意愿提出申请。但从各国受理中小企业援助申请的方式看,其做法有三个特点:一是要求企业拥有专门制定创新战略和执行

或利用创新成果的组织或体制。二是政府援助要能够配合企业专有的技术基础。三是援助内容要根据中小企业所处的生产经营情况和存在的问题开展工作。从以上三个特点可以看出,针对问题、重视已有技术基础和企业组织结构是政府扶持中小企业创新发展的重点,也就是企业的创新发展机制是企业实现申请援助的基础。

(三) 援助方式的专属性和系统性

每一个中小企业的扶持项目都有个性差异。企业根据自己的经营和创新意愿提出申请后,负责援助的政府相关机构根据企业具体情况组织编制和实施针对具体企业的创新援助计划,创新起步的战略策划、融资活动等。支援方式的专属性和实时跟踪,以及全过程、系统化服务是美国、英国、日本在中小企业发展支持中表现出的共同特点。如派遣专家和支持的具体内容,专家包括律师、技术人员、中小企业专家以及专业的咨询公司等,各国援助机构要根据各个中小企业的具体情况和申请意愿分析决定。

(四) 风险费用共担制

风险费用共担制也是美国、英国、日本中小企业扶持中表现的共同特点。如英国的贷款风险分担,日本在派遣专家支援中小企业发展中,相关费用,国家(特许厅)支付三分之一,剩余部分的支付形式没有统一限制。有些地方的中小企业援助中心全额负责支付,也有些地区的中小企业援助中心和企业按比例分担。不论何种比例的费用分担,均体现了风险共担,风险费用共担增强了政府与企业对创新的认识与重视,有利于更加慎重和积极地支持中小企业创新发展。

五、促进中小企业成为创新主体的经验借鉴

(一) 政府主导中小企业成为创新主体

未来发展在很大程度上依赖于企业的技术创新,中小企业作为市场经济的重

要组成部分,实现中小企业成为创新主体将对推动经济社会发展具有重要意义。因此需要从战略高度认识中小企业创新,从实际出发探讨中小企业创新扶持方式,在市场方式无法解决中小企业创新难题的情况下,发挥政府作用,引导激励中小企业的创新积极性,使之成为地区创新发展的主体,为地区转型发展发挥重要作用。

(二)发挥专业中小企业服务管理机构的作用

面对激烈的市场竞争,无论在创新规模上还是在创新的技术获取方面,中小企业与大企业相比都处于弱势状态。美国、日本通过成立专业的中小企业服务管理机构为中小企业解决困难,为中小企业寻求创新技术和信息提供帮助,为中小企业互动交流提供平台。参与产业协作和企业间交流是中小企业获得资源(技术、信息)开展创新活动,实现竞争发展的一个很有效的途径。国内扶持中小企业创新发展,促进中小企业成为创新主体,可借鉴国外经验,加强现有中小企业服务机构的相关职能建设,通过中小企业服务管理机构为中小企业提供咨询、设计、合作交流、融资等全面多方位服务,鼓励和促进有条件的中小企业和高校、科研院所等机构,和不同类型企业建立合作关系,解决中小企业存在的问题。政府对于从交流合作中取得成果的企业可给予一定的资助进行鼓励,进而促进中小企业之间,中小企业与大企业之间从分散变成有机整体,促进地区经济发展。

(三)整合管理资源建立相对集中的扶持系统

目前国内许多地方都设有中小企业管理部门,由于管理部门的职能差异,在扶持中小企业发展和开展创新活动方面管理分散,难以系统帮扶中小企业。美国、日本的中小企业创新援助模式体现了管理资源的整合。它通过成立专门的服务管理机构调动了包括中央政府、管理执行机构(地方)、社会智囊(专家和咨询公司)在内的多方面资源,从中小企业提出的创新构想开始,对于企业进行创新优势分析、市场化评价,直至融资战略策划实施等均有专门机构和专属的特派人员全过程地负责跟踪扶持。其扶持的范围、力度、涉及的内容满足了中小企业创新各个阶段的需要。这种责任到人的具有针对性的扶持方式,不仅调动了企业的创新积极性,也为企业实现创新拓展了道路。

(四) 增强企业创新意识,促进中小企业创新机制建设

日本的中小企业创新活动援助中,企业固有技术及创新、企业的管理组织形式等都是确定该企业能否通过援助评审的标准之一。原因在于这些基础要素是企业开展创新活动的必要条件,它能够保证企业应用先进的思想、科学的方法、新颖的技术,在生产、技术、经营、管理等各个环节中实现生产要素的合理组合,创造出新的生产力,提高劳动生产率。目前,国内中小企业缺乏对创新的认识,缺乏对创新组织管理的建设,这也是企业创新能力和动力不足的主要原因。因此中小企业需要加强企业的创新机制建设。为此,企业须为开展创新投入一定资本,政府的扶持政策也应给予配合,形成风险共担。这样一方面加大了中小企业创新力度,同时也能够借此增加企业的创新意识和责任感,调动中小企业内部研发积极性,激发企业创新内在动力,确保中小企业在激烈的市场经济竞争中通过创新不断发展壮大。

(五) 加强对服务业的创新认识,探讨满足中小企业特征的创新模式

服务业以市场大、经营灵活等特点吸引着大量的中小企业加入。服务业创新与制造业有所不同,服务业创新更多地来源于非技术的无形投资活动,有着巨大的创新空间。但也要求创新企业以知识积累作为基础。因此,可探讨研究在地方中小企业管理机构中增设相关职能,建立如中小企业同专家(包括退休专家)、企业家协会等的联系制度,解决中小企业由于其自身特点难以形成大而全的人才组合的问题,满足中小企业对人才的需求,引导提升中小企业专业化水平,增强中小企业竞争实力,使之成为创新主体,在地区的转型发展中发挥作用。

第四篇

城市文化建设

立足特色元素和创意活力的文化发展战略
——台北市文化发展案例

面对全球化和日益激烈的城市竞争,2008年台北市在《未来十年规划纲要》中提出以水岸、人文和高度发展的科技能力为基本元素,打造体现文化创意活力的世界一流都市——亚太地区文化创意产业"领导品牌城市"。为实现这一目标台北市进行了一系列战略部署,其中包括筹建台北市文化建设发展基金、营造城市文化消费环境、推动台北市文化观光产业发展、整合资源提升文化艺术节庆的质量及影响、动员民众共同参与等。台北在城市建设中注重文化领域建设,其目的在于通过城市文化建设促进城市发展。

一、台北亚太地区文化创意产业"领导品牌城市"

台北市定义的具有文化创意活力的世界一流都市——亚太地区文化创意产业"领导品牌城市"主要包括以下内容:

(一)规模化的文化创意产业

《未来十年规划纲要》指出亚太地区文化创意产业"领导品牌城市"首先要拥有一定规模的文化创意产业。规模化的文化创意产业是在台北市现有创意产业基础上,通过各方面努力整合资源,包括推动和利用城市文化旅游,以点带面地促进台北市文化创意产业发展,提升城市国际知名度。相关措施包括,通过诸多具有文化内容的艺术场所与创意产业厂区,形成区域性的创意产业规模聚集区,如:利用士林文化媒体园区开发以台北士林故宫文化园区为起点,沿中山北路、台北市立美术馆、美术雕塑公园、台北城市博物馆至园山古迹公园一线的"园山新乐园"博物馆艺术休憩园区。利用台北中山北路最具特色的婚纱街区和议会旧址改建台北城市文化观光交流中心、台北国际艺术村，并建设华山中央艺文公园、华山文化产业园区、台湾创意中心等创意产业集聚园区。

（二）有特色的城市文化氛围

根据发展具有创意产业能级和有文化观光效果的文化创意街区要求，台北提出依据现有街区历史特色对城市的每一行政区进行重新规划。这些街区包括台北的大稻埕古风区、"故宫"文化园区、中山北路婚纱街区、西门街电影及青少年创意文化街区、永康街美食及艺术文化特色街区、信义新天地街头艺人表演及文化创意产业街区、特色书店及原创音乐创意街区等。此外，在现有的街区特色基础上，利用创意街区多元的文化元素对公共设施进行改造，使公共设施建设同周围环境相结合、和地域特点融合并具有艺术性的表现。如台北的轻轨车站就是公共设施改造中最具代表性创意街区的示范之一。台北的每一处轻轨站的建筑设计风格都显示了区域特色和与周围环境相融合的特点。

（三）创意者和消费者互动

支持创建多元平台，让创意者和消费者紧密互动是台北创意城市建设，培育文化创意产业的又一重要策略。台北亚太地区文化创意"领导品牌城市"的平台建设的具体做法是相关机构积极寻求场所空间，建立常设性的文化创意市场，提供具有文化氛围的场所，使文化创意团队得以在创意市场中以较低的租金成本开展活动，建立品牌和知名度。同时让市民能够在专设的文化创意市场里，买到本土原创性的作品。该平台建设还包括规划文化园区，台北希望通过文化园区建设打造文化创意产业旗舰基地，引进国际行销专业人才，协助文化创意者建立国际行销品牌。此外，通过引进创投基金和无形资产融资监督机制，为文化创意产业者营造良好的经营与创业环境。目前，台北市规划推动的文化园区有信义新天地文化创意街区、西门街红楼南北广场、西门街电影主题公园、西门街步行街区、公园及其他合适的形成文化创意大街的公共开放空间。通过改善不合时宜的规章制度，鼓励民间力量一同参与打造新台北文化平台建设。

(四) 活跃的影视产业

影视产业是我国台湾地区最具影响力的文化消费产业,也是文化创意产业的旗舰产业。在20世纪60—80年代影视产业成为台湾地区最重要的文化输出产业,相关电视以及流行音乐产业在同一时期主导了整个华人市场。然而由于美国、日本、韩国等影视娱乐商品的进入,台湾地区的影视产业受到全面影响。为振兴和促进影视产业发展,当局在1996年通过了"台北市电影委员会设置要点",其中明确了各机构设置、平台窗口的整合要为影视制作者服务,鼓励岛内外影视制作者前来台北市拍摄电影,详细明确了拍片过程各种行政程序的公文流程及场地租借的事宜。创意城市建设提出的通过影视进行的城市推广是参考法国出资拍摄《我爱巴黎》的成功经验,公开征求年轻新锐导演及剧本,拍摄与台北生活主题相关的系列短片、剧情长片,向国际行销。同时,台北还大力促销观光景点和美食文化,使台北市成为全球影视制片公司最喜欢拍片取材及取景的优选场所。在此基础上,利用剧组剧作的专业分工特点,发展台北影视的后期制作工业,扩大台北演艺人员及剧组团队参与拍摄制作的机会,进而提升台北影视作品的国际影响,提升台北的国际形象与国际知名度。

二、促进文化创意品牌城市建设的主要措施

(一) 设立文化发展基金

台北重视资助和鼓励在不同领域建立文化发展基金,一方面是调动民间社会资本的参与,同时不同的基金通过开展活动相互扩大影响,有利于形成支持文化发展的社会氛围。文化发展基金主要用于文化设施建设和扶持文化团体开展各类文化活动,是台北支持开展城市文化活动的重要手段。如随着文化资产数量不断增加,公务预算出现不足,导致台湾地区许多古迹和历史建筑的修复面临经费紧张的困境。为积极抢修古迹和历史建筑,台北市设立了"台北市文化设施发展基金"。

该基金通过政府、社会共同集资,以加速古迹、历史建筑修复,健全艺术文化馆所的经营管理,创设各种艺术文化展演场所为目标,进行古迹历史建筑等文化资产的保护及使用管理工作。该基金设立成效显著,通过共同集资提升了全体市民对于文化资产保护的支持与认同。

(二) 营造文化消费环境

文化消费是促进文化发展的重要力量。在促进规模性文化消费方面台北市行动的重点是尽可能地整合政府的行政力量与市场的行业力量,共同提升城市的艺术文化环境,如吸引更多游客到台北观光旅游,促进台北文化观光产业及其产品营销。为此,台北市拟定了"文化旅游标志认证登记制度",全面地制度性地推进文化旅游发展。台北市还联合有艺术文化活动能力的民间力量,支持本土艺术文化表演创作。有计划地营造文化消费环境还包括培养市民艺术文化消费习惯,扩大艺术文化消费群体规模,其目的是通过旺盛的文化消费需求,帮助和带动更加活泼与多元的原创艺术的创作和文化表演。

(三) 整合资源提升节庆质量及影响

为满足民众文化品位日益提升的需求,台北在各类文化艺术团体发展日渐成熟的基础上,将"台北市文化基金会"业务进行转型,专门设立了负责举办重要艺术节庆活动的常设机构:财团法人台北市文化基金会,吸收具有丰富工作经验和人脉关系的员工开展业务。同时,为提升举办艺术节庆活动的质量与影响,在财团法人台北市文化基金会组织框架下分别设置不同艺术项目的专案执行委员会,由台北市选派董事及监察人,推动各项业务的开展。台北市阶段性地将重要艺术节庆活动,如台北艺术节、台北电影节、儿童艺术节、城市行动艺术节等移交该基金会各委员会承办,台北市对艺术节庆活动的业务重点则由实际执行转为监督协助。根据台北市的文化发展规划,未来财团法人台北市文化基金会发展的目标是积累各类艺术节人才与资源,使台北的艺术节庆活动与国际上具有悠久历史的艺术节庆活动并驾齐驱。

(四) 利用多种方式提升民众文化参与度

为提升民众的文化参与度,政府通过多种方式提供机会。如在政府举办的艺术活动中增加免费演出的场次,在商业演出中尽量增加市民免费观赏机会等。同时为了改变曲高和寡的状况,更好地帮助市民欣赏各种艺术,相关部门还积极开展免费的艺术普及活动,通过发行免费刊物、建立网络媒体平台以及组成文化宣传车队等形式进行信息宣传。此外,台北市还通过联合民间企业募集捐款,在形成专项基金的同时,推动成立艺术文化爱好者俱乐部,号召台北地区众多的艺术文化及表演活动爱好者加入俱乐部。根据俱乐部章程,凡是会员每年至少能够观赏到6场次艺术文化展演,由专项基金提供票价补助来赞助艺术文化消费。台北市鼓励公众文化参与的形式多种多样,如利用公共空间为公众文化活动提供场所。如在台北地铁、公共建筑(包括文化公共设施的长廊广场)、机构部门的空闲空间等,都会允许公众开展市民合唱、舞蹈、健身、艺术比赛作品展示等文化活动。为体现台北市的支持,台北市市长办公室外的长廊也被划为群众艺术作品的展示场所。多方面、多渠道地让公众了解各类文化活动安排,增加民众的文化公共参与度,培育艺术文化消费群体,不仅丰富了城市文化生活,同时也促进了更多元的艺术文化表演创作。

三、台北文化发展案例的经验借鉴

(一) 特色是一流文化城市建设的基础

推动台北的文化创意产业发展,建设世界一流城市是台北亚太地区文化创意产业"领导品牌城市"建设战略规划的主要目标。在台北亚太地区文化创意产业"领导品牌城市"建设中,台北立足城市特色文化资源,结合多元文化元素,通过以点带面的方式调动了各方面对文化创意的热情,支持和扩大了台北文化创意产业规模及影响。在这一系列的建设过程中利用城市的固有特色文化,使之成为文化创意产业发展的基础是台北文化品牌城市建设取得成效的最为突出的特点之一。

正是由于台北将特色文化资源与旅游相结合,通过开展多种形式的活动促进交流,提升了城市知名度;台北将特色文化资源与形成文化街区,与促进创建多元的文化平台相结合,形成了创意作者和消费者的紧密互动,增强了城市文化元素带动城市交流的功能,提升城市实力和影响力。发现特色、重视特色、展示特色是台北发展城市文化产业,打造世界一流文化创意城市的重要成功经验。

(二)利用大众参与扩大需求推进文化发展

大众参与是城市文化可持续发展的基础与动力。台北文化发展战略的重点是整合资源,设立文化发展基金、营造文化消费环境、开展文化艺术节庆和推动文化旅游发展等,其每个部分都包含着鼓励和形成不同形式的大众文化参与。大众的文化参与多了,文化活动才能不断扩大,才能产生更多的文化需求进而促进文化繁荣发展。台北文化战略支持营造文化消费环境,支持以社区为基础开展的各类文化活动,鼓励和支持社区"文化俱乐部"、鼓励社区的"特色文化街区"建设,鼓励支持以台北市立交响乐团为代表的文化团体按期社区演出等。通过这一系列的工作最广泛地加强了大众对文化活动的认识与热情,达到鼓励大众积极参与的目的,进而促进了城市文化事业的发展。

(三)扶持活动系统务实

城市文化活动需要有多方面的支持,其中包括民众参与、文化人才、文艺团体,以及文化活动场所等。台北市组织开展城市文化活动不仅在大众参与方面给予积极鼓励,同时通过基金辅助,通过提供活动空间为文化团体开展活动给予了方便。此外在文化专业人才的培养方面,台北实施了务实性的人才培训。如台北市通过与民间团体合作和组织参与重大活动等机会加强对公共部门文化经营人才的培养。如剧场专业经营、公关沟通、策略管理等方面人员的培养。台北市的文化机构同民间主要的演艺团体都有合作关系,通过这些关系,在文化团体设置一些现场的实习岗位,为公共机构的文化经营人员提供实习机会,使公共机构人员在实践中具备专业的文化策划经营能力。在利用大型和重要的文化演艺活动培养训练人才方面，台北市相关机构利用每年举办的大量文化活动制订对文化经营人才的培训计划，使从业人员通过这些大型"实战"演习，提升了实际操作能力。这些人才通过实践培训成为公共剧场运营的重要力量，并在推动群众公共文化活动的开展中发挥作用。

(四) 发挥台北市平台作用

文化空间能够形成城市的一道道风景，是城市形象建设的重要部分。利用和整合市政闲置设施向文化团体和个人提供免费和低租金空间，建立常设性的文化创意市场，提供有文化氛围的活动场所是台北文化建设的一个重要内容，被称为台北平台。台北市平台吸引诸多的文化机构在此集聚，文化团队在此建设发展，建立品牌和知名度。平台可能成为民众文化消费的场所，成为文化发展的市场，台北在这方面做了积极的探索和努力。2008年台北市共开放9处场所，数十家文艺团体得以进驻。同时，台北市文化管理部门还拨出1 000万元新台币对这些场所进行改造，使其符合进驻团体的排练需求，并加强隔音措施，避免排练扰民。平台不只是空间，还有相应的鼓励政策。如推行制片优惠卡，对来台北拍摄的剧组给予更多扶持。台北市电影委员会规定凡是来台北市拍摄的影视团队，可以申请"制片优惠卡"。其优惠的主要内容包括提供台北市公有场馆拍片7日内免费，住宿、租车、餐饮、洗衣服务等价格优惠，并提供电影制作补助及协助推广营销补助，最高补助额达3 000万元新台币。同时电影委员会网站还提供台北市拍摄指南、场景及工商服务资料库，借此吸引更多国际影视节目来台北拍摄，促进城市形象宣传，进而带动旅游等相关产业发展。

艺术家视角下的国际文化大都市
——基于《全球城市综合实力评价》报告

进入21世纪,城市发展建设呈现出新的趋势与特征,文化成为城市促进经济发展和塑造城市形象的重要途径。各城市纷纷进行不同类型的战略性规划,意图在这一领域胜出,展示城市特点取得竞争优势。长期关注全球城市竞争力的《全球城市实力排名》年度报告,以艺术家视角评价的文化大都市展示了文化大都市的构造,可为国内文化大都市建设提供参考。

一、《全球城市综合实力评价》报告

《全球城市综合实力评价》是日本森纪念财团城市战略研究所2008年开始发布的年度报告。该报告通过70项指标对全球各大洲有代表性的40个主要城市的经济、研究开发、文化交流、居住、环境、交通等六个方面进行综合评分,且通过排序确定各城市综合实力。表4-1是《全球城市综合实力评价》相关评价领域及其主要评价指标。在《全球城市综合实力评价》中,各城市可以通过比较综合实力的构成因素,从优势与不足中找出改进的方向。

表4-1 全球城市综合实力评价主要指标

领域	评价视角	相关指标
经济	市场魅力	GDP、人均GDP、GDP增长速度
	商务环境	证券交易所的股票时价总额、世界300强企业数、就业人数
		完全失业率、服务业就业比例、租金水平、人才确保程度、人均商务面积
		法律制度及风险、经济自由度、法人税、商机与风险
研究开发	研究环境	研究者数、世界排名前200学校数、数学与科学的学科能力
	接受及制度	外国研究员的接受情况、研究开发经费
	研发成果	专利登记、主要技术的受奖情况、研究者交流机会

(续表)

领域	评价视角	相关指标
文化交流	文化交流能力	发布规模、国际会展举办数量、主要的世界文化活动举办数、艺术家创造环境
	住宿环境	星级酒店客房数、旅店数量(集客资源)
	集客设施	国际教科文组织的世界遗产(100 km圈)、文化历史的接触机会、剧场和演唱厅的数量、体育场数量
	接受环境	购物魅力、饮食魅力
	交流效果	外国人居住者数量、海外访问学者数量、留学生数量
居住	就业环境	总劳动时间、就业者的生活满足度
	居住成本	住房租赁平均价格、物价水平
	安全及安心	人口平均杀人案件、灾害对应的能力、健康寿命、社区交流的良好性
	城市生活环境	人口密度、人口平均医师数量、外国人人口平均外国人学校数量、小商品超市的充实程度、饮食店的充实程度
环境	生态	"SO 1400"企业获得数、再生能源比例、回收率、CO_2排放量
	污染状况	SPM浓度、SO_2浓度、NO_2浓度、水质量
	自然环境	城市中心的绿色覆盖率、气温的舒适度
交通出行	国际交通网络	城市中心到国际机场的时间、国际航班直航城市数量、国际线旅客数量、机场跑道数量
	市内交通服务	公共交通(地铁)站点的密度、公共交通的充实度与正点率、通勤上学的便利性、出租车的价格

• 资料来源:根据财团法人森纪念财团的《世界の都市総合力ランキング》整理。

二、全球城市综合实力评价的专业者视角

在全球城市综合评价中,除综合实力评价的排名外,还有不同专业视角的城市综合实力评价与比较。这些专业视角分别是经营者视角、研究者视角、艺术家视角、旅游者视角、居民视角。专业视角的评价指标选自综合评价的6个领域70项指标中,但是不同专业视角评价指标的规模和侧重各有不同,如表4-2所示。

经营者视角下的城市综合实力包括企业及企业业务交易的集聚程度、事业的成长性、企业业务开展的难易度、商务环境、人才和人力资源的丰富程度、相关产业链(支持产业)的集聚度,以及满足家庭和员工的生活环境、政治经济灾害的风险等八个方面。经营者视角反映了作为全球城市的商务环境,在全球城市实力评价中经营者视角选取了经济、研发、文化与交流、居住、交通出行等六大领域中的49项指标进行组合,分析比较出经营者视角的全球城市综合实力排名。

研究者视角的全球城市评价通过经济、研发、文化与交流、居住、交通出行等六大领域的 34 项指标,通过研究者评价比较出全球城市中高品质高端研究能力,研究机构和研究者集聚、拥有促进形成研究活动创想的空间和机会,在开展研究活动中能够得到充分的研究补助和研究者生活补助、有在相关的研究领域的就业机会,以及拥有良好生活环境的城市。

艺术家视角的全球城市关注的是城市文化氛围(环境)、艺术家集聚、艺术市场的存在、创作环境,如创作舞台、绘画物资、艺术的普及性,以及日常生活环境等五个方面。艺术家视角的全球城市实力评价通过经济、研发、文化与交流、居住、交通出行等六方面的 24 项指标,比较出全球城市在文化方面存在的差异及特点,以及艺术家视角中的国际文化大都市。

观光者视角的全球城市实力评价反映了不同城市在魅力文化接触机会、城市安全、城市住宿条件与标准、食品及价格,以及购物环境、购物价格吸引、交通便利(交通便利包括时间和价格)等方面存在的差异。观光者视角的全球城市综合评价包括了 26 项指标,其中评价没有反映经济、研发,以及城市环境等方面的指标,观光者视角集中在文化交流、居住,以及交通等方面的城市综合实力评价。

市民角度是从城市生活者立场对城市的评价,它通过六大领域的 39 项指标,反映了城市生活中的购物环境,如:物价、购买商品的方便程度;生活环境,如住区环境、生活的便利程度;就业环境,如雇用机会和工资待遇等;教育环境、休闲活动、安全、医疗水平等。

表 4-2　不同专业视角的评价取向(专业者视角的评价指标选择)

领　　域	经营者视角	研究者视角	艺术家视角	旅游者视角	居民视角
经　　济	14	3	2	—	6
研究开发	2	7	—	—	2
文化交流	7	7	7	12	7
居　　住	12	8	8	5	11
环　　境	7	6	6	—	9
交通出行	7	3	1	7	4
指标合计(项)	49	34	24	24	39

- 注:表格中的数字为各专业视角在各评价领域选择的指标数,用于表现评价的侧重点。
- 资料来源:根据财团法人森纪念财团的《世界の都市総合力ランキング》2010 整理。

三、艺术家视角的全球文化大都市

艺术家视角由五个方面构成,分别是城市的文化氛围(环境)、艺术家集聚程度、艺术市场、创作环境,如创作舞台、绘画物资、艺术的普及性等,以及日常生活环境。表4-3是2010—2014年艺术家基于五个方面进行的全球文化都市综合比较评价。其中2010—2014年保持在前十的全球文化大都市是巴黎、纽约、伦敦、柏林、东京、维也纳、阿姆斯特丹和洛杉矶等城市。北京、巴萨是2012年后进入前十名城市的,而米兰、马德里、旧金山是没能持续保持前十的城市。表4-3括号中的数字为各城市的综合排名数,从中可以看到全球城市综合实力排名与艺术家视角的文化大都市城市评价存在差异,东京的文化都市排名低于其综合评价,北京的文化都市评价高于其综合评价。但综合排名前3的城市同时也是艺术家视角排名前3的城市。

表4-3 艺术家视角全球文化城市评价

排名	2010年	2011年	2012年	2013年	2014年
1	巴黎(3)	巴黎(3)	巴黎(3)	巴黎(3)	巴黎(3)
2	伦敦(2)	伦敦(2)	伦敦(1)	纽约(2)	伦敦(1)
3	纽约(1)	纽约(1)	东京(4)	柏林(8)	纽约(2)
4	东京(4)	东京(4)	柏林(8)	伦敦(1)	柏林(8)
5	柏林(6)	柏林(6)	纽约(2)	维也纳(9)	维也纳(10)
6	维也纳(11)	维也纳(12)	巴萨(13)	东京(4)	阿姆斯特丹(7)
7	洛杉矶(14)	洛杉矶(13)	维也纳(14)	巴萨(19)	洛杉矶(20)
8	阿姆斯特丹(7)	阿姆斯特丹(9)	洛杉矶(23)	洛杉矶(22)	东京(4)
9	旧金山(22)	马德里(20)	米兰(29)	阿姆斯特丹(7)	巴萨(27)
10	米兰(27)	米兰(27)	阿姆斯特丹(7)	北京(14)	北京(14)
11	马德里	旧金山	墨西哥城	马德里	马德里
12	布鲁塞尔	北京	马德里	墨西哥城	华盛顿特区
13	芝加哥	大阪	多伦多	上海	米兰
14	多伦多	芝加哥	斯德哥尔摩	芝加哥	墨西哥城
15	北京	哥本哈根	北京	米兰	芝加哥
16	哥本哈根	布鲁塞尔	悉尼	多伦多	温哥华
17	温哥华	多伦多	大阪	温哥华	上海
18	悉尼	悉尼	布鲁塞尔	布鲁塞尔	多伦多

（续表）

排名	2010年	2011年	2012年	2013年	2014年
19	上　海	温哥华	温哥华	法兰克福	法兰克福
20	大　阪	法兰克福	哥本哈根	旧金山	哥本哈根
21	法兰克福	上　海	旧金山	斯德哥尔摩	斯德哥尔摩
22	首　尔	波士顿	芝加哥	哥本哈根	布鲁塞尔
23	波士顿	首　尔	伊斯坦布尔	华盛顿特区	伊斯坦布尔
24	曼　谷	莫斯科	福　冈	曼　谷	曼　谷
25	莫斯科	曼　谷	法兰克福	伊斯坦布尔	大　阪
26	台　北	吉隆坡	曼　谷	开　罗	悉　尼
27	新加坡	台　北	上　海	大　阪	圣保罗
28	吉隆坡	福　冈	莫斯科	悉　尼	开　罗
29	圣保罗	新加坡	吉隆坡	孟　买	福　冈
30	苏黎世	圣保罗	台　北	圣保罗	旧金山
31	福　冈	苏黎世	首　尔	福　冈	孟　买
32	孟　买	孟　买	开　罗	吉隆坡	莫斯科
33	日内瓦	日内瓦	孟　买	首　尔	吉隆坡
34	开　罗	开　罗	华盛顿特区	苏黎世	苏黎世
35	香　港	香　港	圣保罗	莫斯科	首　尔
36			苏黎世	波士顿	波士顿
37			日内瓦	台　北	台　北
38			新加坡	日内瓦	日内瓦
39			波士顿	新加坡	新加坡
40			香　港	香　港	香　港

- 注：括号内数字为综合实力排名。
- 资料来源：根据财团法人森纪念财团《世界の都市総合力ランキング》2010—2014年报告整理。

四、从艺术家视角看国内文化城市发展

艺术家视角的文化城市体现在五个方面，分别是城市的文化氛围、城市中艺术家的集聚程度、文化市场、文化创作环境，以及从艺术家视角观察的宜居城市。《全球城市综合实力评价》中艺术家视角的中国城市以北京及上海为

例,表4-4—表4-8是基于艺术家视角评价的北京上海在文化城市五方面的排名表现。

(一) 城市文化氛围

从城市的文化氛围看,北京、上海两大城市的城市文化氛围评价存在一定差距,综合实力分别在中等城市和较弱城市行列当中[①]。其中北京的城市文化氛围评价高于上海。以2014年为例,北京全球城市排名第17,上海全球城市排名第28。从发展变化看,2012年到2014年两座城市在全球城市排名中没有明显变化,北京与上海的差距基本在10名左右。全球城市文化氛围评价中亚洲城市排名第一的城市是东京,从表4-4看2010—2014年的城市文化氛围评价中东京在全球城市中的排名分别在第6位、第4位和第7位,从排名看在艺术家视角中欧美城市文化氛围优于亚洲城市。

表4-4 城市的文化氛围比较

	2010年	2012年	2013年	2014年
北　京	15	19	17	17
上　海	20	28	28	28
亚洲首位城市	东　京(6)	东　京(4)	东　京(7)	东　京(7)

• 资料来源:同表4-3。

(二) 艺术家集聚程度

从城市艺术家的集聚看,北京和上海的集聚水平基本接近,2013年和2014年北京和上海排名分别在全球城市排名的第15位左右。这一排名使上海和北京分别成为2013年和2014年度亚洲的最高排名城市。2010年和2012年东京为亚洲城市首位,排名在全球城市的第7和第14位,2014年东京的排名为第17,落后于

[①] 根据《全球城市综合实力排名》的评价等级,评价排名前10的城市是具有较强实力的第一等级城市,排名在11—20名的城市为实力中等的第二等级城市,排名在21到30名之内的城市为实力较弱的第三等级城市,排名在31到40名为实力较差的第四等级城市。

北京、上海。从评价指标的变化看,在亚洲,艺术家人才有向北京及上海集聚的发展趋势。

表 4-5　艺术家集聚评价

	2010 年	2012 年	2013 年	2014 年
北　京	15	35	15	15
上　海	14	27	14	16
亚洲首位城市	东　京(7)	东　京(14)	上　海(14)	北　京(15)

· 资料来源:同表 4-3。

(三) 文化市场

在文化市场评价中,北京和上海出现了较大差距。北京仅次于文化市场评价排名亚洲首位的东京,居全球城市排名的第 5 位,上海则落后于包括香港(14 位)在内的一些亚洲城市,在排名中列第 23 位。

表 4-6　城市文化市场评价

	2010 年	2012 年	2013 年	2014 年
北　京	6	6	5	5
上　海	15	15	23	23
亚洲首位城市	东　京(4)	东　京(4)	东　京(3)	东　京(4)

· 资料来源:同表 4-3。

(四) 城市艺术创作环境

全球城市实力评价中城市艺术创作环境评价的最大特点是,近年来北京与上海都在艺术创造环境方面有很大提升。两座城市全球评价排名由 2010 年的第 8 名和第 12 名分别上升到 2014 年的第 3 名和第 5 名。其中 2012 年北京超过 2010 年的亚洲首位城市东京,排名持续保持在艺术创造方面的亚洲首位城市(2014 年的东京城市文化创作环境排名落后到第 30 名)。结合上述的艺术家集聚,艺术家集聚与文化创作环境评价的变化表现出一定的相关性。

表 4-7 城市文化创作环境评价的变化

	2010 年	2012 年	2013 年	2014 年
北　京	8	6	3	3
上　海	12	11	5	5
亚洲首位城市	东　京(5)	北　京(6)	北　京(3)	北　京(3)

• 资料来源：同表 4-3。

（五）宜居环境

艺术家视角的宜居城市评价显示出北京与上海在艺术家视角中的不足。上海宜居环境的评价虽然略高于北京，但是不论是在全球城市评价体系，还是亚洲城市中，都处于排名较低的城市，因此宜居环境是成为影响文化大都市综合排名的主要项目。艺术家视角的亚洲宜居城市第一位是东京，尽管在 2014 年的全球城市排名中略有下降，但依然成为艺术家视角中亚洲的宜居城市。

表 4-8 文化视角宜居城市评价

	2010 年	2012 年	2013 年	2014 年
北　京	33	36	38	37
上　海	30	33	32	33
亚洲首位城市	东　京(8)	东　京(3)	东　京(6)	东　京(9)

• 资料来源：同表 4-3。

五、综合评价国内文化大都市建设

表 4-9 是 2010—2014 年北京和上海《全球城市综合实力评价》中的综合实力排名和艺术家视角的综合评价排名。对比两项全球城市综合实力排名和艺术家视角的综合评价可以看到，北京的艺术家视角综合评价均高于综合实力评价。上海的艺术家视角评价变化有高有低，但综合发展评价上升明显，从 2010 年的综合实力评价排名 26 位上升到 2014 年的综合实力评价排名的第 15 位，与北京相比仅为一位之差。上述评价在显示两大城市综合实力共同提升的同时，与北京的艺术家综合评价高于综合实力相比，上海艺术家视角的综合评价还有较大提升空间，上海

在文化都市方面显示出了相对不足,在一定程度上也影响着其综合评价的提升。

表 4-9　2010—2014 年北京上海综合评价和艺术家视角的评价比较

	2010 年		2011 年		2012 年		2013 年		2014 年	
	综合	艺术家	综合	艺术家	综合	艺术家	综合	艺术家	综合	艺术家
北京	24	15	18	12	11	15	14	10	14	10
上海	26	19	23	21	14	27	12	13	15	17

• 资料来源:同表 4-3。

(一) 北京文化大都市建设的优势与不足

图 4-1 是北京全球城市评价中综合实力评级六项要素以及艺术家视角五项文化要素评价的综合整理,从中看到北京经济、文化交流、文化市场、艺术家集聚、文化创作环境是北京文化城市发展的优势所在,而需要加强的是居住以及交通,特别是环境和城市宜居。这两项是既相互联系,又有区别的不同问题,环境和宜居的改善将会大大提升北京全球城市综合实力,也会为北京文化大都市建设发挥重要作用。

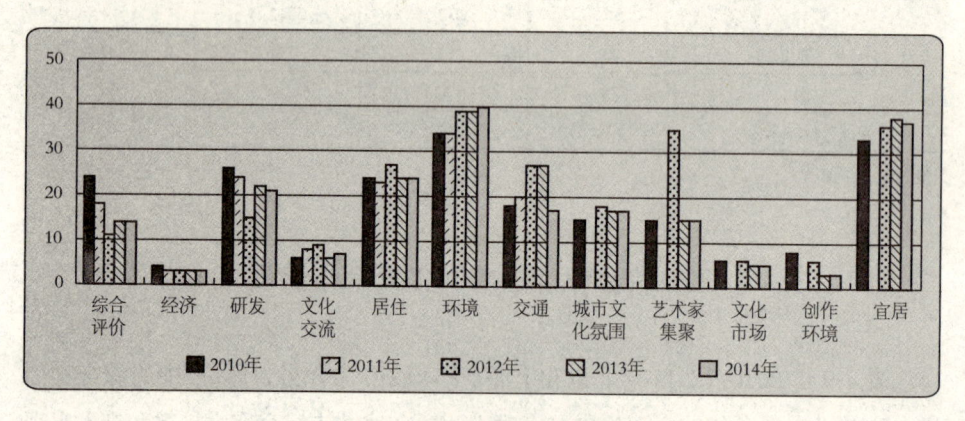

图 4-1　北京全球城市综合评价

• 数据来源:同表 4-3。

(二) 上海文化大都市建设的优势与不足

图 4-2 是上海在全球城市综合实力评级的六个方面评价数据以及艺术家视角

对上海城市文化要素的评价的整合,从中看到,经济、城市交通,以及文化创作环境等方面上海均在全球城市实力评价排名中接近前十城市。同时,艺术家集聚尽管在数据上没能达到前十,但在亚洲区仅次于首位城市的北京。因此,经济、城市交通、城市的文化创作环境、艺术家集聚等是上海全球城市建设,以及全球文化大都市建设的优势。而需要加强的是环境、居住,这些方面的进一步加强对于增强城市的文化氛围、提升城市宜居环境都有重要意义。环境和宜居的改善将会提升上海全球城市综合实力。文化城市建设方面,与北京相比文化市场建设是上海文化大都市建设需要重点关注的方面。

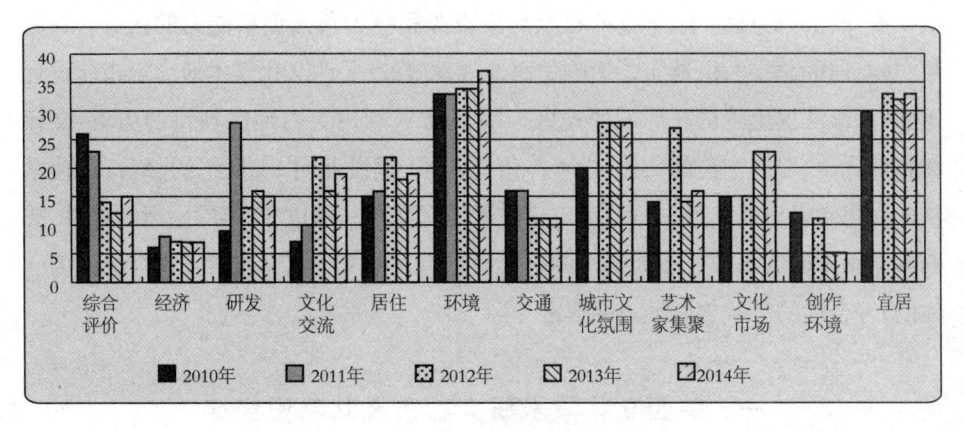

图4-2　上海全球城市综合评价

· 数据来源:同表4-3。

六、结　　语

城市是一个庞大而复杂的系统,全球城市文化大都市建设反映一个国家或地区的经济社会发展水平,更反映人们精神文化生活的质量和城市环境及宜居程度。城市的各个系统相互联系、相互影响、共同作用促进城市发展。其中文化作为城市发展软实力已被各国城市居住者所认同,并列为城市发展战略之中。全球城市综合实力评价的艺术家视角,从一个方面展示了全球文化大都市建设的主要内容,包括城市的文化氛围、城市的艺术家集聚、城市的文化市场、文化创作环境,以及城市宜居程度。

区域文化都市建设
——日本关西文化学术研究都市

日本关西是指以大阪府、京都府、兵库县、奈良为核心的区域,在日本,该地区是拥有深厚的历史背景、丰富的自然人文资源和强大科研创新能力的区域。1987年,日本内阁总理大臣颁布了影响关西地区发展的《关西文化学术研究都市建设促进法》。该法提出了依托广域的地区经济基础[①],利用关西地区独特的历史、文化和自然优势,以及丰富的文化、学术与研究积累,建设面向 21 世纪的、跨行业跨学科的文化学术研究基地——关西文化学术研究都市。经过 30 年的发展与建设,关西文化学术研究都市已成为继筑波科学城之后日本又一集文化科技研究功能为一体的、综合性的区域创新城市的典范。

一、关西文化学术研究都市及其建设经纬

从地理位置上看,关西文化学术研究都市以京都府的精华街、西木津市为中心,从京都府南部的木津川左岸到大阪府东部至奈良县北部,跨越了京都、大阪、奈良三府一县,区域面积约 15 000 公顷。从行政区划上分,关西文化学术研究都市包括京都、大阪、奈良三府县的七市一街,总人口 23.8 万人(表 4-10)。

20 世纪 80 年代,以日本京都大学名誉教授奥田东为核心的"关西学术研究都市调查恳谈会"在探讨关西地区发展时,借鉴筑波科学城建设的经验与不足,提出发挥关西地区拥有的丰富文化、学术研究优势,建设"关西区域学术研究都市"的构想。在该构想基础上国立民族博物馆原馆长梅棹忠夫进一步提出重视京都的国家文化都市背景,建议将"学术研究都市"深化为"文化学术研究都市"。

---

① 广域地区是指关西向外辐射、扩散的首选区域:近畿地区。近畿地区包括关西经济圈及其周围的福井、三重、和歌山和滋贺四县在内的地域。

表 4-10　关西文化学术研究都市概况

	区域构成	规划面积（公顷）	人口（万人）	
			规划人口	实际人口
3府县	七市一街	15 000	41	23.8
京都府	两市一街	7 370	19	9.8
京都府占比重		0.49	0.46	0.41

- 注：七市一街是包括京都府的京田辺市、木津川市、精华街，大阪府的枚方市、四條畷市、交野市，奈良县的奈良市、生駒市。
- 数据来源：根据 http://www.pref.kyoto.jp/bunkaga/1.html 资料整理。

1986年日本经济由高速发展进入稳定期，均衡发展要求缩小各地区之间的经济发展差异，促进区域、城、镇的协调发展，针对关西及其广域地区经济增长放缓等问题，内阁正式提出规划建立关西文化学术研究都市，简称学研都市。事实上与此同时全球范围的资源、环境、人口等问题的深刻化，也迫切需要日本有相应的研究基地给予应对。1987年日本内阁总理大臣正式确认了指导关西文化学术研究都市建设方向的纲领性文件《关西文化学术研究都市建设促进法》[1]。根据该法关西文化学术研究都市将在广域关西近畿都市圈原有学术研究功能、产业功能、城市功能基础上，将关西的文化学术研究资源网络化，形成协作联合体及与国内及世界文化学术研究进行交流平台[2]。1994年日本国土交通省在"文化学术研究都市"概念基础上进一步提出加强"产、学、官"联合，推进文化、学术、研究的国际化、跨学科、跨行业性交流。在这一系列的法规与政策指导下，京都、大阪、奈良等地区开始统筹规划公立研究机关、民间研究所、住宅区和公共设施建设，关西文化学术研究都市建设正式启动。

2006年3月，日本政府制定《关西文化学术研究都市三阶段规划》。其中对关西文化学术研究都市未来10年的发展方向作了进一步明确，指出"关西文化学术研究都市"的相关建设应重视降低环境负担，建设关西文化学术研究都市成为环境共生、节能、低碳的新型环保都市，并对环保都市建设提出了具体的建设标准和行动规划。《关西文化学术研究都市三阶段规划》的内容还包括交通基础设施、居住环境、都市环境以及研发、创新等方面。

---

[1] 沈汉：《日本新建关西文化学术研究城市》，《日本问题研究》1994年第2期。
[2] 广域关西地区是指日本四大都市圈之一的近畿都市圈，它是日本关西地区向外辐射、扩散的首选区域，区域内除关西地区外还包括其周围的福井、三重、和歌山和滋贺四县。

二、关西文化学术研究都市发展目标及京都规划

(一) 关西文化学术研究都市发展目标

根据《关西文化学术研究都市建设促进法》和《关西文化学术研究都市三阶段规划》,关西文化学术研究都市建设目标包括建设创造性的国际化文化研究基地、实现新产业和知识型创新、促进形成国际化的开放型城市。

1. 文化研究基地

建设文化研究基地的指导思想是整合区域内的自然、环境、历史文化、研究等资源,配合当地市民文化活动,通过高等级的文化设施开展各类文化学术活动,表现多样性的文研城市魅力,使关西文化学术研究都市成为具有文化韵味的创新城市。在这一思想指导下关西文化学术研究都市以精华西木津地区为中心,划分了十二个文化学术研究基地。同时从这些地区的自然条件与现有城镇的协调发展考虑规划了公立研究机关、民间研究所、住宅区和公共设施。

2. 新产业与创新

新产业与创新表现在建设新产业与知识创新科学城方面。它是指以新产业、创新科学城为核心,发挥当地诸多研究机构和大学的优势,通过产、学、官的共同协作,加强研究开发同产业创新的联系,促进优秀研究成果的产业化,同时培育中小型创新创业企业成长。新产业与知识型创新城市以最小环境负荷城市街区和形成良好的城市景观为标准,以开拓未来知识型创新城市为目标,提升低碳环保,环境共生、节能等项目的研发与应用。

3. 国际化开放型城市

国际化的开放型城市是指建设向世界开放的交流型城市。从功能及设施方面看国际化的开放型城市包括国际研发基地建设,形成拓展 IT、生物、纳米、生命科学、机器人、环境、激光等日本国家重点科研领域研究室,加强与世界各国学术研究

基地的联系，加强城市的国际化水平。

（二）京都规划

在《关西文化学术研究都市建设促进法》和《关西文化学术研究都市三阶段规划》基础上，2008年京都发布了第三版府域关西文化学术研究都市建设规划。该规划的核心是进一步落实"促进法"和"三阶段规划"相关决议，对京都府辖区内文化学术研究都市所属的两市一街相关领域的建设目标及建设项目进行具体安排。京都府域所属的关西文化学术研究都市包括京都府的两市一街，分别是京都府南部的京田边市、木津川市和精华街。两市一街总面积7 370公顷，人口9.8万人，其中面积约占关西文化学术研究都市面积的49％。府域关西文化学术研究都市建设规划提出的重点内容是，加强京都府域关西文化学术研究都市的文化学术研究设施建设、产业振兴、改善居住环境、完善城市广域交通、信息通信等功能建设。

(1) 文化学术研究设施建设。以促进文化学术研究都市的高等级文化、学术、研究功能集聚为目标，充实文化、艺术相关研究，充实其教育以及启蒙教育等设施建设；充实大学教育研究设施、创新型研究的基础设施、应用研究以及尖端技术开发的相关设施。充实为推动文化、学术、研究活动的其他设施，充实为文化、学术、研究提供信息支撑的设施及文化交流设施。

(2) 促进产业振兴。以支持创新产业技术开发和建设创新产业基地为核心，鼓励通过文化、学术、研究成果培育研究型产业。鼓励支持文化、学术、研究活动的产业发展，扩大就业。培育中小企业、风险投资企业，提高企业创新能力。

(3) 居住环境建设。以建设环境共生、节能低碳的示范城市为目标，同时考虑老龄化社会发展需求，利用城市空间使住宅建设与文化、学术、研究都市目标相符合，形成有文化氛围、安心、安全、舒适的环境友好型人居环境。

(4) 城市功能建设。城市功能建设以综合开发建设为基本方向，使文化学术研究都市的各项城市功能适应国际化、信息化、少子高龄化的发展趋势。城市功能的综合开发建设包括公共和公益设施建设、信息与通信等基础设施建设等。同时，城市功能建设要提升城市的服务水平，为市民、研究人员等创造更加便利的生活环境。

(5)广域交通设施、信息、通信基础设施建设。基础设施建设以保证与近畿都市圈为核心的日本国内外研发基地的联系,保证文化学术研究都市作为信息源基地的功能建设为目标。交通以道路、铁路等交通基础设施为基础形成综合城市交通体系,提高交通的便捷安全和舒适度。以保障社会福祉、生活、提升研究条件为目标建设高技术信息及通信基础设施,以学术、产业、行政等领域的共同协作为基础,最大限度发挥民间作用,协同推进相关市街区建设。

三、从京都规划看区域文化都市建设特点

从京都第三版府域学研都市规划看,关西文化学术研究都市建设的主要特点包括三个方面:一是加强文化学术研究交流的基础建设,形成超越研究领域和行政框框的学术交流,二是促进文化学术研究交流,形成涉及面广、频繁、丰富的学术氛围,三是加强公共设施、公益设施、住宅等建设提升地区的环境水平。

(一)加强文化学术研究交流的基础建设,形成超越研究领域和行政框框的学术交流

京都府域关西文化学术研究都市规划在促进文化学术研究交流基础建设方面,采取的主要措施包括:促进交流功能设施建设、促进研究功能设施建设、支持教育、研修和加强信息基础建设。交流功能基础建设包括为文化学术研究都市的内部和外部的研究者、企业以及市民提供文化、学术、研究交流机会和场所,支持推进创新产业发展的产、学、官联合;促进研究的功能设施建设主要包括支持研究者实施相关研究和开发的设施建设;促进教育与研修主要包括提供各类教育和研修的机会和场所,组织开展与各类研究和开发有关的活动;信息建设主要是为研究者提供文化、学术、研究等相关的信息。此外,基础建设还包括满足各类研究、交流等所需的翻译、印刷、研究机械、维修等方面建设。在一系列的建设基础上,关西文化学术研究都市内外的企业和大学研究人员可根据情况选择各种不同的方便条件自由交流和交换信息,不同领域和不同专业之间能够方便地进行面对面的交流讨论。

研究人员通过交流获得各种各样的信息，可以共同设立研究题目，构筑新的研究组织，共同研发新科研成果。基于加强文化学术研究交流的基础建设，在都市形成了超越研究领域和行政框框的学术交流。

（二）促进文化学术研究交流设施运营，形成涉及面广内容丰富活跃的学术活动氛围

京都府域关西文化学术研究都市建设的第二个特点是加强学术交流的平台运营，活跃学术氛围。其措施一是支持为推进文化发展、学术振兴以及研发交流和共同研究的项目建设。二是组织设计和开展各类国际性、跨学科、跨行业的共同研究活动。推进有利于文化发展、学术振兴、研究开发和交流的事业。三是支持开展各项文化、学术、研究的普及和启蒙活动，为文化、学术、研究等活动的开展提供必要信息。四是加强各类有利于文化、学术、研究活动的设施建设及其运营活动。其中包括支持开展有利于文化学术研究交流设施发挥作用的各种相关活动。在各方面支持下，关西学研都市以都市研究人员为骨干，以各界实业家为对象的自然科学、人文社会科学的知识宣传和普及活动非常普遍，形式也多种多样。其中较有影响的学术交流活动有日本国际自动程序设计研究会举办的奔向二十一世纪讨论会和教育研究干事会，DNA双螺旋结构发现者召开的特别讲演会，及信息社会的生态学讨论班、视觉与空间认识讨论班等。除专业性强的研讨会外还有以青少年教育、妇女等为主题的各类研讨讲座，如京阪奈科学技术讨论会的日本文化研修班，京阪奈都市与妇女研究班等。此外各类兴趣活动也是学研都市活动的一部分，如京阪奈广场设计竞赛，国际数据库讨论会、为实业家举办科学技术讲座，以及世界音乐欢庆日等。

（三）通过公共、公益、住宅等设施建设提升地区的环境水平

京都关西文化学术研究都市的城市环境建设主要包括公共设施、公益设施建设和住宅建设等。关西文化学术研究都市环境建设的主要目标是通过都市的环境基础设施建设提升地区的环境品质和服务业水平。关西文化学术研究都市环境基础设施建设：一是交通基础设施建设。其中包括与关西国际机场、大阪国际机场、国土干线轴、近畿圈主要都市以及与各研究开发基地联系的广域交通建设；与关西国际机场车程1小时，京都、大阪、奈良30分钟的都市圈区域协同发展基础交通建设；高标准的文化学术研究都市的国道和干线道路建设等。二是住宅及其设施建设。住宅建设以满足多种家庭形态和活动形态的新型宜居环境为目标，单位社区规模设计为6 000人和12 000人，功能建设要求满足一次性生活圈标准。住宅建设中为增加居住者的就业机会和扩大城市功能，鼓励在区域道路沿线组织复合型的综合土地开发，吸引商业、商务等业务功能进入社区。住宅及其设施建设还包括文化、学术、研究等活动的设施建设，各种设施体现了环境共生、安心、安全、公平、多样性都市生活方式的宜居环境要求。这里宜居的概念包含了工作与居住的近距离化，文化学术研究区域与周边现有的街区的功能相补，以及一次性生活圈的合理社区功能的空间配置等。三是其他设施建设。主要是根据各文化学术研究都市的特性建设能够支持文化、学术、研究等活动，使文化、学术、研究成果转化为研发型产业的设施。加强教育、健康、信息产业等新型都市型产业发展的设施建设，促进城市活动纵深化、多样化发展。都市的基础环境建设还促进了都市饮食业、商业、信息业、保险业等各种服务行业的发展，促进了都市文化研究功能与服务功能的一体化与综合化。同时，都市中先进科学技术的集聚创造了新的产业领域，如电子、医药、生物工程、环保等。

表4-11 京都关西文化学术技术产业城都市环境设施建设

设　　施	内　　　　容
研究设施	高层的实验楼,内有理化实验室和电子学实验室；超级实验室,内有精密测试室、超净室和特殊实验室
学术活动相关设施	能容纳千人的多功能大厅,在此可召开国际会议、代表大会和音乐会；能适应多种学术活动的大、中、小会议室,能进行信息收集、加工、传递的交流中心；能做科技展览用的活动大厅
交通设施	国际交通：大阪国际机场、神户国际航运中心、关西国际机场、神户国际机场建设 区域交通：关西文化学术研究都市可以通过高速公路、高速铁路(新干线)以及濑户内海跨海大桥与日本各地区进行联系 内部交通：密切都市内部各功能区域之间联系的大阪北部的轻轨铁路、神户港湾新的地铁线路、京都市内高速道路以及地铁延伸线
生活设施	宿舍、日时钟广场、茶室、咖啡馆、书摊、商店、银行、酒店、旅行代理店等

• 资料来源：根据邱华盛的《关西文化研究城》整理。

四、关西文化学术研究都市建设经验

关西文化学术研究都市在各方面的协同推动下经过几十年长期不断的建设，现在的都市影响已超过关西以及近畿区域范围，"关西文化学术研究都市"的建设目标也提升为与日本国内及世界文化学术研究领域形成联盟，成为21世纪的跨学科、跨行业的文化、学术、研究，以及产业发展的国际化创新基地，为日本乃至世界学术文化的发展以及地区的国民经济做出贡献。关西文化学术研究都市建设的经验概括起来有以下方面。

（一）长期稳定的顶层设计

关西文化学术研究都市建设自始至终是在《关西文化学术研究都市建设促进法》和《学研都市三阶段规划》确定的方针指导下进行。30年战略方针确保了关西文化学术研究都市的建设与发展，从内阁到国土交通省到地方政府，均围绕这一方针、围绕关西文化学术研究资源的利用、围绕促进区域城镇的协调发展，以及节能环保，发挥着不同的作用，确保了文化学术研究都市与日本国内及世界文化学术研究机构建立长期稳定的合作关系。从这一意义讲顶层设计的稳定性是关西文化学术研究都市，即创新城市建设的重要基础，它决定和保证了关西文化学术研究都市能够在长期发展中逐步承担超出自身都市行政范围的更高层面职能与任务。

（二）发挥地方政府积极作用

关西文化学术研究都市使京都、奈良、大阪成为合作城市，京都、奈良是著名文化古都，大阪作为历史名城，同时也是世界著名的工商贸易中心。京都和大阪又同时拥有多所百年历史的国立大学，是教育发达的地区。各城市以区域合作、协调发展为目标，通过各自城市在文化、科研以及产业等方面的优势建立了合作关系，形成了有特色的关西文化学术研究都市发展模式。这些成果与发挥地方积极性、与各地区政府部门编制的规划有重要关系，如京都的府域关西文化学术研究都市规划在都市的建设中经历了数次修订,每次修订均与所在时期日本的发展环境,关西所处的地位作用,以及自身条件相关,与调动社会力量参与联动相关。[①]京都通过落实总规划方针,加强了都市建设及其产业配置。因此,关西文化学术研究都市的发展不仅是总体战略方针,各级地方政府的努力也发挥了积极作用。

(三) 促进了地区优势的发挥

区域协调发展是资源条件不同地区,通过比较优势协同合作实现共同发展的发展模型。20世纪80年代包含广域关西地区的日本近畿都市圈经济在日本国内处于连续下降的局面。为缩小区域间经济发展差异,促进地区间的均衡发展,围绕广域关西地区振兴开始了一系列的讨论。关西地区是日本文化和产业发达的地区,有雄厚的历史和产业文化积累。其中,京都和奈良都曾长期做过日本的都城,保留有极为丰富的历史文化遗产,大阪和神户是日本最早的对外通商口岸城市之一,也是日本最重要的国际化大都市和重要的经济中心。所有这些决定了建设关西文化学术研究都市,利用关西地区优势促进近畿都市圈发展:一方面是解决区际的分工与协作问题,再一方面通过发展地区优势辐射带动周边更大区域的发展,解决区域之间的发展不平衡问题。事实证明将发挥城市优势建设放在区域发展的大环境之中,关西文化学术研究都市建设不仅促进了关西地区的发展,更带动了近畿都市圈的建设与发展。此外,关西文化学术研究都市建设顺应了21世纪国际化、信息化、高龄化和高度技术化的社会发展趋势,满足了日本迫切需要相应的研究基地的需要,因此关西文化学术研究都市的战略性规划使地区优势在区域发展中得到最大限度发挥。

(四) 完善的交通设施支撑

城市建设需要基础设施的配套支撑,交通建设是其中的重要一项。关西文化

---

① 根据《关西文化学术研究都市建设促进法》,新型学研都市建设通过设立京阪奈股份公司,通过公司的方式组织建设,改变了全靠国家投资建设的做法。各地方政府也在此基础上积极促进社会参与。

学术研究都市的基础交通建设包括了以下方面：一是国际交通。关西文化学术研究都市在已有的大阪国际机场、神户国际航运中心基础上进一步建设了关西国际机场及神户国际机场，加强了关西文化学术研究都市与世界各国和地区的联系，这些建设不仅提升了关西文化学术研究都市在日本国内的地位，而且带动了近畿地区相关联的产业的发展，使近畿地区成为具有巨大发展潜力的地区。二是日本国内交通。关西文化学术研究都市可以通过高速公路、高速铁路（新干线）以及濑户内海跨海大桥与日本各地区进行联系，便捷的交通缩短了关西文化学术研究都市与日本国内各地区之间的空间距离，也为关西和近畿地区的产业发展、经济交流提供了交通保障。三是都市内部的交通建设。关西文化学术研究都市各都市通过内部交通密切了都市内部各功能区域之间的联系。其中，有连接大阪北部的轻轨铁路、神户港湾地带新的地铁、京都市内高速道路以及地铁延伸线等。从国际交通、区域交通到内部交通，学研都市的基础交通有力支撑了关西文化学术研究都市的发展。

第五篇

城市创新

全球创新网络节点城市建设东京案例

新的全球化环境下创新已成为城市的主要功能之一,世界城市纽约、伦敦、东京、新加坡、首尔等纷纷在城市 2030 年、2050 年长远发展战略中提出建设具有高度创新能力的世界创新城市,显示了世界城市未来发展趋势。本文以东京为例考察东京全球创新网络节点建设及其战略支撑,为国内创新城市建设及创新城市全球创新网络节点建设提供借鉴。

一、东京全球创新网络节点建设的顶层设计

"全球创新网络节点城市"是近年来伴随研发全球化而出现的新话题,是创新城市建设基础上的进一步发展。进入 21 世纪东京重新定位发展方向,明确了东京国际商务创新基地的发展目标。为加快东京创新要素集聚,增强创新活力,从国家到地方制定了一系列促进实现创新成果,使之成为全球创新网络节点的政策与措施。这些政策与措施,国家与地方相互呼应,在东京创新城市建设中发挥了重要作用。

(一)国家层面

在东京全球创新网络节点建设中,国家层面的主要措施是从法律、制度以及基础设施建设等方面给予保障与支持。其中包括制定《亚洲基地特别促进法》,明确以国际商务创新基地为目标的东京全球创新网络节点建设,以及设立建设专属国家战略特区等。

1. 制度建设

2012 年 8 月日本中央政府颁布《亚洲基地特别促进法》。该法可视为日本

新的成长战略,其主要内容是鼓励支持国际跨国公司在日本国内开展创新活动,促进形成日本研发创新新局面,进而带动日本国内市场,带动企业发展。《亚洲基地特别促进法》是20世纪90年代泡沫经济之后,日本进入2000年后经济社会发展方针的重大调整,是应对国际方面经济全球化和环境问题,以及国内高龄少子化和城市安全等问题的重点举措。图5-1是《亚洲基地特别促进法》的愿景结构,该法希望通过国家层面的支持带动国际跨国公司响应,进而促进国内创新活动的开展。

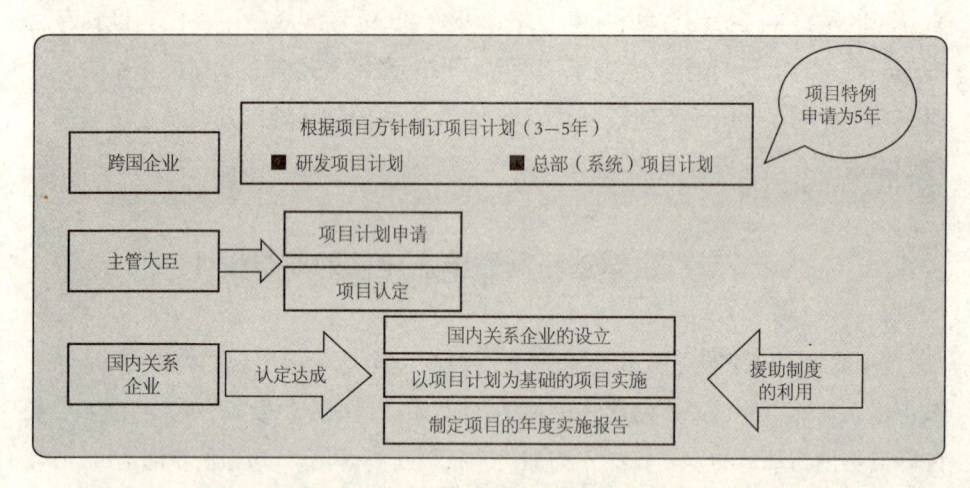

图 5-1 《亚洲基地特别促进法》愿景结构

《亚洲基地特别促进法》明确了鼓励创新促进国际跨国公司开展研发业务和总部业务的优惠政策措施(表5-1),以及相关项目的认定标准和申请程序等(表5-2)。

表 5-1 《亚洲基地特别促进法》援助政策

1. 所得税决策:对外资企业母公司给予的新股发行权可以享受股票证券相关的特殊税收政策
2. 投资手续:将外汇兑换以及国际贸易法中规定的外资项目申请与实际投资许可的相关法规的30天,缩短为2周
3. 资金调配援助:通过中小企业投资培育株式会社,开展针对中小企业资本金在3亿日元以上中小企业的资金调配援助
4. 专利费减免:对中小企业认定的研发项目成果相关发明的专利费用给予特殊政策
5. 专利申请审查(特许法的改进)认定项目研发成果特许申请实行早期申请制度,以往申请为22.2个月,推行的早期申请时间为1.9个月
6. 在留资格签证审查快速化(入国法的改进):批准项目的企业海外人员就职入国手续(再留资格证书)的快速审查制,以往一个月时间改为10个工作日

• 资料来源:根据日本经济产业省《特定多国籍企业による研究开发事业等の促进に关する特别措置法》(http://www.jpo.go.jp/index/insatsubutsu/index.htm)整理。

130

表 5-2 《亚洲基地特别促进法》项目认定条例

分类	内容	
跨国公司	(1) 企业或子公司在所在国之外设立有分支结构 (2) 具有国际规模的业务活动 (3) 在日本以外国家有较强的技术支撑	
国内相关企业	日本国内企业设有特定跨国公司子公司从事相关的研究业务和总部业务	
支持项目	(1) 为开展创新业务和实施总部业务而设立的公司项目 (2) 法律发布后企业确定的相关研究项目和总部业务项目 (3) 通过收买国内企业形成的项目不在认定之内 (4) 执行相关研究项目以及相关总部项目的企业	
认定分类	研发项目计划认定内容	总部业务认定内容
内容认定	(1) 新立项的、确定有助于国家产业高度化提升的研发项目 (2) 试验费用和研发费用合计,年度项目经费超出一亿日元的项目	(1) 设立资本金在一亿日元以上的企业 (2) 跨国企业或其母公司向日本国内企业追加项目经费 5 亿日元(计划实施期为 3 年不足 4 年的,经费为 3 亿日元;4—5 年的,为 4 亿日元)
从业者数量认定	(3) 相关项目的日常从业人员 10 人以上,项目执行期的最后阶段人数要求达到 25 人(实施期在 3 年以上 4 年以下的人员要求 15 人,超过 4 年不满 5 年的人员要求达到 20 人)	(3) 长期员工人数要求在 10 人,执行期最后阶段为 18 人(3—4 年期间人员为 14 人;4—5 年期间,人员为 16 人)
从业者相关认定	(4) 雇用外国人,外国人再留资格完备 (5) 雇用的外籍人士全员是具备能够创造附加价值的人才 (6) 从跨国公司或其子公司有一人半年驻在的代表	(4) 项目人员年工资总计预算为 7 000 万日元,执行期最终年度 1.3 亿日元(执行 3—4 年为 1 亿日元,4—5 年的为 1.1 亿日元)
其他认定	(7) 股票期权发行方为特定多国企业的外籍法人 (8) 从业者为日本在住人员 (9) 计划期为 3—5 年(享受特别税收制度的为 6 年)	

- 资料来源:根据日本经济产业省《アジア拠点化推進法》整理。

根据《亚洲基地特别促进法》,凡符合该法认定标准的申请项目均可以享受法人税收优惠、专利费用减免、资金补助、特设专项费用减免,以及投资手续和在留资格认证便利化等政府的政策优惠。

2. 组织保障

2013 年 10 月 21 日在《亚洲基地特别促进法》基础上日本中央政府进一步提出设立国家战略特区。国家战略特区是为落实《亚洲基地特别促进法》在指定的区域内通过实行较为宽松的政策鼓励外资跨国企业开展全球化创新业务的组织措施。2014 年 3 月 28 日,日本中央政府发布了"国家战略特区"名单,东京都市圈、关西都市圈、福冈县福冈市、冲绳县分别被指定为国家战略特区。其中东京都市圈国家战略特区的目标定位是世界领先的"国际商务创新基地",其任务是通过世界一流的东京国际商务环境建设,形成东京的国际资本、国际人才、国际企业的聚集,促进具有国际竞争力的新产业发展。根据国家战略特区规划,东京国际商务创新基地包括东京都的八个区,即千代田区、中央区、港区、文京区、江东区、品川区、大田区、涩谷区,以及神奈川县、千叶县的成田市。

与以往自下而上的特区建设不同,国家战略特区是日本国家新成长战略的重要组成部分。作为国家新成长战略的国家战略特区改变了以往地方向国家提出申请,国家从宏观角度进行审核通过的特区建设管理模式,采取了新的相对独立和注重效率的特区建设管理方式。主要内容包括在国家战略特区中建立国家战略特区推进总部,采取国家、地方、企业三位一体协调的国家战略特区会议管理方式。凡特区的规划建设均由国家战略特区总部提出,经特区会议讨论,由内阁总理大臣认可生效(图 5-2)。其中特区大臣代表国家、知事或市长代表地方,代表民间社会利益的是企业的社长。新的国家战略特区管理机制为东京国际创新基地建设的高效率提供了保障。

3. 功能建设

根据国家战略特区规划东京国际商务创新基地建设由三部分构成,分别是东京国际商务中心建设、东京国际金融中心建设、东京生命科学商务中心及相关产业建设。具体建设内容包括城市基础设施再建及城市管理制度特许、推进金融领域发展的城市基础设施建设、医疗领域相关制度改革,如外国医师相关特例等。

(1) 东京商务中心建设。东京商务中心建设主要包含 22 项特批的城市基础设施再建和城市特许管理制度。22 项特许城市基础设施再建项目包括大规模的城市公交枢纽建设,新车站的修缮及与交通枢纽功能配套的国际商务基础设施建设。此外还包括外国企业招商设施和满足商务交流的 MICE 功能建设,以及国际金融街等方面建设。

商务中心建设城市特许管理制度主要是城市空间利用的制度特许和外国人创业管理制度特许。空间利用制度特许是为促进东京商务中心建设,针对现行城市规划法的相关规定放宽街道空间利用管理限制,允许利用道路空间开展各种有利

第五篇 城市创新

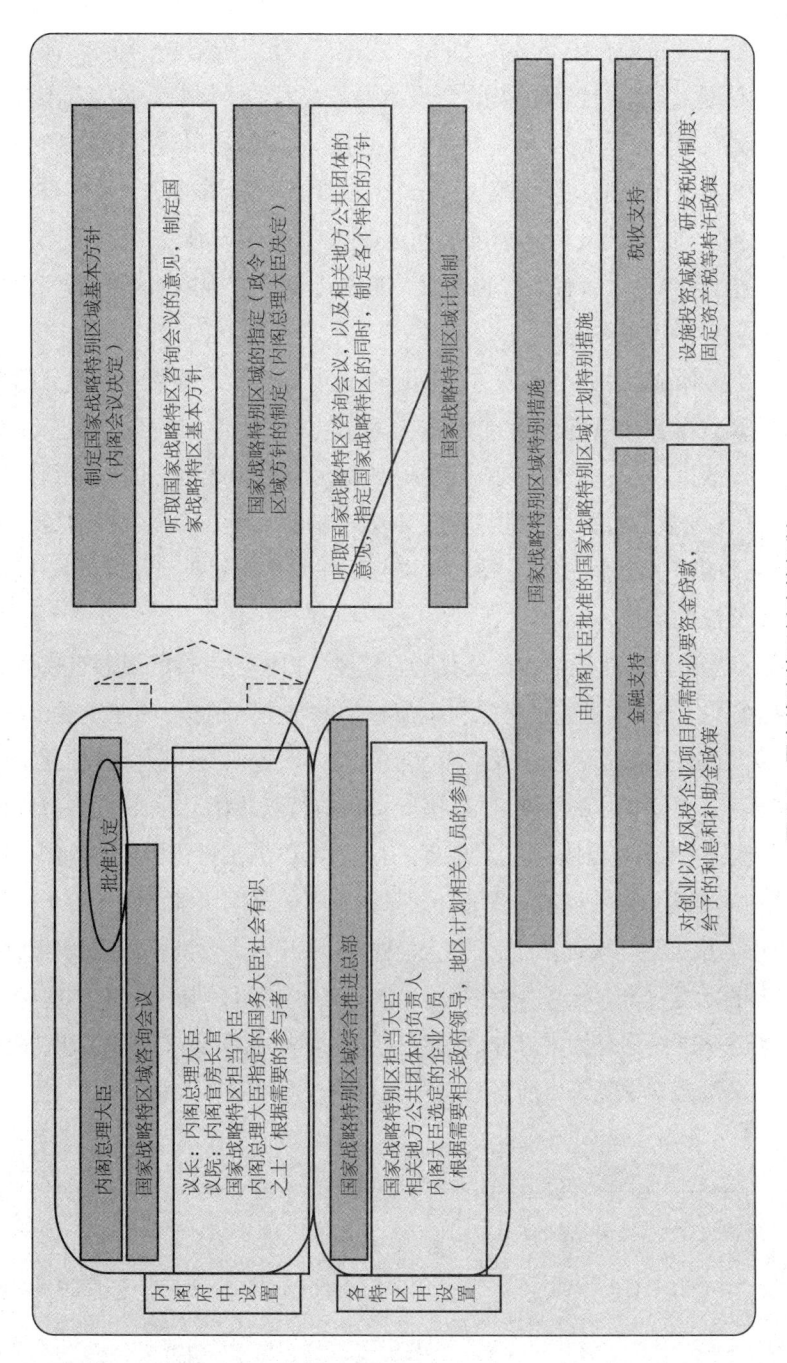

图 5-2 国家战略特区新决策机制

133

于增进繁荣的宣传活动，包括实施体现街道特色的基础建设等。空间利用制度特许的适用区域主要集中在中心城区，如丸之内地区、新宿副都心、大崎站蒲田站周边等地区。外国人员创业管理的特许制度主要是针对外籍创业人员的入国管理局审查，根据特许制度凡属于《亚洲基地特别促进法》认定的项目，东京都均可作为特殊给予外籍人员6个月的在留资格，便于外籍创业人员利用这6个月在日本国内进行相关准备工作①。为此特许制度还通过"东京商务咨询服务"②对外籍人员进行一对一支援，使半年之后有条件的外国人能顺利获得在留资格的更新，为外籍人员在东京的创业活动提供便利。

(2) 东京国际金融中心建设。东京国际金融中心建设主要集中在东京的中心商务区。这是日本各大银行总部、金融机构、证券交易所集中的区域，是东京金融功能最重要轴线区。东京金融中心建设：一是加强金融轴线区域的城市基础设施再建，完善该区域金融功能。二是完善服务功能建设。如鼓励金融机构搭建聚集国际金融人才的商务交流平台，支持知识资产运作类企业创业，形成有利于投资家与企业对话交流的城市环境等。

(3) 东京生命科学商务中心建设及产业发展。根据国家特区规划东京生命科学商务中心建设，一是推进先进医疗与生命科学的结合，促进新产业发展；二是通过特殊政策改进外国医师管理以及医疗实验制度。改进的外国医师管理规定包括在东京国际商务创新基地的所属区域，医师资格执行双边协定，即特区内医疗机构里的外国人医师可以不受国籍限制给患者进行治疗，以满足日益增多的外国人患者的需求（既往的双边协定是日本与各海外国家间签署的外国医师只限于给本国患者治疗的制度）。根据这一规定，庆应义塾大学医院、顺天堂大学医学部附属顺天堂医院、圣路加国际大学圣路加国际医院、圣路加 MediLocus 均计划招收了外国医师。

医疗实验制度特许是为促进先进医疗生命科学产业发展，在国家战略特区域内特许庆应义塾大学学院等6所医疗机构实行新规医疗政策。内容包括通过特殊

---

① 根据这一现行制度，在日本外国人创业时须取得"经营"或"管理"的在留资格，要取得在留资格必须具备以下条件，即进入日本之前先开设办事处并雇用2名以上职员或在日本投资500万日元以上。为此具备上述条件需在进入日本之前有确保的合作伙伴和办事处的租借合同等，因此外国人如没有日本国内的合作伙伴要想创业非常困难。
② 配合国家特区战略 JETRO 在东京等地设立商务一站式服务中心和东京圈雇用劳动咨询中心，为相关企业开展业务提供支持。

的保险外疗养制度和试验病床制度[①]提升医疗机构先进医疗技术的临床应用,并且通过病例积累的各种数据进行基础研究,发掘有发展前景的资源,提高医疗技术的有效性和安全性。此外,为与制药公司和投资公司业务匹配,特区内还特许建立生命科学商务基地促进医药技术成品化,增强生命科学产业的活力。

(二) 东京地方层面

为配合国家战略,东京及东京都市圈国家特区所属地区积极制定条例细则鼓励和吸引国际企业拓展业务设立研发机构[②]。东京地方层面的主要措施是制定了《东京都长期愿景》,提出设立东京亚洲总部特区以"世界一流城市·东京"为发展目标建设东京国际商务中心、国际生命科学研究中心和国际金融中心。同时提出进一步发挥既往特区—东京结构特区作用,加速东京各地区的生产制造基地逐步向研发创新基地转型。

1. 东京亚洲总部特区

东京亚洲总部特区是东京在国家特区基础上为进一步巩固东京亚洲总部基地和研发中心地位提出的一项具体战略措施,其目的是通过"亚洲总部特区"制定各种措施为国际跨国企业拓展业务设立研发中心提供专项补助、提供外资企业研发机构活动场所,以及在生活方面为研发企业发展提供便利,吸引外国企业在东京进行全球创新网络布局。

负责东京亚洲总部特区建设的政府职能机构是东京都政策规划局协调部(该机构同时也是承担推进国家战略特区建设的行政机构)。根据《东京都长期愿景》东京亚洲总部特区在东京中心城区分设 5 个分区,分别是东京中心城和临海区域,

---

① 保险外并用疗养特例是指,缩短对免疫性疑难病例先进医疗的审查期间,病床规制相关特许是指能够使用先进医疗的专用病床数量。
② 横滨市为外资企业设立机构提供专门的外资企业居住场所,以促使外资企业在机构设立之初提高效率、降低成本,加速开拓和进入市场,此外,作为方便外资企业设立机构的基础设施,日本贸易促进会在东京、大阪、横滨等主要城市均设立了对日投资商务服务中心,其中包括有为投资企业提供的短期居住设施。川崎市以亚洲企业为核心,开办了外资企业,以及外籍创业者援助的"亚洲村",2010—2013 年之间已有 6 家企业入驻"亚洲村"发展,其业务主要是 IT 产业为核心的技术开发。

面积约1991公顷;新宿站周边和涩谷站的周边地区,面积约139公顷;品川站和田街站的周边地区,面积约220公顷;羽田国际机场天空桥站附近地区,面积约53公顷。东京亚洲总部特区的任务是进一步促进东京跨国公司亚洲总部和研发业务的集聚以及提升东京的全球城市竞争力。具体任务指标是到2016年吸引国际企业500家(其中包括亚洲地区总部基地和研发基地50家企业),吸引的企业类型包括:信息通讯、医疗、化学、电子、精密器械、飞机相关、金融与证券,以及创意产业等各方面产业。

根据东京都政策规划局协调部的"外国企业招商优待措施"东京亚洲总部特区的服务内容包括,(1)为外资企业研发中心设立等事项提供免费咨询,(2)对符合政

表5-3 东京亚洲总部特区主要对外制度措施

	提供免费咨询	资金援助	办公场所介绍	"东京商务受理"项目援助	税收制度	一站式服务
对象	意向在特区设立地区总部或创新研发中心的外资企业	特区内设置地区总部、创新研发中心的外国或外资企业(除法人代表外有3名以上正式员工)	意向在特区设立机构的企业及"东京商务受理"介绍的企业	经"东京商务受理"介绍的外国企业、外资企业、外国人创业者	在特区内设立地区总部和创新研发中心,且满足一定条件的企业	
服务内容	配合企业进行战略策划;给予市场调查分析方面的支持;配合寻找合作伙伴等企业在机构设立计划确定前的咨询	在留资格申请费;机构设置费;各项材料申请费;人才录用费	介绍在大手町、涩谷、六本木等区域的办公设施,最高年租金能够降到半价的办公设施	(1)商务援助:为咨询企业提供相关商务信息,介绍专家(如专业的注册会计师、行政书士等);进行与业务相匹配的商务活动支持等 (2)生活援助:提供与生活相关的各类信息,如医疗、教育、社区信息等 (3)为计划进驻特区设立机构的企业给予进一步的服务;各种业务申请的支援服务;补助金申请、税收待遇优惠的申请等;提供业务交流机会;为计划开展国际化的企业介绍专家团队	(1)投资税收抵免设备:购置价格15%;建筑:收购的价格8% (2)特殊折旧设备:收购价款摊销50%;建筑:摊销的价格收购25%+资本税;免征:房地产取得税、固定资产税(房屋)和城市规划税 (3)减少了有效的公司税率(免税所得扣除额和资本税)总公司有效税率(33.1%);法人税的所得扣除额的20%;免征企业营业税24.7%。	办理行政手续;在注册及业务开始前建立支持关系和接受与公司设立相关的登记;国税、地税;在留资格认证证明"经营管理";"企业内部调动";雇用保险;劳动保险;医疗保险和养老保险等

• 资料来源:根据东京都政策规划局协调部"外国企業誘致に向けた東京都の取組"资料整理。

策的地区总部或创新机构企业提供资金援助,(3)向有需要的企业介绍低价的办公场所,(4)开展"东京商务受理"项目的援助,(5)制定优惠的税收制度,(6)组建一站式服务中心为创新研发机构办理行政业务手续服务。

2. 东京结构特区

东京结构改革特区启动于 2002 年,为充分发挥市区各区自然、经济、社会等方面优势,促进都市圈以点带面发展,2002 年东京根据国家政策提出了规划建设"结构改革特区"(简称"结构特区"),并在都内的 6 个区设立了 7 个指定的结构特区。结构特区的特点:一是通过对相关国家政策条例和地方限制政策的调整,促进企业和社会团体开展经济活动,增强地区活力促进地区发展。二是因地制宜制定特区发展目标,如千代田区特区的建设目标是"教育促进特区"、八王子市的特区建设目标是"信息产业人才育成特区"、立川市的特区建设目标是利用网络学习建设"商务城市规划特区"、大田区是利用资源建设"羽田机场机器人试验特区"。三是东京结构特区与企业联合,结合实际开办专科教育机构,在进行多样性教育的同时推进地区整体水平提升,促进专业性人才培育。促进结构特区发展的目的是有效及时地为东京亚洲总部特区建设提供 IT 产业和地区跨国公司需要的人才。

二、自有企业全球创新网络布局

自有企业海外研发布局是全球创新网络节点建设的重要组成部分,东京自有企业全球创新网络布局起步较早,自 1947 年起大致可以划分为 4 个阶段:第一阶段是 1947—1974 年,第二次世界大战后至高速增长期结束的海外布局的起步阶段;第二阶段是 1975—1985 年,这一时期的 1970 年代后半期日美签订日美广场协议,日元上涨加快了东京自有企业的海外投资速度;第三阶段 1986—1990 年,1980 年代后半期日本出现泡沫经济致使经济崩溃,海外投资出现转型研发布局明显。第四阶段 1991—2000 年后,这一时期是日本经济逐步从泡沫衰退中走出争取经济复苏的过程,企业研发布局逐步成为主流。在这四个时期中,东京自有企业海外布局的高峰期是 1985 年日美广场协议后日元快速升值时期。但企业研发中心的全球布局是从第三阶段到第四阶段,并逐步形成全球创新网络格局。其中布局的最初阶段是以欧美为主,之后投资分布逐步转向亚洲(表 5-4)。

表 5-4　日本企业海外研发布局变化

区　域	1947—1974 年	1975—1985 年	1986—1990 年	1990—2005 年
亚　洲	30.80%	18.20%	30.60%	54.10%
欧　洲	15.40%	22.70%	23.90%	14.10%
北　美	46.20%	43.90%	38.10%	25.90%
中南美		4.90%	0.70%	2.70%
海外研发布局企业数	26(5.2%)	66(10%)	134(11.1%)	749(13.2%)
设立海外机构的企业	495	660	1 205	5 659

- 注:括号数据为布局研发中心企业与海外投资企业比例。
- 资料来源:参考文部省科学技术研究所的《日本企业海外研发现状与发展变迁》整理。

从网络节点看先进技术的所在地或有市场条件的地区是东京自有企业全球创新网络布局的主要地区。如其医药化学产业的节点布局主要以日、美、欧为核心的,倾向选择加利福尼亚、伊利诺伊、爱丁堡、伦敦、新泽西等智力密集地区。电气电子机械及汽车与零部件企业的海外节点选择是以生产基地和销售基地的海外活动为基础,以进一步加强市场影响为目标的研发网络布局。特别是汽车与零部件生产企业,由于作为汽车产品的设计和当地的习惯和消费趋向有很多直接关系,因此掌握和迎合当地需求,成为促进研发节点布局的一个重要因素。这方面亚洲主要战略中心城市是其节点选择的集中地区。近来随着国际化的深入,企业全球创新网络节点建设的目的也在发生变化,如汽车与零部件厂商的海外研发布局已不仅仅是开始时的以改良为目标,长期性的研究课题也成为国际化研发中心的活动项目之一,节点建设目标也更加多元。其中产业类别的不同对节点及节点结构和规模的选择都有一定影响作用。

从节点结构来看,东京自有企业全球创新网络布局由原来的经本国向海外研发中心进行技术转移,已逐步发展成为相互间的知识与技术转移,即"双向学习"。在"双向学习"关系中,国内研发中心和海外研发中心之间有平行的决策权,且各研发中心的作用、定位是不固定的,随着项目的变化而变化,因此总部与海外研究中心信息共享。同时,总部和海外研发中心各以自主经营责任制为相互关系基础,总部的中央研究中心和各节点的研发中心为并列组织形式,开展各自的研发活动。因此尽管节点研发中心设置之初采用总部委托研究的形式进行业务活动,但随着业务的开展各海外节点最终目标是逐步成为自主经营的独立法人公司。

三、东京全球创新网络节点建设优势及案例

大量高素质技术人力资本、研发相关的科研基础设施、国内市场规模、高端的客户群体，以及政府在知识产权和关税方面的政策支持、低成本优质的生活环境等是形成全球创新中心的重要条件。2004年，日本贸易振兴机构发布研究报告，该报告分析了日本企业海外研究中心选址，以及本国吸引外资研发投资的环境和优势，指出日本全球创新网络节点建设的优势包括有影响力的市场示范、技术资源的利用，以及高科技企业能够为研发机构提供与国际市场联通的机会等。

(一) 市场的示范作用

市场拥有示范作用代表该市场已不局限于城市本身，而是超越城市的更加巨大的国内市场或国际市场。以医疗保健领域为例，欧美企业在日本设立医疗保健研发中心，从市场示范角度看是由于日本是全世界率先进入老龄化社会的国家，伴随着老龄化的进一步加速，日本将成为全世界高龄者医疗、医药品、看护等方面的示范国家（国家特点），其研发产品以及服务等方面的成果将在亚洲国家，在世界范围产生影响。Royal DSM N.V企业，以及GE医疗日本都是基于这一目的，提出通过日本问题研究实施"Silver to Gold"医疗创新战略。

案例Ⅰ：关注市场示范作用的跨国公司

(1) 荷兰的Royal DSM N.V公司。2013年2月，荷兰的Royal DSM N.V公司（3M医疗保健）在东京都市圈神奈川县相模原设立卫生保健研发中心。Royal DSM N.V公司研发中心以日本市场为对象，发展目标是开发拓展包括亚洲在内的国际市场。该公司研发业务包括护理皮肤创伤、预防感染、齿科治疗、齿科矫正，以及食品卫生管理等领域。Royal DSM N.V公司研发中心除为客户提供技术服务，对进口日本的医疗产品进行规格化和本土化研发外，机构还针对日本市场的

多样化医疗需求进行研发,通过提升产品的高附加价值以增强企业产品的竞争能力。

(2) 通用电气(GE)医疗保健日野(东京)研发中心。通用电气(GE)医疗保健日野(东京)研发中心是兼备开发和生产功能的研发基地。该中心以研发先进医疗设备为核心,同时承担着美国国内的专项设施的研究开发任务,其研发出的世界高端医疗技术产品小型而节能。通用电气(GE)医疗保健日野(东京)研发中心将具有世界高标准的体内图像高性能的磁共振成像(MRI)设备转移到日本临床,利用优良的成像磁共振技术与医疗机构合作,进一步研发满足高龄者保健需求的多样化设施及产品。

(二) 技术资源利用

相关产业技术资源主要是指集中在东京及周边的电子机械等行业的产业技术。跨国企业基于对日本技术能力的利用在东京及都市圈布局电子机械及信息等方面的创新研发中心。在这方面亚洲企业做了较多工作,如中国台湾地区企业鸿海精密工业股份有限公司、中国大陆的海尔集团等。这些企业在收购和并购日本企业基础上,大量招收和利用已退休的研发技术人员,开展进一步的研发活动。

案例Ⅱ:重视技术资源利用的跨国企业

(1) 鸿海精密工业股份有限公司(Hon Hai Precision Industry Co., Ltd.)(简称鸿海公司)。鸿海公司在东京都市圈设立研发中心,研究骨干主要聘用了当地原有技术人员,通过发挥原有技术人员的科研能力成为国际技术集成领域的领先企业。鸿海公司东京研发中心计划投入10亿美元,研发除显示器、触摸屏、光学技术外,鸿海公司研发中心还计划承接生产美国苹果公司新一代电视,构建从设计到生产配置到制造,以及商品化的生产全过程,中心的研究成果与中国国内的研发中心共享,其基础就在于企业把握的液晶相关的高端基础技术。

(2) 海尔集团。2014年,海尔集团在东京都市圈崎玉县熊谷市开设海尔东京研发中心,该研发中心在设立之前的2011年收购了松下公司旗下的三洋电机冷藏库和洗衣机等家电业务。在此基础上，海尔东京研发中心以当地机电产业退休人员为研究中心主力，以冷藏技术研究为核心开展研发。现在企业研发规模从180人发展到300人，成为以日本技术为核心的白色家电重要的全球研发基地。

(3) 美国 NeoPhotonics Corporation 公司[①]。2012年11月，美国 NeoPhotonics Corporation 公司日本子公司（新日本光电子有限责任公司）在东京八王子市设立研发中心。该中心以促进新一代光输送器主要部件驱动程序的低耗能化为目标开展研发，力求实现通信系统的小型化、低电化、高速大容量化，以及追求市场低价格。其中主要的核心业务高速光通信设备研发（光通信用高速器）就是吸收了日本在电子方面的先进技术及优秀人才。

(三) 高科技企业的收购与并购

由于生产的全球化分布，东京一些高科技生产企业的生产规模不断缩小，随之出现包括外资企业在内的企业重组。特别是一些高科技生产企业，在这一过程中在日本扩展研发中心，对东京企业部分业务进行并购重组，日资企业较多的退休研究者和技术人员资源，特别是中老年技术人员，成为吸引外资企业设立研发中心的重要因素之一。其中如得州仪器、米其林轮胎等跨国公司通过收购和保留停产企业的研究开发功能，重新布局形成企业的全球创新网络。

案例Ⅲ：通过收购并购技术力量形成创新网络的企业

(1) 得州仪器（Texas Instruments）。这是全球半导体行业领先的跨国企业，总部位于美国得克萨斯州达拉斯。作为全球半导体公司得州仪器的TI设计及其在销售、制造、运营等领域的创新活动遍布全球30多个国家。2013年4月得州仪器日本机构组建半导体组装（后期工程）亚洲研发基地，其中的一项重要内容就是成功并购了当地停产企业的部分功能开展材料基础研究和半导体电路组装。对高科技企业的并购为得州仪器亚洲地区的工厂生产提供了重要的技术支撑，包括为

[①] 美国 NeoPhotonics Corporation 公司总部在硅谷，主要的生产制造基地有美国硅谷和中国深圳。2011年美国 NeoPhotonics Corporation 公司进入日本，主要业务是研发、销售，以及零部件采购等。

菲律宾和中国台湾地区的工厂提供技术指导。得州仪器选择转移并购停产企业部分功能设立研发中心的原因：一是确保优秀的技术者，二是建立了与亚洲生产基地加强交流联系的重要渠道。

（2）比利时太阳能发电系统的设计和建筑公司（Ikaros Solarnv）。该公司是入驻"东京亚洲总部特区"的第一家高科技企业，该公司是在与太阳能制造生产商瑞星公司（总部设在大阪）合并后在特区设立的技术研发公司。公司以开发适合日本环境抵御强风、地震等方面产品为目标，通过数据分析，进行发电设施设计、施工处理等。

四、东京全球创新网络节点建设特点与启示

从 2012—2014 年[①]东京国家战略特区在国家与地方的共同作用下吸引了 41 家（包括 10 家意向企业）国际跨国企业，其中业务涉及医疗保健、IT 产业、电子精密器械，以及与环境等当今世界瞩目的高科技领域。此外还有旅游和创意等领域的企业，这些资源成为促进东京新经济增长的一股重要力量。归纳东京全球创新网络节点建设在国家与地方，政府与社会力量等方面协同推进的特点主要有以下方面。

（一）从"实效"出发进行节点建设

东京全球创新网络节点建设从国家政策到地方实施其制度设计的特点在于注重实效。所谓重视实效主要表现在以下三个方面，一是扶持项目的评价和认定标准。在东京特区建设中不论是国家战略特区还是亚洲总部特区，企业申报项目的认定评价不是以投资额和雇用人数为评价标准，而是以跨国企业研发中心建设形成新业务和新的商务机会为优惠政策扶持的先决标准。而对于投资额，《东京都长期愿景》指出，过分强调投资额的最大化不利于保证有创新能力和创新意愿的中小创新企业的发展机会。因此，特区评价与认定标准最大限度地包容了社会创新资

---

① 自 2012 年，东京"亚洲总部特区"和"国家战略特别区"相继设立。

源。二是注重扶持形成新的产业。如以上所述的以形成新业务和新的商务机会为前提的认定标准，以及以研发中心与吸引形成的高端（功能）制造中心相结合的优惠政策等，自然决定了扶持项目在形成市场和带动企业创新发展中的作用，在促进形成新产业方面产生效果。三是注重高端人才发展与就业机会。特区的优惠政策将拥有高端技术能力和产品开发能力的中坚及中小企业作为吸引外资研发及政策扶持的重点，这项政策在评价企业的同时为高端人才的就业和发展创造了机会并提供了保障。

（二）提倡建设良好低成本的创新环境

东京全球创新网络节点建设强调创新研发中心建设和生产制造基地建设不同，高成本环境是创新城市建设和全球创新网络节点建设中最具危害影响的要素。一是高成本会导致研发活动优先考虑效率和效益，同时会限制中小企业的研发创新意向。因此，不论是东京国家战略特区还是东京亚洲总部特区均在相关制度中表明创造优良的低成本创新环境。为建设良好的低成本创新环境，东京不仅为简化各种行政手续设立东京商务服务中心，还为创新企业提供雇用劳动等一站式服务，同时尽力为研究者及其家属创造方便生活的居住环境条件。此外东京都还在市内大学和研究机构建立开放的共同研究机制，企业及国际化人才可以通过相关系统调配找到其需求的研发器械设备。

（三）有的放矢地选择特区目标

东京亚洲总部特区业务推进的政府职能机构是东京都知事本部综合特区推进局。该机构的主要工作之一是通过全球咨询机构选择特区的目标客户[①]，并在此基础上委托机构对选定的目标企业开展招商。在东京都知事本部综合特区推进局

[①] 全球咨询机构如利用埃森哲（Accenture）公司，发掘对东京发展有促进作用的优秀外国企业，列出吸引外资企业名录。如2013年加拿大的 Voice Enabling System Technology Inc 公司，该公司拥有能够精准应对19种语言的声音识别技术，声音识别技术是对家电、信息机械、住宅设备、运输机械等带来重大革新的关键技术，Voice Enabling System Technology Inc 公司看好日本的装备制造企业，为实现技术产品化，寻找日本生产企业进行技术合作。针对这一情况，东京都以埃森哲作为中介，帮助介绍合作伙伴，并在特区内设立研发机构开展业务。

的全球咨询机构名单中有著名的埃森哲(Accenture)公司。此外,还有许多类似的活跃在东京民间的经纪代理公司(也称商务服务公司)。经纪代理公司的主要业务是提供多样化服务,支持跨国公司的海外业务,其中包括为跨国企业的全球业务拓展选择节点城市。具体服务包括为企业提供候选节点城市的市场环境、竞争对手状况、劳动环境、进驻城市可能获得的最大利益等[①]。经纪代理公司准确地把握着目标企业,其咨询中的候选城市排名和城市宏观指标对比及判断对跨国企业选择节点城市有着重要影响。

(四)鼓励利用知识资本运作加强城市创新环境建设

知识资本运作又称知识资本经营,是指一般社团法人机构利用市场法则,通过对知识资本的技巧性运作,通过买卖企业实现知识资本价值、知识资本效益增长的经营方式。东京"亚洲总部基地"将"东京商务代办"业务委托给民营公司运行就是参与知识资本运作的一例[②]。根据机构设立时的相关章程规定"东京商务代办"允许介入知识资本运营,在政府的鼓励和支持下,"东京商务代办"致力于产学联合,成了支撑东京全球创新网络节点建设的重要力量。在东京活跃着许多知识资本运营机构,知识资本运营业务不仅是致力于产学联合的商务活动,还包含文化发布、国际交流、人才培育等,以及与社会公益性组织协作共同推进知识资本发展。发挥社会资源力量是东京各项战略中常采用的方式,其中社会资源的知识资本运作在东京的全球创新网络节点建设中发挥了积极作用。

---

① 内容包括:(1)候选节点城市所属区域宏观环境调查、市场调查,包括节点候选城市的筛选研究等。(2)查询相关候选节点城市信息,候选城市详细的商务环境信息,比较分析缩小候选城市目标范围。(3)组织对候选城市相关负责机构和人员的调研采访,了解把握实际的商务环境,缩小候选目标。(4)就政府优惠政策进行进一步了解交涉,在争取最大限度优惠政策基础上确定可选定的节点目标。此外,经纪代理公司业务还包括跨国企业在选定投资城市后,通过企业外部的中立机构对于大规模投资计划进行可行性报告研究,如进驻后的税金、会计等业务的处理等。
② 为推进东京"亚洲总部特区"建设,东京都通过章程设立了"东京商务代办",协助受理东京亚洲总部特区相关业程。根据章程,"东京商务代办"业务由东京都委托,东京都知事本部综合特区推进局负责执行管理监督。"东京商务代办"的主要业务包括对各类计划入驻特区的外资企业需求提供免费的项目协助调查、援助业务开展、办理项目手续支撑等。2012—2014年,东京亚洲总部特区吸引外资企业设立总部业务以及研发中心的企业有31家,"东京商务代办"在其中发挥了重要作用。现在该机构已是东京都东京亚洲总部特区吸引跨国企业设立地区总部和研发机构的重要部门。

(五) 鼓励支持自有企业全球创新网络建设

根据全球创新网络拓展模式,海外研发中心的发展由中心逐步拓展向整体,并且进一步向全球化发展。沿着这一发展模式,东京全球创新网络节点建设包含了内外网络建设的两个方面,其中东京自有企业海外研发中心业务的不断拓展,在全球创新网络中承担更加重要的作用,对东京全球网络节点建设意义重大。东京自有企业的海外业务扩展以及发展升级到研发中心建设,虽然初期情况主要是作为总部技术在海外的延伸发挥作用。但这些海外研发中心不断的发展,通过与当地实际的融合,发挥自主性利用独立性知识和技术开发当地市场,并将成果回馈于跨国公司总部及总部城市东京,形成和进一步加强了东京全球创新网络的影响能力。自有企业海外研发中心的发展变化,特别是其组织及战略的发展变化支撑了东京全球创新网络节点建设及运营,也体现了满足自有公司全球创新网络建设对其城市网络节点建设的重要性。

(六) 政府主导支持自有企业境外投资

日本是较早系统地以政府主导方式从政策、国际关系协调、信息发布到海外投资资金支持、技术、人员培训等方面对本国企业扩展海外业务给予支持的国家之一。20世纪60年代为满足本国资源供给和扩大市场等需求,日本政府通过政府和非政府机构联合对企业境外投资给予支持。这些机构包括日本贸易振兴机构(JETRO)、日本国际协力银行、境外投融资情报财团、监查法人 Deloitte Touche Tohmatsu、海外技术者研修中心(AOTS)、日本信用保证协会和中小企业信用保险公库等。日本支持企业海外活动主要是以大企业为对象,同时对有发展潜力的中小企业参与国际竞争也给予了大力支持,包括制定中小企业境外投资政策和措施,帮助中小企业成为国内海外投资的主流。日本海外支持的主要特点是,政府统筹社会资源,补充完善,共同合作形成企业境外投资支持系统。同时完备税收优惠制度为企业境外投资提供服务。日本最初的境外支持是结合国情以比较优势产业为基础,鼓励比较劣势产业部门逐步外移,通过外移使国内不具备比较优势的企业获得新的竞争力。其后扶持方向发生变化注重海外投资产业的有效布局，注重与投资目的国经济发展与合作，形成与投资目的国之间垂直分工，形成国内生产国外生产双向拉动的发展模式，促进国内经济增长与发展。长期稳定的境外投资系统支持和在不同时期采取的不同支持方式与策略，有效支持和促进了东京自有企业的境外投资，在东京全球创新网络节点建设中发挥了重要作用。

五、结　语

1966年英国学者皮特霍尔（Peter Hall）从政治权力中心、贸易与金融中心、专业人才聚集中心、信息和传播中心，以及大规模人口中心，产业部门比例等方面论述了世界城市的主要内涵，并对世界城市进行定义，称处于世界城市体系顶端的，对世界和大多数国家经济、政治、文化产生全球性影响的国际一流大都市为世界城市。然而信息化和全球化时代的到来，特别是创新资源在世界范围内的空间转移与重新整合不仅影响了世界经济结构，还对世界城市体系和世界城市格局产生重大影响。皮特霍尔（Peter Hall）定义的以金融资本为核心驱动力的世界城市发展模式开始发生变化，创新在世界经济社会中的先导地位越来越明显，利用全球创新网络广阔的组织渠道促进资金、技术、人才、信息等资源的全球集聚与流动的城市和地区日益成为推动世界经济发展的强大力量。在这一形势下，把握有利机遇，规划建设全球创新网络的节点融入全球创新网络，利用更多资源和更大市场迈进世界城市体系顶端行列成为亚洲地区主要城市竞争的核心。

东京是世界公认的具有全球影响力的世界城市，也是当前全球创新网络节点城市建设最具有代表性的城市之一。从本案例看东京的全球创新网络节点城市建设，一方面是自有企业的产业全球发展使研发向全球扩张，使城市融入全球创新网络；另一方面是利用创新资源在世界范围内的空间转移与重新整合，通过城市的创新环境建设吸引创新资源在其城市空间集聚。东京全球创新网络节点建设表明以往融入全球创新网络及节点建设主要是集中在以跨国公司为对象的企业行为，关注作为全球研发主导力量的跨国公司研发单元的区位选择、空间组织模式以及全球化扩张。新的发展形势是融入全球创新网络使创新与城市及区域发展相结合。城市融入全球创新网络是促进城市创新发展的最佳方式,东京全球创新网络节点建设从国家到地方、从政府到企业均投入了巨大力量。政府和企业是推进全球创新网络节点建设的主体,与社会资源和城市创新环境相互配合构成促进全球创新网络节点建设的决定性因素。

三维视角下的亚洲主要城市创新环境比较

当前争取建设全球创新网络的节点城市,依托全球创新网络在其空间形成知识、技术和产业的高度集聚,进而成为全球创新活动和新技术的发源地,推动地区和更广区域的经济发展和技术进步已成为全球城市建设的一大趋势。本文三维视角下的亚洲主要城市创新环境比较,通过不同视角的城市创新环境等级评价及其内在联系,反映全球网络节点城市建设的内涵,为我国建设具有全球影响力的创新中心提供参考。

一、三维视角及其城市创新环境评价

三维视角城市创新环境评价分别是,日本森纪念基金会的全球城市综合实力评价(Global Power City Index,简称 GPCI 评价)、全球化及世界城市网络研究的城市等级评价(Globalization and World Cities Research Network,简称 GaWC),以及 GaWC 表现城市自有企业发展与集聚的 GCCC 评价。GPCI 的城市等级评价以城市质量为特征,表现的是特定城市的商务环境;GaWC 视角下的城市等级是以全球网络整合能力为特征,反映国家制度语境中战略中心城市及其城市的门户功能[1];而 GaWC 以自有企业为特征的全球资本视角下的城市等级,表现的是市场经济规律。三维视角下的亚洲主要城市创新环境评价从三个不同角度反映城市发展状态,尽管基于 GPCI 和基于 GaWC 的城市等级各不相同,但又存在相互联系,通过三维视角的城市创新环境评价,可以分析判断各类节点是以商务环境为特征的网络节点城市,还是国家中心城市为特色的商务中心城市,抑或是以企业集聚为

---

[1] 唐自来曾研究指出,全球资本支配系统视角下的城市等级系统呈现了特定国家的制度语境,包括反映其门户功能。

核心的节点城市。在经济全球化亚洲主要城市在全球城市网络中的地位不断提升,竞争不断加剧情况下,三维视角的综合比较可以为节点城市判断和建设提供参考并指明建设方向。

(一) GPCI 的城市质量评价(城市商务环境)

日本森纪念基金会的全球城市综合实力评价(Global Power City Index,简称GPCI 评价)是当前全球城市综合实力评价中较有影响的评价之一。该评价以城市的实际建设(存量)为基础,通过日本森纪念财团城市综合研究所归纳的 70 项指标,对全球 42 个有地区代表性城市的经济、研发、文化交流、居住、环境、交通进行综合评价。GPCI 全球城市综合实力评价反映的是当前城市发展水平,因此也称城市质量评价。从 2008 年起日本森纪念基金会每年定期以研究报告的形式向全球发布。GPCI 城市评价以每 10 个城市排名为一个等级,共分四个等级分别表示各城市在相关领域中的优、良、一般和差四个水准。

表 5-5 GPCI 城市质量评价指标

	评价视角	相 关 指 标
经济	市场魅力	GDP、人均 GDP、GDP 增长速度
		证券交易所的股票时价总额、世界 300 强企业数、就业人数
	商务环境	完全失业率、服务业就业比例、租金水平、人才确保程度、人均商务面积
		法律制度及风险、经济自由度、法人税、商机与风险
研发	研究环境	研究者数、世界排名前 200 学校数、数学与科学的学科能力
	接受及制度	外国研究员的接受情况、研究开发经费
	研发成果	专利登记、主要技术的获奖情况、研究者交流机会
文化交流	文化交流能力	发布规模、国际会展举办数量、主要的世界文化活动举办数、艺术家创造环境
	住宿环境	星级酒店客房数、旅店数量(集客资源)
	集客设施	国际教科文组织的世界遗产(100 km 圈)、文化历史的接触机会、剧场和演唱厅的数量、体育场数量
	接受环境	购物魅力、饮食魅力
	交流效果	外国人居住者数量、海外访问学者数量、留学生数量

(续表)

	评价视角	相关指标
居住	就业环境	总劳动时间、就业者的生活满足度
	居住成本	住房租赁平均价格、物价水平
	安全及安心	人口平均杀人案件数、灾害对应的能力、健康寿命、社区交流的良好性
	城市生活环境	人口密度、人口平均医师数量、外国人人口平均、外国人学校数量、小商品超市的充实程度、饮食店的充实程度
环境	生态	"SO 1400"企业获得数、再生能源比例、回收率、CO_2排放量
	污染状况	SPM浓度、SO_2浓度、NO_2浓度、水质量
	自然环境	城市中心的绿色覆盖率、气温的舒适度
交通出行	国际交通网络	城市中心到国际机场的时间、国际航班直航城市数量、国际线旅客数量、机场跑道数量
	市内交通服务	公共交通(地铁)站点的密度、公共交通的充实度与正点率、通勤上学的便利性、出租车的价格

· 资料来源：根据森記念財团《世界の都市総合力ランキング》整理。

(二) GaWC的城市网络节点整合能力评价(城市等级评价)

GaWC隶属于英国Loughborough University地理学部，它以城市间相互关系为着眼点，是研究全球化背景下城市网络等级的著名国际机构。GaWC评价反映全球化背景下城市的网络整合能力。GaWC认为全球化背景下对于城市发展最为重要的是城市间关系，城市间关系构成的网络，以及城市与城市网络相关性，是影响城市间竞争与合作的关键要素。GaWC的城市网络节点整合能力评价将城市划分为10个等级：α++、α+、α、α−、β+、β、β−、γ+、γ、γ−。GaWC的城市等级不是定义城市实力，而是反映各城市在全球城市网络中的(功能)地位和协调协作能力。表5-6是GaWC的城市网络节点整合能力评价等级划分的定义说明。如其中α+标志着城市虽然在功能等级上低于世界级城市但已作为重要节点融入全球城市网络。

表5-6　GaWC的城市等级评价指标内涵

等级	定义内容	功能等级
α++	世界级城市，具有高能级的对全球城市网络具有整合能力的城市。如纽约和伦敦	地区总部功能
α+	融入全球城市网络，且能级低于全球世界级城市，但在亚太地区有众多业务活动的城市	全球城市网络重要节点

(续表)

等级	定义内容	功能等级
α、α—	主要经济圈和世界经济有重要联系的,超重要世界城市	分支机构或分公司
β	与地区和世界经济相联系的重要世界都市	
γ	在全球化中将中小规模地区与世界经济形成联系的城市,或者虽然在全球城市网络中没有重要地位的重要的国际化城市	商务出行的节点
H.S.とS.	不是国际化城市,但是具有满足国际化城市服务功能的城市。如区域核心城市或传统制造业中心	未开发节点

• 资料来源：http://www.lboro.ac.uk/gawc/gawcworlds.html。

(三) GaWC 的城市自有企业的发展与集聚分析 GCCC

城市自有企业是指在该城市注册和总部设在该城市的跨国企业。从 GaWC 的城市关系角度看,城市自有企业的发展与集聚是形成更加多样性城市氛围的基础,也是表现城市产业实力的重要指标,它标志着城市全球扩张的能力和成为全球网络节点城市的潜在能力[1]。2006 年、2009 年、2012 年 GaWC 对外发布了城市自有企业集聚分析研究报告"Global Command and Control Centres(GCCC)"。该报告以国际产业分类(Global Industry Classification Standard, GICS)为基础,通过对全球 433 个城市 10 个行业中总部的全球分布情况,以及企业所获得的收益等,分析评价各城市的产业实力和城市的全球扩张能力。

二、三维视角的亚洲、大洋洲主要城市创新环境

(一) GPCI 的城市质量评价

2010—2015 年亚洲、大洋洲主要城市的综合实力评价如表 5-7 所示。东京、新加坡、香港的城市综合实力排名评价分别为全球城市第 4、第 5 和第 7 位,属于全球的第一等级城市。北京和上海的综合评价排名分别是全球城市的第 17 和

---

[1] 全球城市网络研究主流学派企业组织的城市网络研究认为全球城市网络联系的本质是城市间的经济联系,企业是城市关联网络的作用者,诸多企业的区位策略界定了城市关联网络(S. Sassen, 1991)。

表 5-7　2010—2015 年亚洲、大洋洲主要城市 GPCI 综合评价排名

年份	北京	上海	台北	香港	悉尼	首尔	新加坡	东京	大阪
2015	18	17	32	7	12	6	5	4	24
2014	14	15	33	9	13	6	5	4	25
2013	14	12	33	11	13	6	5	4	23
2012	11	14	32	9	15	6	5	4	17
2011	18	23	29	8	11	7	5	4	15
2010	24	26	29	9	10	8	5	4	18

• 资料来源：森记念财团《世界の都市総合力ランキング》，2010—2015 年。

第 18，排列全球第二等级城市。从发展变化看 2010—2015 亚洲主要城市综合竞争力变化较大的是香港，在经历下挫之后又回到第一等级城市行列。东京、新加坡、首尔相对稳定，保持在全球第一等级城市当中。北京、上海总体处于上升状态但仍处于第二等级城市。GPCI 的城市质量评价是各城市经济、研发、文化交流、居住、环境、交通等方面发展水平的综合反映。图 5-3 是 2015 年 GPCI 全球城市综

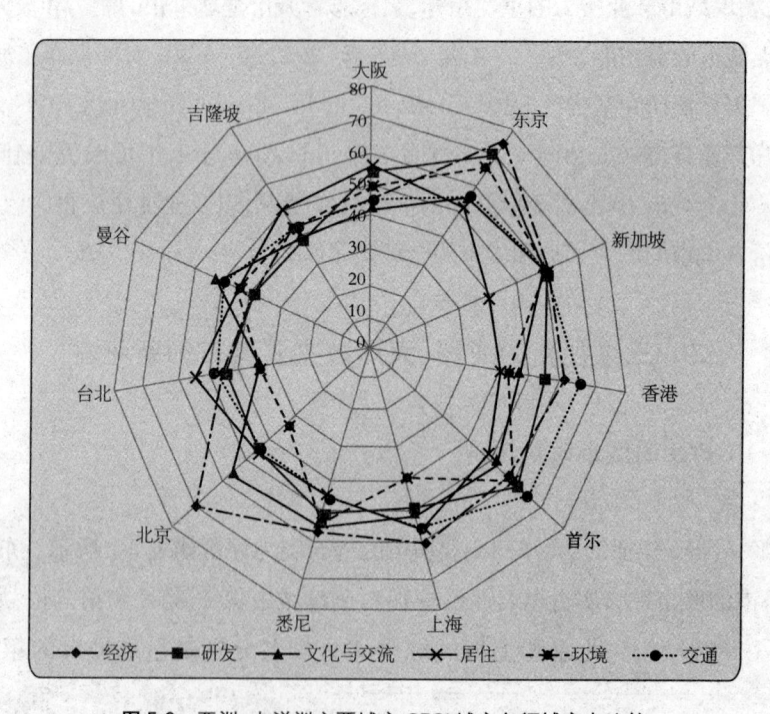

图 5-3　亚洲、大洋洲主要城市 GPCI 城市各领域实力比较

• 资料来源：根据森记念财团 2015 年《世界の都市総合力ランキング》整理。

合实力评价中亚洲、大洋洲主要城市在经济、研发、文化交流、居住、环境、交通等方面的评价对比。可以看到经济方面亚洲、大洋洲城市排名第一的是东京,其次为北京。研发方面首位城市是东京,其次是新加坡和首尔。文化与交流方面评价最高的城市是新加坡及北京。居住排在首位的城市是台北,其次是东京、首尔、上海。环境方面排名第一的是东京,其次是首尔和台北。城市交通排在首位的城市是新加坡,上海也有较好的排名。结合图 5-3 可以判断影响北京上海综合排名的因素主要是城市环境,此外研发和城市交通也分别是影响上海和北京综合竞争力排名的重要方面。

(二) GaWC 的城市网络节点整合能力评价(城市等级评价)

表 5-8 是根据 GaWC 城市等级理论测算的亚洲主要城市全球网络中的等级定位。可以看到 2018 年的全球网络等级评价中亚洲主要城市功能等级为 α+的城市有 5 个,分别是上海、东京、北京、新加坡、香港。根据 GaWC 的城市网络节点整合能力评价 α+代表着这些城市尽管能级尚没能达到 α++总部功能级别(全球世界级城市),但已融入全球城市网络,属于"重要的功能节点"城市,在亚太地区已经拥有了诸多的业务活动。从时间变化看,东京、新加坡、香港是 2000—2018 年连续保持这一等级的城市,北京、上海是 2008 年进入这一等级的城市,是亚洲的新兴城市。

表 5-8 GaWC 理论测算的亚洲主要城市全球网络功能定位

城　市	2000 年	2004 年	2008 年	2010 年	2012 年	2018 年
上　海	α−	α−	α+	α+	α+	α+
东　京	α+	α+	α+	α+	α+	α+
首　尔	β+	α−	α	α	α−	α
大　阪	H.S	γ−.	H.S.	β−	γ+	γ+
台　北	α−	α−	α−	α−	α−	α−
北　京	β+	α−	α+	α	α+	α+
香　港	α+	α+	α+	α+	α+	α+
曼　谷	α−	α−	α−	α−	α−	α−
吉隆坡	α−	α−	α	α	α	—
新加坡	α+	α+	α+	α+	α+	α+

• 资料来源:http://www.lboro.ac.uk/gawc/gawcworlds.html.

(三) GaWC 的城市自有企业的发展与集聚分析 GCCC

表 5-9 是 2012 年 GaWC 城市自有企业集聚分析研究报告（GCCC）亚洲主要城市的企业集聚情况[①]。该指标与排名代表着亚洲各主要城市自有企业的发展状况和城市的全球扩张能力。根据表 5-9 亚洲主要城市自有企业发展集聚程度评价最好的城市是东京。东京自有企业发展集聚程度在全球城市中排名第一，企业总部在全球分布遍及十个行业，数量达到了 154 家[②]。排名第二的是北京，但从总部分布看，首尔的总部分布在行业和总部数量上都高于北京，因此北京排名第二主要在于总部的市场价值、资产、利润、收入，以及雇员等方面领先首尔。香港在全球城市中排名第 18 位，亚洲主要城市中排名第 4 位，总部行业包含了 8 个行业，总部数量为 48 个。大阪的全球城市排名第 19 位，仅次于香港，总部数量 23 个，分布行业为 7 个行业。香港和大阪均属于第二等级城市。上海、台北的全球城市排名分别是第 35、第 27 位。上海的自有企业的发展集聚程度在亚洲主要城市中处于较低水平，从排名上看属于第三等级城市。此外，从城市核心功能的收益看各城市的扩张优势，东京在亚洲主要城市中的明显优势是总部数量，北京虽然在总部规模及所属行业分布方面与东京存在较大差距，但从城市核心功能收益指标看，利润及市场价值超过了东京，表现出自有企业集聚方面北京具有的竞争优势。

表 5-9 基于节点核心功能收益的企业集聚

城市排名		城市	总部分布		城市核心功能收益比较（%）						
全球	亚洲		行业数	总部数量	收入	利润	资产	市场价值	现金流	债务	雇员
1	1	东京	10	154	0.44	0.25	0.42	0.29	0.42	0.55	0.35
5	2	北京	7	45	0.21	0.33	0.30	0.31	0.36	0.17	0.28
6	3	首尔	9	60	0.14	0.12	0.08	0.11	0.07	0.09	0.03
18	4	香港	8	48	0.05	0.15	0.04	0.13	0.04	0.03	0.10
19	5	大阪	7	23	0.05	0.02	0.02	0.03	0.01	0.03	0.06
27	6	台北	6	27	0.04	0.03	0.03	0.03	0.02	0.02	0.10
35	7	上海	6	19	0.03	0.04	0.04	0.04	0.05	0.04	0.04

• 资料来源：根据大阪産業経済リサーチセンター《企業立地の観点から（基礎調査）》整理。

[①] 2012 年 GaWC 全球报告亚洲主要城市的相关数据（亚洲主要城市核心功能收益）。
[②] 东京与排名全球第二的巴黎和排名第三的纽约总部数 60 和 82 有明显大的差距，显示了东京在城市企业集聚方面的较大能力。

三、三维视角的内在联系及节点城市内涵

(一) 三维视角的内在联系

三维视角下的城市创新环境评价反映的是不同视角的城市发展状态,因此三维的评价等级并不一定完全一致。以北京和上海为例,基于城市质量的GPCI评价中北京与上海为第二等级城市,表明在以存量为基础的商务环境建设中北京与上海尚存在不足,而从城市关系角度出发的GaWC城市等级评价,北京与上海成为第一等级城市是由于两城市作为国家战略中心城市的中心城市功能和门户功能发挥了作用,优势得到表现。GaWC的GCCC评价北京为第一等级城市,进一步缩小了与东京之间存在的差距,可以看到北京及上海在功能方面赶上和超过东京的可能性。

表5-10是三维视角下的亚洲主要城市创新环境评价等级。其中在城市质量、城市全球网络整合能力、城市自有企业集聚等方面评价均为第一等级的城市有东京。北京、新加坡、香港、首尔的等级评价有两项为第一等级城市,但仍有一项或城市质量评价,或全球网络整合能力评价,或基于GaWC的GCCC评价未能达到第一等级城市标准,因此从三维视角看是不完全的第一等级城市。上海虽有一项评价是第一等级城市,但其他两项评价为第二等级及以下,因此从三维视角看,上海与第一等级城市还是有较为明显的差距。台北、大阪、曼谷、吉隆坡等城市的等级评价主要集中在第三等级城市中,其中台北及大阪分别在全球网络整合能力和GaWC的GCCC评价中有一项进入第二等级城市,相比曼谷和吉隆坡显示出一定的发展潜力。

三维视角评价反映了各城市的优势与不足,透过这些差异,一方面各城市能够看到进一步发展的方向,同时也能够发现各评价等级之间存在的内在相互联系。例如,GaWC的城市等级评价的第一等级城市并非全是GPCI评价的第一等级城市,但GPCI评价的第一等级城市均列为全球网络整合能力的第一等级城市,这是由于城市间相互关系(城市的全球网络中的等级)与国家中心城市和门户城市有关,而国家中心城市和门户城市又与GPCI的商务环境评价联系密切;基于GaWC

的全球网络整合能力评价的第一等级城市并非 GaWC 的 GCCC 评价第一等级城市,即具有全球网络整合能力的城市未必是自有企业集聚的节点城市,但 GaWC 自有企业集聚的第一等级城市多是 GaWC 评价的具有全球网络整合能力的节点城市,这是由于 GaWC 的全球整合能力评价所认定。这些事例表明,全球创新网络(节点)通过多方面要素的相互联系构建而成,这些要素不是简单的叠加,而是根据节点的功能特性,节点形成要素条件、需求条件、服务条件,以及竞争环境等进行的结构组织,或偏重于商务环境,或利用门户或中心城市功能,或依靠市场要素[①]。但全球城市一定是三维视角各方面均达到第一等级的城市,如以东京为例。

表 5-10 三维视角下的亚洲主要城市等级及联系

	第一等级城市	第二等级城市	第三等级城市	第四等级城市
城市质量(GPCI 评价)	东京、新加坡、香港、首尔	上海、北京	大阪、台北、曼谷、吉隆坡	—
城市网络整合能力(GaWC 评价)	东京、新加坡、北京、香港、上海	首尔、台北、曼谷、吉隆坡	大阪	
城市企业集聚(GaWC 的 GCCC)	东京、北京、首尔	香港、大阪	台北	新加坡、曼谷、吉隆坡、上海
三维视角下的城市等级	东京、新加坡、香港	北京、首尔、上海	台北、大阪、吉隆坡、曼谷	

• 资料来源:同表 5-9。

(二)节点城市内涵

2010 年日本贸易振兴机构(JETRO)发布《外资企业对日投资调查报告》,其中归纳了影响企业全球创新网络节点选择的 20 项指标。该报告将这 20 项指标称为**全球创新网络节点要素(简称节点要素或区位决策影响要素)**(表 5-11)[②]。

---

① M.E. Porter(1999)《竞争战略论 I》中提出通过产业集聚建设全球网络节点受四个要素的影响。一是要素条件(如技术信息),二是需求条件(如市场需求),三是相关关联产业(如基础产业、服务业等),四是企业战略和竞争环境。
② 根据《外资企业对日投资调查报告》看,全球网络节点根据功能不同包括地区总部中心、创新网络节点、制造业生产节点、高端服务业节点、物流节点、金融中心、市场营销几项。不同功能节点选择节点的要素的顺位选择存在一定差异,但综合来看,选择方向基本是一致的。

表 5-11　全球创新网络节点要素

排序	R&D 节点	排序	网络节点要素
1	人才及劳动力素质与能力	11	满足外国人的生活环境
2	市场规模	12	市场成熟度
3	人工费	13	税负
4	优秀人才的保障水平	14	劳动制度的灵活性
5	市场成长性	15	融资·金融市场环境
6	用地保障和制度、不动产成本	16	项目规则的开放性
7	研发水平和集聚度	17	各类手续的透明性
8	优秀技术企业和产业集聚程度	18	知识产权的保障制度
9	地理要素	19	政府的优惠制度及补助措施
10	基础设施建设	20	社会安定性

• 资料来源:日本能率協会総合研究所(2010)《対日直接投資に関する外資系企業の意識調査報告書》。

从表 5-11 可以看到全球创新网络节点与一般全球网络节点建设的不同,其中全球创新网络节点城市是以研发为核心,重视的节点要素包括城市研发水平与集聚度、优秀技术企业和产业集聚程度高的,人才及劳动者素质与能力强的,以及优秀人才能够得到保障的城市。这些要素是创新网络节点城市和区别与其他功能节点的重要方面。亚洲各主要城市均在不同方面具备优势,这是由于亚洲主要城市同时也是其国家地区的战略中心城市,集聚着本国本地区最优秀的大学、研发力量和优质的产业力量,其中表现突出的是东京、北京、首尔。根据节点要素全球创新网络节点内涵可以归纳为市场、服务与支撑、竞争环境。

市场是指从企业角度考虑的市场条件。根据《外资企业对日投资调查报告》全球创新网络节点要素,节点城市的市场条件包括市场规模、市场的成长性和市场的成熟度。它是创新节点城市建设中非常重要的方面之一。对跨国企业来讲市场条件代表着独立的和对市场需求变化有快速反应能力。在这方面企业关注的不是税金与成本,而是通过市场对产品质量、价格、交货期等方面的认可。通过这样的市场检验提升其产品的形象和企业形象,进而在更大范围进行产品推广。根据《外资企业对日投资调查报告》,跨国企业对于日本市场的认识,是日本市场的质量要求严格,在日本市场取得成功的话,其产品在整个亚洲都很容易推广。除此之外,日本市场对创意产业的技术保护也是一些企业向往的原因之一。从这一意义上讲，市场条件所代表的市场并不局限于城市本身，而是城市所依托的更巨大的国家市场和亚洲市场。

服务与支撑包含节点城市的人才和劳动力素质与能力、城市基础设施、地理要素、满足外国人生活的环境、用地保障制度和不动产成本、社会安定等。服务与支援的要素作用，一是促进形成产业集群，促进产业集群企业和产业的生产效率的提高，二是助力提高企业创新能力，在提高生产效率等方面发挥作用，三是支持产业集群发展扩大，促进创新形成新的生产业态。节点城市是经济发展的空间载体，其良好的基础设施建设、优越的地理位置，以及能够满足外国人居住的环境都是对企业发展产生积极影响的因素。

竞争环境，根据《外资企业对日投资调查报告》发布的全球创新网络节点要素，竞争环境是指政策影响下的跨国企业的经营环境，它包括劳动制度的灵活性、用地保障制度和不动产成本、项目规则的开放度、各类手续的透明性、知识产权的保障制度，以及政府的优惠制度和补助措施等。

结合三维视角的城市创新环境评价，作为全球创新网络节点有些优势是城市固有的，如地理要素、市场规模等，这些优势是其他城市无法替代的城市专属性的要素。有些优势是城市长期发展积累形成的，如城市基础设施建设、制度建设、人才和劳动力素质能力、优秀技术企业和产业集聚程度等，这些也可以通过投入或制度完善加以提升。网络节点要素反映了不同城市特征，是全球网络节点区位决策的重要参考，因此分析企业愿望，了解自身在全球创新网络节点中的竞争优势及劣势，并采取措施，完善城市环境对于节点建设意义重大。

四、北京、上海建设节点城市的优势与不足

表 5-12 是利用全球创新网络节点要素指标对亚洲主要城市的全球创新节点建设特点比较[①]。

[①] 该表基于 2013 年《外资企业对日投资调查报告》，表格中数据是以 100 分为单位，企业根据各城市相关要素指标获得的权重及总分进行节点城市选择。

表 5-12　基于全球创新网络节点要素的亚洲主要城市比较

	北京	上海	东京	新加坡	香港	首尔	吉隆坡	台北	曼谷	大阪
市场规模	4	6.3	15	4.4	5.7	4.4	0.4	1	1.6	3
市场成长性	22.2	15.9	0	16.2	8.1	4.4	16.9	9.2	3.3	0.1
市场成熟度	0.6	0.5	0.8	0.4	0.5	0.4	0.2	0.2	0.2	0.3
高科技企业集聚	4.1	0.4	6.7	2	2.4	3.7	0.2	0.4	0.2	2.1
人才和劳动力素质与能力	5.1	7.9	10	10.2	12.6	8.1	0.5	5.8	1.7	7.7
研究开发功能的水平和集聚度	1.1	1.8	5.1	3.3	2.7	3.7	0.7	1.6	0.7	2.7
地理要素	1.3	1.9	1.6	2.6	3.4	2	1.4	1.7	1.2	0.7
基础设施建设	0.9	1.4	1.6	1.4	1.6	1.7	0.7	0.9	1.1	1.2
融资及金融环境	0	0	0	0	0	0	0	0	0	0
优秀人才保障	4	1.6	4.5	4.4	4.3	3.2	0.4	1.1	0.7	2.6
人工费	21.3	21.4	11	15.2	16	16.9	21.1	19.5	21.7	11.7
税负担	1.5	1.5	0.1	2.4	2.5	1.6	1.7	2.4	1.9	0.1
用地保障·规则、不动产成本	6.5	9.9	10	4.7	2	10.1	14	12.6	10.6	10.6
劳动法规的灵活性	0.4	0.4	0.5	0.8	0.8	0.5	0.6	0.6	0.5	0.5
适宜外国人的生活	0.5	0.7	0.7	1	0.9	0.7	0.6	0.6	0.7	0.5
合计得分	73.5	71.6	69	69.2	63	61.4	59.3	57.8	46	43.7

- 资料来源：根据大阪产业经济咨询中心《大阪の都市競争力—外資系企業のアジア都市立地戦略調査》整理（http://www.pref.osaka.lg.jp/attach）。

（一）北京节点城市建设的优势与不足

表 5-12 跨国企业全球创新网络节点亚洲主要城市要素比较，从影响要素的各指标权重看，市场成长性和人工费是北京比较优势得分最高的两项，其次是用地保障·规则、不动产成本，以及人才和劳动力的素质与能力、高科技企业集聚、优秀人才的保障程度和市场规模。横向对比上述指标，市场成长性和人工费的评价权数北京在亚洲主要城市中名列前茅，显示了这一方面北京在亚洲主要城市全球创新网络节点竞争中占据的比较优势。此外，在亚洲主要城市中北京的人才和劳动力的素质与能力、优秀人才的保障程度、集聚的高科技企业等也具有一定优势，但与东京相比仍有一些差距，特别是人才和劳动力的素质与能力方面明显低于东京、新加坡、香港、台北及上海。用地保障·规则和不动产成本在横向对比中北京在亚洲主要城市评价较差，权重分仅高于香港和新加坡。市场规模北京排名第 7，规模与

首尔接近,低于东京、香港、新加坡、上海,东京排名第一。结合三维视角的亚洲城市评价,北京建设全球创新网络节点城市要素优势有人工费、市场成长性、优秀人才的保障程度、集聚的高科技企业等。此外,还有人才和劳动力的素质与能力。需要改善的是用地保障・规则、不动产成本以及外国人适合的生活质量等,这些方面是北京全球创新网络节点建设仍需加强和改善的方面。

(二)上海节点城市建设的优势与不足

根据表 5-12,上海是跨国企业全球创新网络节点选择亚洲主要城市排名第二的城市。从影响要素的各指标权重看,除在人工费、市场的成长性方面与北京相似有突出优势外,上海在市场规模、用地保障・规则不动产成本、区位要素,以及外国人适合的生活质量等方面也表现出明显优势。如市场规模方面上海虽然不及东京,但从亚洲主要城市的权重分配情况看其程度高于北京、香港以及新加坡等城市。用地保障・规则、不动产成本及外国人适合的生活质量方面上海的权重分配也都大于北京,评价程度与东京接近。市场成长性在亚洲主要城市中上海排名虽然低于北京、新加坡、吉隆坡,但仍是上海影响要素评价中的强项。特别是作为节点城市竞争的不可替代要素,上海在地理要素方面的权重分配明显高于北京及东京,在亚洲地区排名仅次于香港、新加坡和首尔。在基础设施建设方面,上海的权重分配在亚洲主要城市中排名与新加坡持平,高于北京。此外,全球创新网络节点要素评价中上海的不足方面有四个。一是高科技企业集聚,亚洲主要城市中高科技企业集聚排名前三的城市是东京、北京、首尔,上海的高科技企业集聚是要素评价中的弱项,在亚洲主要城市中排名仅在吉隆坡和曼谷之前,与台北并列倒数第二。二是人才和劳动力的素质与能力,上海排名第6,香港排名第1,其次是东京和新加坡。三是研究开发功能的水平和集聚度,上海在这方面排名第7,排名第1的是东京,其次是首尔和新加坡,在这方面上海还明显落后于北京。四是优秀人才的保障程度,上海在优秀人才保障方面评价排名在第8位,也明显落后于排名第4的北京。显然,上海竞争全球创新网络节点优势突出,但不足之处也很明显,这些将是其今后节点建设的重要方面。

五、结　语

2016年5月,中共中央、国务院发布《国家创新驱动发展战略纲要》,明确提出"推动北京、上海等优势地区建成具有全球影响力的科技创新中心"。同年,国务院又分别印发和批准了《北京加强全国科技创新中心建设总体方案》及《上海加快建设具有全球影响力科技创新中心方案》。其中,《北京加强全国科技创新中心建设总体方案》规划了北京科技创新中心建设的"三步走"方针,目标是经过2017年、2020年、2030年北京科技创新中心建设部署,使北京成为全球科技创新引领者、高端经济增长极、创新人才首选地、文化创新先行区和生态建设示范城。《上海加快建设具有全球影响力科技创新中心方案》也以实现创新驱动转型发展为目标,提出加快建设创新要素高度集聚、创新活力竞相迸发、创新成果持续涌现的全球科技创新中心。《国家创新驱动发展战略纲要》和北京、上海科技创新中心建设方案标志着北京、上海作为国内两个重要的战略中心城市正在努力建设成为全球创新网络节点,并利用全球创新网络广阔的组织渠道促进资金、技术、人才、信息等资源在其空间形成全球性集聚与流动,使之成为全球创新活动和新技术的发源地。

伴随着经济全球化,城市竞争从国内转向国际,其中国家地区战略中心城市和全球网络之间的关联性越来越紧密,融入全球创新网络争取把握主导权已是世界诸多国家和地区提升其国际竞争力的重要战略选择,对此亚洲各国政府纷纷应对制定策略以提高其战略中心城市的国际竞争力。2013年11月日本内阁制定颁布了《国家战略特别区域法案》,作为新时期日本经济社会发展的重大制度变革,该法案提出为应对全球化竞争,以东京、大阪、爱知三大都市圈为中心建设拥有世界顶级商务、商业环境的国家级特区,促进在国际高端领域成为全球创新基地的战略发展目标(该法案自2014年2月执行)。新加坡的经济开发厅EDB(Singapore Economic Development Board)也就跨国企业投资采取了变化税率等大胆而灵活的应对政策,同时在服务时间、降低成本等方面强调增强效率,提升了新加坡的城市竞争力。这些措施对于加强战略中心城市在全球创新网络中的地位,对于全球网络节点布局产生着重大影响。

三维视角的亚洲主要城市创新环境比较表达了亚洲主要城市在全球创新网络

上的特征。不同视角的亚洲主要城市,从等级之间的联系,以及定性与定量、局部与整体之间的关系看到了各国战略中心城市之间的差异。事实上亚洲地区竞争主要表现在亚洲各国战略中心城市之间的竞争。从三维视角评价结合节点要素可以看到北京、上海,在亚洲主要城市等级体系,在全球创新网络中所处的位置,看到北京、上海与第一等级城市相比存在的差距。这种差距在北京方面主要表现在环境、城市交通等方面;在上海方面,研究机构特别是高端研究级机构和高端人才数量的不足,以及自有企业、资产和业务量的相对不足是值得关注和加强的方面。而导致这些问题的原因也是北京、上海与第一等级城市形成差距的更深层次原因。因此,推进制度创新,积极探索具有包容性、竞争性、与国际接轨的现代技术人才体制,同时尽快提升市场的对外开放度,对于北京、上海建设全球创新中心的意义重大。

研究者视角亚洲主要城市知识型创新要素评价
——基于《全球城市综合实力排名》报告

为应对经济全球化竞争由国家竞争转向城市间竞争,日本森纪念财团城市战略研究所,从2008年开始对外发布年度城市综合竞争力研究报告《全球城市综合实力排名》。该报告在对全球40个具有地区代表性的城市进行综合竞争力评价基础上,进一步通过经营者、研究者、艺术家、市民、旅游者等不同人群对城市的不同侧面进行分析比较。其中研究者视角将城市研究能力、研究规模、创新激励、研究者待遇、专业人才就业保障、城市环境等指标作为知识型创新城市形成的基本要素,对城市的创新发展能力进行评价。全球城市可以参考其评价,分析各自城市在全球城市中的位置,找到城市创新发展中的优势与不足。多年来《全球城市综合实力排名》已成为全球城市了解创新城市发展状态的重要参考。

一、研究者视角及知识型创新要素评价

(一) 研究者视角

研究者视角是通过研究者,利用经济、研发、文化交流、居住、交通出行六大领域36项指标对40个全球城市进行的知识型创新城市要素和创新能力评价。知识型创新要素评价包括六个方面:一是高端研究能力。它反映的是城市集聚的高等级研究机构规模、高端研究者和研究领军人物数量,代表着城市高端科研的研究能力。二是研究规模。研究规模包括研究机构规模和研究者规模,这是城市开展和实现创新的基础。三是创新激励。主要指影响形成研究创新活动的机会、制度等外部条件。四是研究者待遇。包括研究经费和研究人员工资、研究补助等。五是专业人员的就业保障。该指标是表现各相关研究领域的就业机会,代表了城市专

业人才保障程度。六是满足研究人员生活环境要求的城市环境。表 5-13 是研究者视角知识型创新城市创新能力及要素评价指标及内容。

表 5-13　知识型创新城市评价指标

指　　标	要素的主要内容
高端研究能力	高端研究机构、高端研究人才和研究导师,反映城市拥有的高端研发能力和高端研发集聚能力
研究规模	研究机构的集聚包括研究机构和研究人员的规模
创新激励	与研究创新的产生相关的,包括形成创新的激励空间与机会
就业保障	研究待遇,其中包括研究经费的满足和研究人员的工资待遇等
专业人才保障	专业就业机会
城市环境	包括从研究者视角的城市宜居、城市生活便利等方面

•资料来源:根据森纪念财团的《世界の都市総合力ランキング(2016 年)》整理。

(二) 知识型创新要素评价

根据《全球城市综合实力排名》,研究者视角的知识型创新城市创新要素评价分为四个等级,评价排名前 10 名的城市是具有较强实力的第一等级城市,排名在 11—20 名的城市定义为实力中等的第二等级城市,排名在 21—30 名之内的城市为实力较弱的第三等级城市,排名在 31—40 名为实力较差的第四等级城市。

表 5-14 是 2016 年研究者视角全球城市知识型创新要素综合评价排名前 10 的城市。首先从综合排名看,排名第 1 名的城市是伦敦,其次是纽约及东京。综合排名除东京外亚洲主要城市综合评价进入前 10 名的城市还有新加坡和首尔,排名分别是第 9 名、第 10 名。从构成综合评价的各分项指标即知识型创新城市要素看,高端研究能力排名第 1 名的是纽约。香港和北京进入前 10 名,分别排第 9 名和第 10 名。研究规模方面第 1 名是东京,纽约排第 2 名,亚洲城市首尔、新加坡、大阪分别排第 3 名、第 6 名、第 8 名。创新激励方面伦敦排第 1 名,新加坡排第 2 名,东京排第 7 名。研究者待遇方面纽约、伦敦排名前两位,悉尼、东京、新加坡排名分别是第 3 名、第 6 名和第 10 名。就业保障方面北京排第 1 名,东京排第 3 名;城市环境方面亚洲城市列入前 10 名的城市有东京、大阪、福冈,其中东京排第 3 名。

表 5-14 研究者视角的全球前 10 名城市

排名	综合评价	高端研究能力	研究规模	创新激励	研究者待遇	就业保障	生活环境
1	伦敦	纽约	东京	伦敦	纽约	北京	巴黎
2	纽约	旧金山	纽约	新加坡	伦敦	旧金山	法兰克福
3	东京	伦敦	首尔	纽约	悉尼	东京	东京
4	巴黎	巴黎	洛杉矶	巴黎	东京	苏黎世	维也纳
5	柏林	洛杉矶	芝加哥	洛杉矶	波士顿	华盛顿	阿姆斯特丹
6	芝加哥	波士顿	新加坡	维也纳	香港	纽约	大阪
7	阿姆斯特丹	芝加哥	莫斯科	东京	洛杉矶	日内瓦	柏林
8	维也纳	大阪	大阪	巴塞罗那	多伦多	温哥华	福冈
9	新加坡	北京	伦敦	阿姆斯特丹	旧金山	伦敦	纽约
10	首尔	香港	华盛顿	布鲁塞尔	新加坡	波士顿	伦敦

- 资料来源：根据森纪念财团的《世界の都市総合力ランキング》(2016 年)整理。

二、研究者视角的亚洲主要城市创新能力

《全球城市综合实力排名》报告中亚洲主要城市共有 13 个，分别是北京、上海、香港、台湾、东京、大阪、首尔、新加坡、孟买、曼谷、马德里、吉隆坡、福冈。本文结合 2016《全球城市综合实力排名》报告，选择北京、东京、上海、香港、台北、首尔、新加坡等城市为亚洲主要城市，考察研究者视角下各主要城市创新能力及构成要素变化。从综合评价看，2010—2016 年研究者视角的亚洲主要城市综合实力第一等级的城市包括东京、新加坡和首尔。其中东京 2010—2016 年排名始终保持在前 3 名。北京和上海的排名变化较大。其中北京由第三等级城市进入第二等级城市行列中(表 5-15)。

表 5-15 研究者视角亚洲主要城市综合实力变化

城 市	2010 年	2012 年	2014 年	2016 年
东 京	2	2	2	3
新加坡	8	8	9	9
首 尔	6	6	7	10
香 港	10	20	16	13
北 京	22	13	14	14
上 海	24	30	29	26
台 北	25	31	30	33

- 资料来源：根据森纪念财团的《世界の都市総合力ランキング》(2010 年、2012 年、2014 年、2016 年)整理。

（一）高端研究能力

高端研究能力反映的是城市高端研究机构、高端研究人才和研究者导师的集聚程度。从 2016 年的评价数据看，北京和香港是亚洲主要城市在高端研究能力评价中进入全球城市前 10 位的城市。排在第二等级城市的有新加坡和东京。实力排名较弱的第三等级城市有首尔、台北、上海。上海高端研究能力评价排在实力较差的城市中。从时间变化看，东京、首尔、上海、台北等城市评价的变化明显，但是所在实力区域不同，上海在高端研究能力方面明显在亚洲各主要城市之后。东京是亚洲主要城市中唯一实力评价连续降低的城市，但依然保持在实力中等城市之中。北京在高端研究能力方面表现突出，明显高于综合评价（表5-16）。

表 5-16 亚洲主要城市高端研究能力评价变化

城 市	2010年 (1)	2010年 (2)	2012年 (1)	2012年 (2)	2014年 (1)	2014年 (2)	2016年 (1)	2016年 (2)
东 京	2	8	2	11	2	14	3	16
新加坡	8	11	8	14	9	11	9	14
首 尔	6	17	6	24	7	21	10	22
香 港	10	6	20	8	16	8	13	10
北 京	22	10	13	12	14	10	14	9
上 海	24	23	30	31	29	31	26	29
台 北	25	24	31	26	30	25	33	28

- 注：(1)为研究者视角的综合评价；(2)为具有高端研究能力的城市。
- 资料来源：同表 5-15。

（二）研究集聚

研究集聚代表研究者和研究机构集聚，在这方面研究者视角的亚洲主要城市创新能力评价的最大特点是各主要城市均进入了全球城市评价的前 20 名。其中，持续保持全球实力较强城市的是东京、首尔、新加坡。东京是持续保持前 3 名的超强城市。北京和上海在研究机构和研究人员集聚方面落后于亚洲其他主要城市，也低于自身的综合评价。上海尽管在高端研究能力方面明显落后，但是在研究机构集聚方面评价超过北京，也好于自身的综合创新能力评价。从发展变化看各城市情况基本稳定,但北京研究规模集聚的评价未得到明显提高(表5-17)。

表5-17 亚洲主要城市研究集聚评价

城 市	2010年		2012年		2014年		2016年	
	(1)	(3)	(1)	(3)	(1)	(3)	(1)	(3)
东 京	2	1	2	1	2	1	3	1
新加坡	8	6	8	6	9	6	9	6
首 尔	6	2	6	2	7	3	10	2
香 港	10	10	20	10	16	11	13	11
北 京	22	16	13	16	14	18	14	17
上 海	24	14	30	14	29	17	26	16
台 北	25	15	31	15	30	13	33	12

- 注:(1)为研究者视角的综合评价;(3)为研究集聚。
- 资料来源:同表5-15。

(三) 创新激励

研发与创新激励包含了形成创新的激励空间与机会,该指标反映了鼓励城市创新的社会环境,包括制度和服务机制,以及促进形成创新的思考和创新方案等。亚洲主要城市中创新激励空间最好的城市是新加坡与东京。其次是北京、香港和首尔,属于实力三等城市。上海、台北,都在实力较差的第四等级城市。从发展变化看,除东京和新加坡外亚洲主要城市的创新激励评价均低于2010年。从综合创新能力评价与创新激励的差异看,除新加坡外其他城市的创新激励评价均低于创新能力综合评价。上海与香港在2014年和2016年的评价落后2010年等年度,特别是上海排名在30个单元城市中值得关注(表5-18)。

表5-18 亚洲主要城市创新激励评价变化

城 市	2010年		2012年		2014年		2016年	
	(1)	(4)	(1)	(4)	(1)	(4)	(1)	(4)
东 京	2	7	2	5	2	7	3	7
新加坡	8	4	8	4	9	4	9	2
首 尔	6	21	6	25	7	19	10	26
香 港	10	23	20	22	16	32	13	27
北 京	22	15	13	9	14	20	14	22
上 海	24	22	30	21	29	30	26	30
台 北	25	32	31	37	30	38	33	39

- 注:(1)为研究者视角综合评价;(4)为研究者视角的创新激励空间及机会。
- 资料来源:同表5-15。

(四)研究者待遇

研究者待遇包括研究经费保障以及研究者工资和生活补助等。亚洲主要城市中研究待遇进入前10的城市有东京、香港和新加坡,且东京稳定保持在超强城市行列。北京、上海、首尔、排名在实力中等的第二等级城市之中。台北的研究待遇在亚洲主要城市中处于较低水平城市之中。从变化特征看,东京的研究待遇保持稳定,北京、上海、首尔的研究待遇在不断提升,特别是北京的研究待遇提升明显,在亚洲实力中等的城市排名中列第1位。台北的研究待遇从最初的实力中等排列进入到实力较弱城市之中(表5-19)。

表5-19 亚洲主要城市研究者待遇发展变化

城 市	2010年		2012年		2014年		2016年	
	(1)	(5)	(1)	(5)	(1)	(5)	(1)	(5)
东 京	2	3	2	3	2	3	3	4
新加坡	8	13	8	12	9	16	9	10
首 尔	6	12	6	15	7	12	10	12
香 港	10	17	20	21	16	24	13	6
北 京	22	21	13	19	14	11	14	14
上 海	24	9	30	20	29	14	26	16
台 北	25	7	31	22	30	26	33	39

• 注:(1)为研究者视角的综合评价;(5)为研究者视角的研究者待遇。
• 资料来源:同表5-15。

(五)专业人才就业保障

就业环境评价的主要内容是自主就业的可能性,包括自主找到与专业相适应工作及其机会程度。亚洲主要城市中就业环境评价最好的为东京,其次是北京。从变化特征看北京的就业环境评价在逐年提升,已进入全球城市就业环境评价超强城市。排在实力中等城市的是首尔,香港和新加坡的就业环境接近,排列为实力第三等级城市。上海和台北的就业环境接近,是亚洲主要城市中就业环境评价最低的城市,上海排名全球城市的第30位(表5-20)。

表 5-20　亚洲主要城市专业就业情况变化

城　市	2010 年 (1)	2010 年 (6)	2012 年 (1)	2012 年 (6)	2014 年 (1)	2014 年 (6)	2016 年 (1)	2016 年 (6)
东　京	2	1	2	1	2	1	3	3
新加坡	8	27	8	28	9	22	9	25
首　尔	6	13	6	13	7	14	10	18
香　港	10	22	20	25	16	21	13	17
北　京	22	10	13	6	14	2	14	1
上　海	24	29	30	32	29	32	26	30
台　北	25	25	31	27	30	31	33	29

- 注:(1)为研究者视角的综合评价;(6)为专业就业。
- 资料来源:同表 5-15。

(六) 城市生活环境

宜居城市是指研究者要求的城市日常生活的便利性。亚洲主要城市宜居城市评价最优城市为东京,全球城市排名第 5。新加坡、香港和首尔排名分别在全球城市排名实力第三等级城市当中。北京、上海评价排名均在 30 名之外,表现出与亚洲其他主要城市之间较大差距。发展变化方面,新加坡、香港的评价出现较明显的下滑趋势(表 5-21)。

表 5-21　亚洲主要城市的环境发展变化

城　市	2010 年 (1)	2010 年 (7)	2012 年 (1)	2012 年 (7)	2014 年 (1)	2014 年 (7)	2016 年 (1)	2016 年 (7)
东　京	2	2	2	2	2	5	3	3
新加坡	8	14	8	18	9	18	9	24
首　尔	6	20	6	15	7	21	10	6
香　港	10	19	20	19	16	23	13	22
北　京	22	33	13	36	14	37	14	38
上　海	24	29	30	32	29	31	26	32
台　北	25	23	31	28	30	29	33	20

- 注:(1)为研究者视角的综合评价;(7)为城市环境(宜居城市)。
- 资料来源:同表 5-15。

三、亚洲主要城市创新发展特点

(一) 城市创新能力与综合竞争力的联系

图 5-4、图 5-5 是亚洲主要城市研究者视角评价和全球城市综合竞争力评价。从中可以看到各城市的综合评价与研究者视角评价存在一定差异,但总体来看研究者视角评价高的城市也是综合竞争力较强的城市。如研究者视角评级前 10

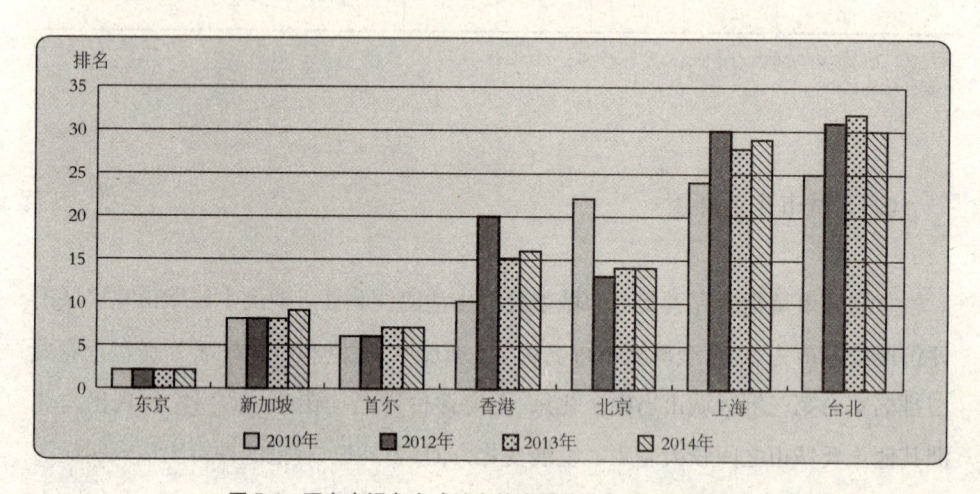

图 5-4　研究者视角全球城市综合评价亚洲主要城市排名

· 资料来源:根据森纪念财团的《世界の都市総合力ランキング》(2010 年、2012 年、2013 年、2014 年)整理。

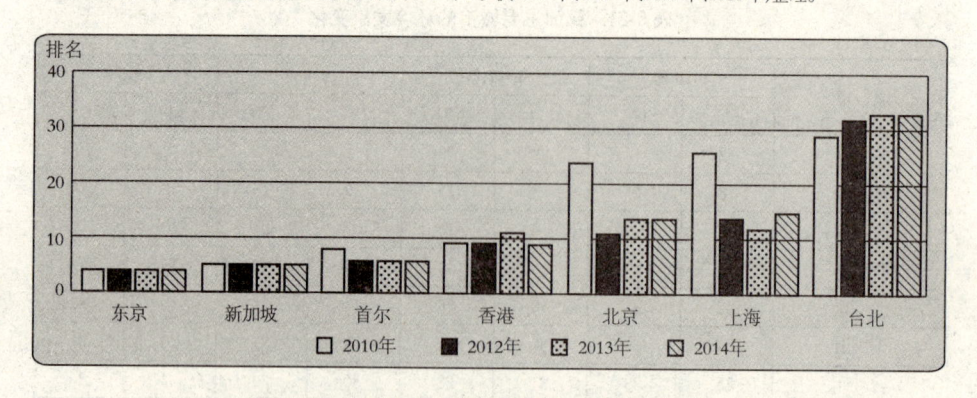

图 5-5　全球城市综合竞争力评价亚洲主要城市排名

· 资料来源:同图 5-4。

名的城市同时也是综合竞争力评价前 10 名城市。除上海和香港外其他城市研究者视角评价与综合竞争力评价也基本处于相同等级城市。上海和香港两项指标评价存在较大差异,特别是上海在两项评价中研究者视角评价为第三等级城市,综合竞争力评价高于研究者视角评价为第二等级城市,这在于上海在经济、交通等方面评价在提升上海综合竞争力方面发挥了作用。

(二) 创新要素之间的相互联系

研究者视角亚洲主要城市评价中:(1)高端研究能力实力较强的城市是香港与北京。此项评价中与其他亚洲主要城市相比,北京、香港的高端研究能力评价还高于其自身的综合评价。(2)在代表研究机构和研究人员集聚度的研究集聚方面,东京居亚洲主要城市首位,其他亚洲主要城市的评级均在第二等级城市,显示出亚洲主要城市在创新资源集聚方面的优势。考察此项评价与综合评价的差异,除北京外其他亚洲主要城市的评价均高于综合评价。结合(1)和(2),亚洲主要城市要提升创新能力,一方面是加强研究集聚,但更重要的是加强高端研究集聚,而北京则应在高端集聚优势基础上加强基础研究及人员集聚。(3)创新激励方面,此项评价中除新加坡外,亚洲各主要城市的评价均低于综合评价。且从评价本身看多数亚洲主要城市的创新激励在第三和第四等级行列。显示了亚洲主要城市创新激励尚存在的不足。(4)研究者待遇方面第一等级城市有东京、香港和新加坡。除东京、香港、台北外,其他主要城市均为第二等级城市。从专项评价与综合评价的差异看,香港和上海的研究者待遇评价明显高于其综合评价,其他城市的专项与综合评价基本接近。对比(3)和(4)研究激励低于研究待遇的现象值得关注。(5)专业就业机会方面,北京和东京在此项评价中有较好表现,且其评价高于综合评价。其他主要城市评价均低于或接近综合评价,同时结合亚洲主要城市创新激励评价看,加强创新激励以及保障专业就业是亚洲主要城市提升创新能力需要加强的方面。(6)城市环境评价,虽然有东京、新加坡、首尔在全球城市中领先,但半数以上亚洲主要城市在第三和第四等级城市。此项评价也是影响北京、上海综合评价的项目之一。研究者视角亚洲主要城市知识型创新要素评价中城市环境、创新激励空间及就业成为影响亚洲主要城市创新重要方面。其中,在城市环境宜居方面,北京和上海更是落后于亚洲其他主要城市,排名分别是 32 和 37,在全球城市评价中也属于较低评价,是需要加强的方面(图 5-6)。

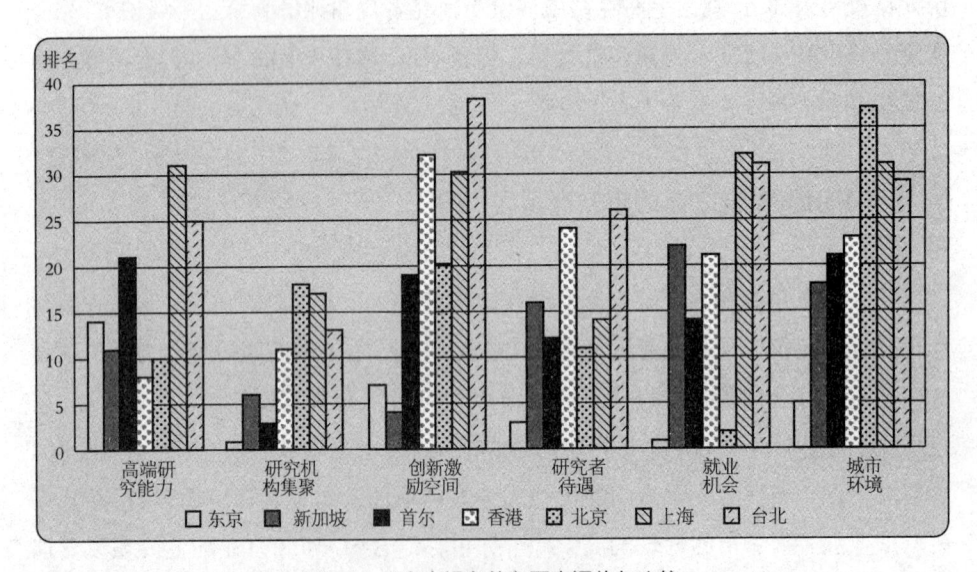

图 5-6 研究者视角的各要素评价与比较

· 资料来源:根据森纪念财团的《世界の都市総合力ランキング(2014 年)》整理。

四、北京、上海在研究者视角评价中的优势与不足

表 5-22 是北京、上海与研究者视角综合评价亚洲首位城市东京在相关创新型要素评价中的比较。从综合评比看,北京、上海与东京的评价相差 11 位和 23 位。但从要素评价看情况又有所不同:高端研究方面,北京领先于东京 7 位,上海比东京差 13 位,表明高端研究能力方面,北京与上海在亚洲主要城市中占有一定优势;创新集聚方面北京、上海落后东京 16 位和 15 位;创新激励方面北京与东京相差 15 位,上海与东京相差 23 位,与东京有较大差距。相比之下研究待遇方面,北京、上海与东京差距有所减少,其中上海这一项评价与综合评价的差距依然较大。就业保障方面北京的评价高于东京,且也明显高于其本身的综合评价。上海在这一项目上的评价低于东京及北京,且低于其综合评价,显示出上海在研究就业保障方面需要进一步改进。生活环境方面,北京与东京相差 35 个排名,上海与东京相差

29个排名。不仅低于东京,在亚洲主要城市中也尚属待提升城市。综上所述,研究者视角中高端研究能力北京占据优势,就业保障北京也有良好评价。北京、上海与东京的差距主要反映在创新集聚、创新激励、研究待遇和生活环境方面,其中上海在就业保障方面评价也低于东京。结合综合评价(表5-23和表5-24),北京上海提升城市创新能力的主要方向应当是在保持高端研究优势基础上加强研究集聚、促进创新激励、提高研究待遇、提升研究者就业保障,以及改善居住和生活环境。同时对于上海,进一步加强城市文化建设,对于北京,进一步改善城市交通也是提升城市创新能力不可忽视的方面。

表5-22 北京、上海与东京对应项目比较(研究者视角)

城市	综合评价	高端研究能力	创新集聚	创新激励	研究待遇	就业保障	生活环境
北京	−11	7	−16	−15	−10	2	−35
上海	−23	−13	−15	−23	−12	−27	−29
东京	3	16	1	7	4	3	3

• 注:北京、上海的表格数据表示与东京的排名差,正数表示高于东京,负数表示落后于东京的排名数。

表5-23 北京、上海与东京对应项目比较(综合评价1)

城市	综合评价	经济	创新与研发	城市文化	居住	环境	城市交通
北京	−14	−3	−16	−1	−15	−27	−16
上海	−13	−8	−14	−11	−6	−26	4
东京	4	1	2	5	15	13	11

表5-24 北京、上海与东京对应项目比较(综合评价2)

城市	综合	经营	研究者	艺术家	居住者	游客视角
北京	−14	3	−13	2	−22	−1
上海	−13	1	−23	−6	−23	−2
东京	4	8	3	8	8	6

五、结　语

城市是一个庞大而复杂的系统,城市在各个系统的相互联系、相互作用下发展。全球城市综合竞争力评价的研究者视角对亚洲各主要城市的高端研究能力、创新集聚、创新激励、研究待遇、就业保障以及环境等方面进行了分析对比。其中可以看到代表研究机构和研究人员集聚的"创新集聚"是亚洲主要城市的优势，而其高端研究能力表现一般，多数城市高端研究能力在第二等级和第三等级城市行列，但北京和香港表现出明显优势，为第一等级城市。从北京和上海方面看，创新激励和提升城市宜居环境建设是促进城市创新需要加强的方面。同时上海还应进一步加强对高端研究的吸引，提升研究者待遇。

专栏：
日、美支持企业境外投资经验

20世纪40年代为满足本国资源供给和扩大全球市场的需求,美国、英国、日本等国家率先通过政府主导方式支持本国企业开展境外投资。之后,韩国、新加坡等国家随着其经济实力的增强,参考美国、英国、日本等国经验扶持鼓励本国企业境外投资。这些国家根据不同时期的发展需要制定政策、措施逐步形成了适合本国实际情况的境外投资支持服务体系,有效支持和促进了本国的境外投资。本文以境外投资保障制度及实施机构为重点,介绍美国、英国、日本以及韩国的对外投资支持,为国内的境外支持体系建设,为有条件的大都市加强全球创新网络节点建设提供借鉴。

一、日 本

日本鼓励外海投资的方针是注重利用海外资源和市场,结合国情以比较优势产业为基础,鼓励比较劣势产业部门逐步外移,通过外移使国内不具备比较优势的企业获得新的竞争力。此外日本海外投资援助强调注重海外投资的产业布局,形成国内生产国外生产双向拉动促进国内经济增长的发展模式。日本境外投资强调避免贸易摩擦、确保市场份额。日本境外投资保障制度和机构及投资保障特点如下：

（一）日本境外投资保障

1. 海外投资亏损准备金

海外投资亏损准备金是为满足一定条件的对外直接投资,将投资的一定比例(如特定海外工程经营管理费用的7％、大规模经济合作和合资事业投资的25％)计入准备金,享受免税待遇。若投资受损,可从准备金得到补偿。日本的亏损准备金制度有 1960 年实施的《对外直接投资亏损准备金制度》、1971 年的《资源开发对外直接投资亏损准备金制度》、1974 年的《特定海外工程合同对外直接投资亏损准备金制度》以及 1980 年的《大规模经济合作合资事业的对外直接投资亏损准备金制度》。

2. 海外投资税收优惠税

日本的国内税法中规定有税收饶让条款,是指对发展中国家直接投资所给予的税收减免优惠,允许从国内法人税中抵扣,并根据税收条约和投资国法律,对利息、股息和使用费等投资所得作为抵免对象进行减免优惠。

3. 延迟纳税与 CFC 法规

延迟纳税制度是针对公司未汇回的国外投资收入政府规定不予征税。延迟纳税制度规定日本的征税权不涉及外国子公司所得,按照分红纳税的原则只对本国股东取得的股息征税。其中为防止延迟纳税中,国外子公司留存利润以逃避征税,日本于 1978 年采用了 CFC 法律,规定对于一定条件的国外子公司,其留存金按国内股东的持股比例计算,股东以其所得合并征税(但这部分股息适用外国税收抵免,可以从国内股东的法人税中抵扣)。

4. 日本信用保证制度

日本信用保证制度是专为支持中小企业的发展而建立的。信用保证制度包括三个方面:一是由政府设立向中小企业提供贷款的政策性金融机构;二是地方财政部门为增强当地中小企业实力而设立的资金协助制度;三是政府设立的与信用保证相配套的信用保证保险制度。日本中小企业信用保证制度实施的主要机构是信用保证协会和中小企业信用保险公库。

(二)日本境外投资支持机构

1. 日本国际协力银行

日本国际协力银行是承担日本对外经济政策、实施经济协作的政策性金融机构,其业务主要包括与民间金融机构共同为日本的境外投资提供资金和信息等方面支持。其具体业务包括:(1)发挥国有金融机构的担保功能辅助和奖励企业境外投资。(2)利用丰富的伙伴关系向企业境外投资提供信息与建议。(3)建立投资风险管理(实施切合实际的风险管理财务运营)。(4)保障国际金融秩序为境外投资营造良好的投资环境。

2. 日本贸易振兴机构(JETRO)

日本贸易振兴机构是政府贸易政策的执行机构。日本贸易振兴机构以援助日本企业境外投资、外资企业在日投资,以及地区经济振兴为职责,向各方面提供境外经济信息,为企业投资咨询提供多方位服务。日本贸易振兴机构(JETRO)支持境外投资业务的主要内容是:(1)解决企业境外投资各类课题。(2)调查分析境外经济动态为境外投资提供信息。(3)提供境外投资的商谈与咨询服务。(4)保障境外项目拥有较安定的投资环境。(5)担保高新技术企业的境外投资风险。

3. 境外投融资情报财团

境外投融资情报财团是专业从事海外投资服务、为海外投资收集信息、提供分析报告、促进境外投资顺利开展的独立法人机构。境外投融资情报财团的主要业务包括:(1)发布机构信息。(2)承接境外事务的委托调查。(3)建立国际合作网络,通过网页传播信息(http://www.joi.or.jp)。

4. 监查法人 Deloitte Touche Tohmatsu

监查法人 Deloitte Touche Tohmatsu 是根据瑞士法律组成的 Deloitte Touche Tohmatsu 成员机构,属独立的法律实体。业务主要包括:审计、税务、财务咨询、企业上市咨询、证券分析、企业管理咨询等。境外投资主要支持业务有:国际投资、国际税务咨询。监查法人 Deloitte Touche Tohmatsu 是日本最大级会计事务所之一,境外业务的海外派驻有包括纽约、芝加哥、北京等世界40多个城市,拥有专家人数超过3 700人。

5. 海外技术者研修中心(AOTS)

财团法人海外技术者研修协会(The Association for Overseas Technical

Scholarship)是以推进日本技术力量扩展,以及培训发展中国家技术者、管理者为目的的日本经济产业省所管专门技术研修人才培训机构。财团法人海外技术者的业务开展由国库补助事业辅助金的形式实施(还有部分企业按一定比例出资)。其中的技术培训包括把境外的技术人员和管理者请到日本国内,在企业进行现场技术培训。境外是通过派遣讲师到培训人员所在国或第三国教授技术和管理的方法。

6. 日本信用保证协会和中小企业信用保险公库

日本信用保证协会和中小企业信用保险公库是日本中小企业信用保证制度实施的主要机构。中小企业信用保证协会是政府支持的、专门为中小企业提供担保的信用机构。它的主要任务:一是为有经营能力和发展潜力但找不到提供经济担保的中小企业提供担保;二是当企业经营亏损,无力偿还贷款时,代替企业偿还债务,以保证商业银行的稳定经营。信用保险公库是由政府出资设立。信用保险公库除出资支持信用保证协会开展工作外,还以保险的性质补偿信用保证协会的损失,以保证其经营的稳定性和盈利性。

(三) 日本境外投资援助特点

1. 高层次的政府支持体系

日本境外投资自始至终贯穿着国家级的支持、协助和推进。日本贸易振兴机构、日本国际协力银行协同海外技术者研修中心、日本信用保证协会和中小企业信用保险公库形成了由国家职能执行实施的支持系统,发挥着支持日本境外投资的核心作用。这一体系跨越行政领域、贯穿投资各阶段的政府职能,在境外投资过程中发挥了重要作用。

2. 分工明确的跨国服务体系

日本政府主导的多领域支持体系中,各职能机构之间都有相对明确的职能划分。如日本贸易振兴机构和日本国际协力银行的协作中,日本贸易振兴机构发挥政策性、国际关系协调、信息发布等职能。日本国际协力银行承担日本对外经济政策,与民间金融机构共同为日本的海外投资提供资金和信息方面支持。再有是日本信用保证协会和中小企业信用保险公库的职责是侧重扶持有发展潜力的中小企业参与国际竞争。海外技术者研修中心主要负责为企业进行技术支持和人员培训。明确职能协调统一使政府的境外支持作用得到充分发挥。

3. 全面的税收优惠制度

日本通过所得税管理详细规定了跨国所得的纳税对象、分类综合限额抵免、间接抵免、亏损结转等内容,既维护了本国税收管辖权,又保证了税收在对外投资活动中的中性原则,保护了本国企业的利益。此外根据不同目标,采取了多种方式的税收优惠措施。如为激励企业的海外再投资,采取的延迟纳税制度;为鼓励国内企业在廉价劳动力的发展中国家建立生产基地,采取对本国产品国外加工重新进口免征关税等。在鼓励境外投资的同时也对利用国家税收优惠政策进行国际避税的现象提出相应的应对措施。

4. 发挥社会力量(民间机构)补充完善企业境外投资支持系统

利用社会力量支持境外投资是日本支持境外投资中的一个有特色的做法。为促进日本企业境外投资,政府出台了一系列法律制度,当这些法律制度被认定后便进入市场运作,由民间机构参与具体的措施执行。所谓市场运作主要表现在融资,境外税务管理等方面。如融资方面,通过特殊优惠利用民间力量,补充完善企业境外投资支持系统。包括以银行借贷提供债务担保的形式和民间金融机构一起为境外企业提供投资扶助基金。

5. 支持中小企业成为境外投资的主流

日本支持境外投资的特点还包括关注中小企业境外投资。日本鼓励中小企业利用比较优势把握契机参与国际市场竞争,使企业获得竞争力。同时以产业链方式形成对大企业的支撑。日本鼓励中小企业境外投资的重点是制定日本海外投资信用保证制度,设立面向中小企业提供贷款的政策性金融机构,通过地方财政为当地中小企业境外投资设立基金。建立与信用保证相配套的信用保证保险制度。其中日本信用保证协会和中小企业信用保险公库是政策执行的主要机构。中小企业信用保险公库对信用保证协会的债务保证进行再保险。即信用保证协会一旦向中小企业者作出保证承诺,金融机构已发放相应贷款,便由公库自动进行保险,由此而形成保证加保险制度。

6. 利用国际机构参与境外投资服务

除日本国内设置的境外投资支持机构外,日本还利用国际机构促进其本国企业参与境外投资。国际机构包括国际金融公社(IFC)、中央青山监查法人等。国际金融公社是专门向对发展中国家投资提供援助的世界银行成员机构。业务包括国际金融公社自身融资,在国际金融市场动员资金,向企业及政府机构提供建议性服务等。中央青山监查法人是世界著名PWC机构成员。这些机构运用较强的国际业务网络及业务开展实力,通过其在海外的机构开展各类相关服务,从不同角度为企业投资境外提供最为详细情报与资料,企业境外投资依靠这些服务能够解决投资企业在资金、信息、业务关系协调、企业财务、税务、人员管理等多方面遇到的问题。

二、美　　国

美国重视本国企业境外投资,对此政府除与外国政府磋商谈判,签订双边或多边投资协定为企业的境外投资开路,为美国企业投资境外市场创造有利条件外,政府还通过制定政策为企业境外投资提供保障,通过具体的机构设置促进相关制度的落实。

(一) 美国境外投资保障

美国对外投资保障包括境外投资的制度保障、境外投资的税收优惠,以及外交协议中的境外投资保护等。

1. 境外投资保证制度

1948年美国开始实施境外投资保证制度,境外投资保证制度在发展过程中制定了《对外援助法》《经济合作法》《共同安全法》等有关法律,加强对境外投资的保护和支持。1961年,美国国会通过新的《对外援助法》修订案,设立国际开发署接管投资保证业务。1969年,美国再次修订《对外援助法》,设立海外私人投资公司,承担大部分国际开发署的对外投资活动业务,主管美国私人海外投资保证和保险的专门机构。

2. 海外投资的税收优惠

美国政府对境外投资纳税实施优惠是在20世纪初,经过多次修改境外投资纳税优惠已成为政府支持和鼓励本国私人海外直接投资的重要工具。税收优惠措施主要包括所得税的优惠和关税优惠。所得税优惠包括税收减免、税收抵免、税收延付、税款亏损结算和亏损退回等。关税方面优惠主要是通过实施"附加价值征税制"来实现。

3. 外交协议中的境外投资保护

美国制定了许多旨在保护美国企业境外投资利益的法律,包括上述提到的《经济合作法》《对外援助法》以及《美英贸易和金融协定》《肯希卢伯修正案》等。这些法规条例是以美国与投资国的双边保证协定为条件,因此美国政府签订的双边或多边条约在鼓励支持与保护本国企业境外投资方面发挥了重要作用。其中包括美国签署双边投资保护协定避免了许多可能发生的双重征税。此外,美国还广泛利用国际组织为本国境外投资服务。

(二) 美国境外投资服务机构

1. 美国贸易发展署(US Trade and Development Agency)

1961年为支持境外投资美国成立了美国贸易发展署,该机构的任务是帮助美国公司参与海外项目的竞争,采取的主要方式:一是建立(TDA)基金,通过资金方式提供项目可行性研究、定向考察、特许培训、商业研讨以及其他形式的技术支持,以帮助美国公司获得海外商机。二是联合推进境外投资,美国贸易发展署与美国商务部、进出口银行、海外私人投资公司及其他贸易促进组织合作,共同推进美国企业的境外投资和保护境外的商业利益。

2. 美国进出口银行

美国进出口银行的主要任务是促进美国产品在海外销售,为外国大规模经济开发项目购买美国设备、原料和劳务提供买方信贷和卖方信贷。在美国进出口银行的对外贷款业务中,有两项贷款是专门支持跨国公司向外直接投资的,一项是开发资源贷款,用于境外的资源开发,特别是战略性资源开发。还有一项是对私人的境外直接投资贷款,帮助私人投资扩展业务,提高在国外的竞争力。美国进出口银行业务不以赢利为目标,其资金大部分来自财政部。

3. 美国海外私人投资公司

美国海外私人投资公司是1969年配合美国海外投资保证制度《对外援助法》再次修改而设立的机构。海外私人投资公司主管美国私人境外投资保证和保险,是联邦行政部门中的一个独立机构。该机构不隶属于任何行政部门,主要业务是承担美国贸易及发展署的对外投资活动业务。业务内容主要包括:通过提供贷款和贷款担保为企业融资;支持那些为美国公司投资境外项目而投入的私人投资基金;为投资可能产生的一系列范围广泛的政治风险提供担保;尽力为美国企业提供海外投资的机会。

(三) 美国支持境外投资的特点

1. 支持方式的多样性

在统一政策目标指导下根据不同时期的发展需要采取与发展相适应的支持策略是美国境外支持的重要特征之一。从20世纪40年代开始至今美国以获得战略物资和市场为目标,根据不同时期的社会、经济发展,制定政策鼓励中小企业,创新产业等向境外投资。采取的对外援助方式包括直接经济援助、双边乃至多边贸易谈判、海外并购和直接投资等不同策略,有侧重和有效地支持了境外投资。

2. 以法规制度为基础的政府主导

在制度基础上,并通过政策的战略先行作用构建境外投资的服务系统,是美国支持境外投资、实现支援目标的又一特点。美国支持境外投资以《对外援助法》等法规及制度为基础,通过美国贸易发展署(TDA)、美国海外私人投资公司(OPIC)和美国小企业管理局(SBA)等机构联合进出口银行,为美国企业开拓国际市场和促进出口提供从信息到资金方面的专业服务,确保政策的落实和目标的实现。

3. 境外投资保障机构的国家性质

美国境外投资保证制度是国家实施其国际战略目标的工具和手段,美国的境外投资保障机构是以国家名义对在投资国的一种官方保险制度。政府以国家财政作为保障后盾,具有明显的国家性质。如海外投资保险的承保范围限于政治风险范围,包括外汇险、征用险和战乱险等。海外投资保险承保条件是具有法人资格的"合格的投资者"及"合格的东道国"。

4. 精简的境外投资支持方式

从美国境外私人投资公司业务内容可以看到,美国境外投资公司的保证服务集境外投资保险审查批准职能与海外投资保险业务经营职能于一体。该保证机构既是审批机构,又是经营机构,但审批机构与经营机构同为保险机构中的两个不同部门。审批机构为海外投资保险的管理部门(国家职能),而经营机构则是执行审批机构准予保险的决定,具体经营海外投资保险业务的部门(企业职能)。

三、韩　　国

(一) 韩国境外投资政策

韩国境外投资相关的法律有《外汇交易法》及施行令,以及《外汇交易业务指南》等,政策对境外进行投资原则上实行开放,对企业到海外投资的国家、行业,以及海外投资金额无限制。

韩国政府通过财政金融和税收手段扶持企业到海外投资。财政优惠主要规定有对于重点支持的产业可以从国库补助金和海外资源开发基金中拨出援助金,为对外直接投资项目提供初始投资和流动资金。税收优惠具体包括亏损提留、国外收入所得税信贷和资源开发项目投资国利润所得税减让和完全免税等。1993年进一步规定企业在海外发展业务可享受10年免交所得税的优惠,在发展中国家的投资可享受双重减税优惠等政策。

政策实施有韩国贸易投资振兴公社和韩国出口保险公社等专业机构,通过境外投资服务业务帮助到境外投资者获得商机和减少风险。

(二)韩国境外投资保障机构

韩国贸易投资振兴公社(The Korea Trade-Investment Promotion Agency)。韩国贸易投资振兴公社(前身是大韩贸易促进委员会)是1962年设立的促进韩国对外贸易和投资的半官方机构。韩国贸易投资振兴公社隶属于韩国产业资源部,通过海外市场调研、开拓、促进海内外进出口,振兴韩国贸易,协助缺乏独立开拓市场能力的企业开拓海外市场。其业务开支依靠国家财政支持。境外投资支持业务开展方式包括:帮助扶持企业独立开拓海外市场的能力,提供迅速变化的世界市场环境方面的信息,帮助韩国企业和政府及时把握国际市场变化;建立跨国系统支持国内企业开展境外投资。

第六篇
城市交通

城市交通评价东京案例

城市交通是城市重要的基础设施,城市交通评价分析城市交通状况,明确建设中的问题,是确保城市交通基础设施有效建设,满足城市交通需求的重要基础。21世纪伊始,在老龄化和社会转型发展大背景下东京提出用城市活力、城市安全、城市环境、城市生活描述更加成熟的东京现代城市。在这一愿景指导下,东京进一步明确城市交通发展方向,包括以交通构建新的东京城市面貌,加强完善城市公共交通服务,加强优质便捷的公共交通系统和基础设施建设,制定灵活的有利于引导交通出行方式的东京城市交通管理规则,缓解城市交通拥堵,创建不依靠私家机动车辆的现代东京城市生活环境。为推进城市交通建设,实现城市发展总体目标,东京组织开展了东京市域道路交通评价,为东京城市道路交通建设及方案的制定提供依据。本文介绍东京开展的城市道路交通评价的相关情况,以为相关领域参考借鉴。

一、东京城市道路交通评价的目标及视角

城市道路交通评价是配合城市发展目标,从交通的视角找出要实现城市发展目标所面临的问题以及加以改善的方面。不同发展目标有着不同的评价角度和评价方式。东京城市道路交通评价配合的东京城市发展愿景是城市活力、城市安全、城市环境、城市生活四个方面。在此基础上评价的目标是如何创造空间效用、时间效用和经济效用,通过城市道路交通运输网有效移动,将人和货物安全、迅速、高效、经济地运送到目的地。图6-1是东京城市道路交通评价的目标和着眼点,其中包括各个目标下的问题及其和交通之间的联系。

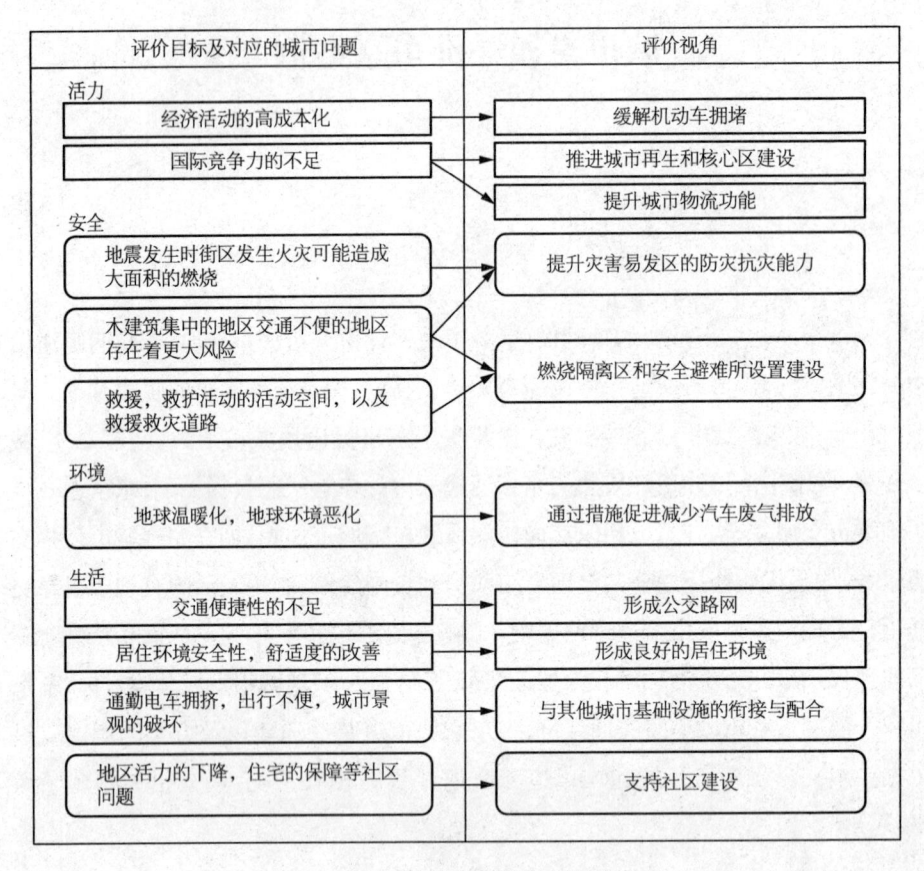

评价目标及对应的城市问题	评价视角
活力	
经济活动的高成本化	缓解机动车拥堵
国际竞争力的不足	推进城市再生和核心区建设
	提升城市物流功能
安全	
地震发生时街区发生火灾可能造成大面积的燃烧	提升灾害易发区的防灾抗灾能力
木建筑集中的地区交通不便的地区存在着更大风险	
救援，救护活动的活动空间，以及救援救灾道路	燃烧隔离区和安全避难所设置建设
环境	
地球温暖化，地球环境恶化	通过措施促进减少汽车废气排放
生活	
交通便捷性的不足	形成公交路网
居住环境安全性，舒适度的改善	形成良好的居住环境
通勤电车拥挤，出行不便，城市景观的破坏	与其他城市基础设施的衔接与配合
地区活力的下降，住宅的保障等社区问题	支持社区建设

图 6-1　东京城市道路交通评价的主要内容

- 资料来源：根据国土交通省《都市交通计画课题に対応した检讨事例集》整理。

二、评价指标的选择

从城市活力、城市安全、城市环境、城市生活出发，东京城市道路交通评价关注了以下方面，分别是缓解城市交通拥堵、促进中心城区再建（城市再生和核心区建设）、提升城市物流运输效率、加强城市抵御灾害能力和避难所的建设、防止和控制温暖化扩散（减少机动车废气排放）、形成公交路网和良好居住社区环境、道路与其他城市基础设施的衔接、支持地区建设等。

(一) 缓解城市交通拥堵

评价缓解城市交通拥堵使用的指标是东京市域各街区之间未来交通流量,通过该指标分析计算未来各区域交通流量达到一定水平时其区域的交通功能正常发挥的程度。以干线交通为例,干线交通是连接城市各主要分区,承担城市主要客货运输的城市内部交通主动脉,东京干线交通的街区道路最低标准为两车道,每日车流量为 12 000 辆。东京通过城市未来人口、城市构造、TDM 措施的实施等计算和推算未来到达和从该区域出发的交通流量。若未来区域间交通流量未能达到标准流量半数,根据城市发展规划该区域可以认定为有必要进行调整的区域。因为从城市交通系统看城市每一个街区的每一条道路均应承担一定的交通功能,只有满足未来交通流量评价标准,道路功能才能得到有效发挥,减少和避免发生交通拥堵。

(二) 推进中心城再建

根据城市规划中心城区再建包括城市功能再生和核心区建设,它是指通过城市核心区建设促进城市中心区商务、商业功能集聚。从交通方面看,推进中心城再建,就是通过交通设施建设为城市中心区商务、商业,以及周边住宅和有居住功能的复合街区提供出行支持,满足城市中心区便捷出行、便捷生活的需求,支持该区域成为城市就业的集中区。推进中心城再建的评价指标主要有道路网密度、道路交通服务水平等。

(三) 提升城市物流功能

提升城市物流功能的目标是确保东京人流、物流顺畅通行,评价的具体内容包括是否形成与东京港、东京国际机场与城市各个物流基地、公共集装箱货栈等方面的干线道路联系。采用的指标主要包括道路连接度、可达性等,通过这些指标观察城市道路交通网络的成熟程度,以及城市道路系统能否充分、高效、平衡、协调地满足高效城市物流运输要求。

(四)保障城市安全

评价保证城市安全主要是看街区内是否能够形成燃烧隔离带和确保安全避难空间的交通设施。由于东京特殊的地质结构,地震以及地震可能引起的火灾等是东京城市建设中非常重视的城市安全问题。为此,城市道路交通的作用除保证营救和救护活动的通行顺利外,还包括通过道路隔离辅助形成避难使用的空间。保障城市安全评价指标包括考察"燃烧隔离带"和"避难路"等防灾救护道路网的完备程度,以及利用道路隔离为避难提供可利用空间情况。

(五)改善城市生活环境

改善城市生活环境,这里主要是指抑制地球温暖化和环境恶化。根据东京城市交通战略规划,如东京未来中心城区不做新的交通建设,其机动车二氧化碳的排放总量为100时,新道路网建设再加上现有交通基础设施的配合可使二氧化碳排放降低至77或73。因此城市道路交通评价主要关注减少二氧化碳排放、路网建设、缓解交通拥堵、提升机动车行驶速度等指标。通过这些指标与抑制二氧化碳和降低二氧化碳排放的变化等来衡量改善城市生活环境的效果。

(六)形成公交路网

公共交通路网是城市交通的重要组成部分,形成公交路网与增强城市交通便捷性直接相关。东京城市公交路网评价从满足高龄社会实际需求和进一步加强环境保护出发,评价内容包括公共交通以及步行路设置与建设,这不仅是考虑行人需要,同时也是公共交通安全的考虑,步行道可以提高公共交通上下车乘客的安全。

(七)形成良好的居住环境

形成良好居住环境主要针对的是居住环境安全性和舒适度的改善。这方面东京城市道路交通评价关注了居民及社区周边干线交通的覆盖范围，强调良好居住环境既要控制不必要的车辆通行，保证便利的社区公共交通出行，又要保障社区居民良好安静的生活环境。

（八）公共交通系统衔接度

公共交通系统衔接度主要是为解决出行不便、通勤电车拥堵、城市景观破坏等问题，评价目标是促进市域各类交通基础设施的有效衔接与配合。东京中心城区交通包括路面交通、地铁、轻轨等，城市道路交通评价的任务就是考察道路网密度、道路网等级结构、道路交通服务水平，明确公交是否与这些基础设施有效衔接，形成城市公共交通网。

（九）社区建设

社区建设主要是解决老龄社会地区活力下降、住宅保障等问题。交通角度社区评价关注的是人们日常生活的必须出行，它包括保证步行和机动车出行的安全，同时使出行有更多的舒适感。

三、东京城市道路交通评价内容及特点

东京城市道路交通评价分为三个部分。第一部分是以城市未来愿景为出发点的宏观层面评价；第二部分是从城市构造的角度对中心城交通网全貌进行评价，以及对具体项目落实进行的评价与讨论，其中包括提出面向未来当前建设中存在的问题，以及对具体需要改善路段的相关意见；第三部分的评价集中在路段建设的优先度分配等方面。第三部分评价对需要城市规划调整和改善的线路与方案提出的进一步建议，讨论分析具体的可行性方案，并以此检验城市功能是否得到满足和发挥作用。例如，对于优先度低的线路，需评价该线路建设和设置的必要性，提出城市规划需要调整的内容等。

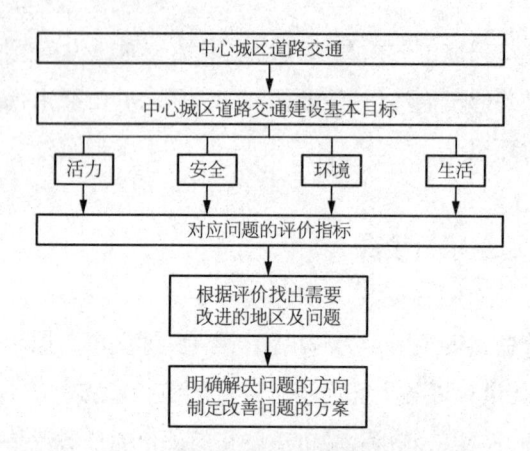

图 6-2　东京城市道路交通评价基本程序

- 资料来源：根据国土交通省《都市交通計画課題に対応した検討事例集》整理。

结合东京道路交通评价的内容及程序，看东京道路交通评价的特点主要体现在三方面，一是预测机动车交通需求量，二是根据分析数据提交变更交通计划（线路）及理由说明，三是市民的参与与认可。

（一）机动车交通需求量预测

交通需求是城市道路交通建设及方案调整的重要依据。东京城市道路交通评价对于与区域交通网有直接关系的干线道路的建设计划或修改方案，原则上要进行全市层面的交通需求预测，从宏观角度进行认证。如果建设或修改线路为街区道路，也需要通过计算干线交通流量来确认该线路有没有承担区域交通网功能。在充分预测未来机动车交通需求量基础上，通过分析报告证明道路建设或变更对城市整体交通网可能形成的各种影响。同时将分析报告向市民公示，分析报告在得到市民认可后再进行计划的修改。

（二）根据数据分析，提交变更交通计划（线路）的说明

对于交通评价提出的道路交通建设方案（包括变更修改线路）涉及周边建筑或设施时，东京城市道路交通评价要求有必要就计划方案及线路变更等内容向相关

单位进行说明。说明不仅是对规划和变更地区的产权人,还包括地区商业和产业者,以及市民。由于道路规划建设及变更涉及的面较广,影响较大,因此通过事先说明,可以及时发现问题完善计划方案和得到更多社会支持。作为说明,其内容不单是从该地区的立场,还要包括从未来城市发展愿景,以及机动车出行变动趋势等方面,对为改善或变更的计划方案提供说明理由。

(三) 市民的参与与认可

东京城市道路交通评价在注重城市宏观愿景的同时,要求城市道路的建设或修改要以代表市民意愿的地区发展方针为基础,特别是对没有承担区域交通网的辅助干线道路交通,更要看重地区建设方针。东京城市道路交通评价过程中,道路交通建设的必要性验证之后,按规定对于需要建设和变更的道路及线路召开说明会或听证会,了解相关市民的意见和建议。若道路建设或变更影响的范围较广,涉及的居民较多,则还要通过广告的形式在更大范围征求市民的意见和建议。这样东京城市道路交通评价,既包含了城市和地区发展的宏观角度,通过充分的数据分析城市道路交通建设及相关线路修改,同时又把握了市民出行需求,使城市道路建设能够更加有效地服务于城市的方方面面。

四、东京城市道路交通评价的启示

城市与城市交通是系统内部结构与外部环境发生相互作用相互影响的关系。这些影响和作用一方面保证和促进城市的生产和生活活动,同时也促进了相互的发展。东京案例表明城市交通为城市的各项经济社会活动以及城市居民出行提供必要的条件,其中城市道路交通评价是科学有效提供这一必要条件的重要基础。东京道路交通评价建立在相关制度基础之上,规范、专业、科学的评价不仅包含科学的数据分析,还包含了来自不同社会层面的意见和建议。涉及广泛的评价方案,最大限度地避免了决策失误和最有效地保证了城市经济社会活动对交通的需求。一个良好、准确的城市道路交通评价,能够对城市的主要脉络进行整理清晰,同时也是提升城市发展规划质量、促进城市发展愿景实现的重要基础。城市道路交通不单是工程或技术问题,更是一个综合的社会经济问题。目前,国内尚无较权威的统一的城市道路交通评价制度,没有专门的城市道路交通影响评价机构。有些城市的城市交通评价由交管部门进行,有的城市的交通影响评价是由规划部门负责,不同的评价机构的评价方式也不相同。在这种情况下难以对城市交通的实际情况作出规范性、权威性的详细调查,并根据调查结果作出相应的总结和规划,提出相应的计划方案。因此从东京城市道路交通评价经验看提升城市建设水平,交通层面需要科学规范的城市道路交通评价,需要在制度上与城市规划形成相互衔接,只有城市道路交通评价和相关规划制度衔接,使城市道路交通评价成为城市规划中的一个重要的组成部分,才有可能在城市建设中及时发现存在的问题以及需要改善的部分,才有可能在城市管理和规划过程中发挥交通及评价的作用。

从路面电车发展看未来城市公共交通发展趋势

2011年,东京都中央区以年度1500万日元预算批准了东京银座"新一代新型路面电车(LRT)建设"调查项目。这是近年来日本诸多城市新型路面电车建设项目中的一个。该项目计划由东京银座经筑地市场致晴海地区,运行里程约2.8公里。如果该计划进展顺利,东京银座有轨电车将在2018年实现开通与运营。这预示着东京银座路面电车在1971年停止运营之后,历经47年发展变迁有望以新的面貌再次复出。这是东京城市公共交通发展的一个新的标志,也将是东京的一道新风景线,因此受到社会各方面的极大关注。本文以此为话题,关注城市新一代新型路面电车建设及其特点和优势,考察国内城市发展及新型路面电车的建设,并根据未来趋势考察,归纳促进更加环保、节能、安全、舒适的城市公共交通建设的制度安排。

一、日本路面电车

日本城市公共交通中包括轨道铁路(JR线、民营铁路、地铁等)、城市独轨、AGT(自动轨道交通)、路面电车、公共汽车、出租车等。[①]其中,路面电车亦称城市有轨电车或简称电车。路面电车是轻铁的一种,使用电力推动,列车有单节、多节,最多的也有三节,通常是在街道上行走,适合于运输每小时数千人,出行距离在10km左右的较短距离运输。作为城市公共交通的一种,城市路面电车以车辆无污染、环保特性强以及安全舒适等受到广泛欢迎,并在不同规模城市发挥着不同的作用。如路面电车在大都市中是作为大量快速交通运输系统的补充而发挥作用,在地方中等城市则是市内交通的主要交通手段。

---

① 日本出租车被列为公共交通管理。

20世纪70年代后为减少机动车出行压力,日本各城市开始发展快速公共交通支持市民出行。但在快速公交中地铁所需要的建设资金投入巨大,对于许多中小城市来讲基本无法承担,因此不少中小城市转向建设城市路面电车。[①]从1980—2010年的30多年间日本的许多中小城市建设发展了适合其城市的路面电车。这些城市路面电车以建设投资少、便捷性强、舒适性高、美观等特性很受各中小城市欢迎。事实上选择建设路面电车除投资小等因素外,技术方面优势也是中小城市选择建设路面电车的原因之一。路面电车的技术进步主要表现在拥有专用路权、能够与铁路共享路权、第三轨供电、橡胶轮胎单轨导向走行,以及车辆低地板的生产技术应用和信号控制等。

当今,日本城市路面电车是各城市公共交通系统的重要组成部分。每到一个城市,不论是数千万人口的大都市还是小到数十万人口的中小城市,都能看到城市路面电车在运行。在大都市,市区内地铁、JR、地方铁路等城市快速轨道交通系统极为发达,城市路面电车线路的分布主要集中在市郊以及郊区与中心城区的接合部。路面电车在城郊接合部将大都市中心城方向的多条轨道线路与郊区方向的出行进行整合,形成了以城市路面电车为主的运输系统和运输区域。在没有城市地铁系统的中小城市,城市路面电车线路分布在整个市区,包括城市中心城区出行的各个方向上,城市路面电车在中小城市是主要公共交通运输工具。以日本广岛为例,广岛城市有轨电车线网就是从市中心向郊区方向辐射分布。路面电车的各种区域分布从运输能力看,大城市路面电车线路分布在城市周边是由于大城市周边客流量相对小于市中心,这种情况很适合城市路面电车的运行。对于中小城市而言,中小城市中心城区的客运需求比大城市小,城市路面电车的运输能力基本能够满足城市居民的出行需求。

日本的城市路面电车建设尽管在不同城市的运行职能有所不同,但是各城市路面电车建设的方针基本一致,就是根据各城市路面电车的发展历史,在路面电车的更新或新建中注重系统衔接以及现有线路资源的有效利用。系统衔接是指在改造废弃铁路,以及修缮原有城市路面电车线路和新设城市路面电车线路时,尽量使城市路面电车能够与干线铁路轨道实现共享以提高系统运输设施效率。资源的有

---

① 日本路面电车的建设成本是10—30亿日元/km,地铁的建设费则是300—400亿日元/km。

效利用包括在新设线路建设的同时结合改造旧的线路。采取这种建设方式的有利方面是能够更多地降低建设成本，使现有资源得到充分利用。例如，日本广岛市的城市路面电车建设是根据不同发展阶段需求分段规划。因地因时的规划保证了作为市政服务的交通设施供给，并在不断的建设中增加了运行路线，提升了整个城市交通网的服务水平。广岛市在处理城市路面电车同其他轨道交通，如干线铁路与城市地铁的系统衔接方面，采取了在规划线路时做出备案提前考虑，为今后的建设和顺利衔接运营创造条件。

表 6-1　日本有路面电车的主要城市

城 市	建设规模	有轨电车建设情况
东京都	2条	荒川线、世田谷线
丰桥市	1条	东田本线
札幌市	3条	一条线、山鼻西线、山鼻线
函馆市	5条	主线、汤川线、宝来·谷地头线、大森线
高知市	3条	伊野线、栈桥线、后免线
松山市		城南线、大手町线、花园线、本町线
长崎市	5条	主线、赤迫支线、樱町支线、大浦支线、萤茶屋支线
京都市	2条	岚山本线、北野线
大阪市	2条	阪堺线、上街线
冈山市	2条	东山本线、清辉桥线
熊本市	5条	主线、水前寺线、健军线、上熊本线、田崎线
鹿儿岛市	4条	第一期线、第二期线、唐凑线、谷山线

· 资料来源：日本交通省国土交通：《日本都市交通计划调查》(http://www.mlit.go.jp/crd/tosiko/pt/kotsujittai.html#chukyo 2010)。

二、路面电车的主要特点

城市路面电车是一种介于快速轨道交通(Rapid Rail Transit, RRT)与常规公交(Normal Bus Transit, NBT)之间的新型公共交通客运系统，运量适中具有弹性，通常也被人们称作地面上的地铁。它是利用现代化公交技术配合智能交通和运营管理(集成调度系统)，利用公交专用道路和建造新式公交车站，实现轨道交通模式运营服务，达到轻轨服务水准的一种独特的城市客运系统。据相关资料显示，当今世界上已有超过137个城市开通了这类城市路面电车。从城市角度看技术性能、基础设施建设以及运营组织,是新一代新型城市路面电车被诸多国家和城市所重视并受到接纳的主要原因。

(一) 技术与性能

城市路面电车问世于20世纪初,欧洲、美洲、大洋洲和亚洲的一些城市路面电车曾风行一时。然而,随着城市化以及私家汽车、公共汽车及其他路面交通的普及,在20世纪中叶一些城市的路面电车陆续停运。21世纪初,人们再次关注路面电车,一方面是城市对节能、环保、高效的需求,对快速大容量的轨道交通的需求;另一方面是路面电车本身技术性能的提升。现在城市路面电车虽然是由传统的路面电车发展而来,但由于技术进步,现在的城市路面电车在性能方面有了很大改善,与传统有轨电车相比,现在的城市有轨电车运行更加安全可靠、舒适、节能和环保。其表现:一是由轨道构建起的城市路面电车运载系统乘坐的舒适感、稳定性均高于公共汽车;二是新技术应用了"低底板"设计。"低地板"是轻轨车辆的一个专用语,指车辆地板距离轨道面小于40厘米的轻轨车辆,这种设计不仅是路面电车重要的新技术体现,路面电车新技术能够使轻轨线路转弯半径小,在城区狭小地带穿越,能够通过液压制动,使刹车比普通地铁列车更加灵敏,提高了运行线路不完全封闭环境下的安全系数。还有就是,"低底板"车辆对于高龄者和儿童等人群的乘车提供了很多方便,更加安全;三是兼备城市观光功能。城市路面电车在车体外观设计上能够充分彰显城市个性,使城市与城市有轨电车相互呼应;四是载客量大,路面电车载客量一般为280人,明显高于普通公交车,同时可以根据交通流量在高峰时期加挂车厢增加运力。

(二) 设施建设

路面电车在建设方面的特点:一是造价低,现代路面电车轨道可直接在现有马路上铺设,车辆在地面停靠,因此路面电车运行系统建造成本只是地铁造价的1/3至1/4,且工期短污染少。二是建设方式,路面电车可以利用废弃铁路或改造原有路面电车线。很多城市的路面电车建设采用了旧线改造与新建线路相结合的方式。这种方式一方面可充分利用现有资源降低了建设成本,同时可以根据出行需求情况的变化新建有轨电车线路。这种情况多是随着人口增加,出行需求加大,通过在适当的地区布设新线可提高线路以及整个交通路网的服务能力。三是专用或共享路权,体现现代城市路面电车的技术进步和形式的多样化。如上述中关于路面电车专用路权(Metrotram)及路面电车与铁路共享路权(Tramtrain)。无论从形式还是技术上都显示了科学技术的发展是路面电车发展的重要支撑。四是现代城市路面电车的另一个重要的建设特色是对步行者安全的保障。与其他机动车相比城市路面电车由于有固定的行驶轨道,因此对于步行者来讲相对更加安全,且噪声低、废气排放少。

正因如此,在许多禁止机动车出行的城市街区都可以看到城市轨道交通在行驶,还有一些城市在城市路面电车的行驶线路上同时开设公交车的专用线。作为新的尝试双线合一使城市可以集约利用空间,尽管双线合一的维护费用比单纯运行有轨电车要高,但是能够较好地保证了普通公交车的优先权。因此作为介于传统公交车和地铁轻轨之间的路面电车不仅适合和有利于中小型城市交通发展,同时也符合大城市周边郊区城镇对交通需求。正是由于城市路面电车的这些优点,世界许多国家城市又开始改建或新建现代的城市有轨电车,如瑞士日内瓦、法国斯特拉斯堡、西班牙巴塞罗那等,国内也有大连、上海等城市在尝试城市有轨电车的运行。

(三) 运营组织

城市路面电车的运营组织主要体现在体制结构、资金补助以及政策制定三个方面。一是体制结构。体制结构是指路面电车建设营运和发展中路面电车经营者、乘客、地方政府等各不同角色的行动及其相互关系,其中最重要的相互关系是政府与经营者之间的关系,他们各自承担着不同的责任。体制结构要保证各方都产生积极的效果,促使路面电车的项目建设及运营顺利进行,使社会得到最大的效益。路面电车运营政府按照经营者提供的服务质量核算风险分担,用合同的方式事先明确支付的方法,以及确定与服务质量挂钩的奖励办法等。二是资金补助。路面电车作为公共交通承担的社会责任政府为此给予支持和补偿。但事实上,与大多数公共交通运营一样,对于路面电车主管部门给予的补贴往往不足以满足投资需求,或者说是难以补偿运行成本。这些国家通过加大对个体机动车收费,补偿路面电车为公共交通作出的贡献。如新加坡、伦敦等实施的道路拥挤收费就是其中的一个例子。三是城市交通政策。交通政策主要包括一体化交通和绿色交通。一体化的交通规划能够使路面电车的网络适应城市的结构,有利于避免低密度扩散。交通安全绿色是城市公共交通优先发展充分考虑的因素之一,采用低污染,适合城市环境的交通工具,使乘用公共交通的乘客更安全是安全绿色的具体表现。从交通方式来看路面电车是绿色交通系统中的重要组成部分。绿色交通系统包括步行交通、自行车交通、常规公共交通、轨道交通和路面电车。此外城市交通提倡加强城市交通人文气息。因此,路面电车系统的舒适座椅,方便的上下车等设计对吸引更多的人使用城市公共交通发挥了积极作用。同时路面电车还提供给老弱病残者更多的利用空间。

表6-2 国际城市路面电车的发展案例

城市及国	规　　模	建设与运营特点
布加勒斯特（罗马尼亚）	(1) 线路长度:450多km (2) 线路方向:城市环线＋通向周边的辐射网络 (3) 客源规模:城市总客流量的45%	(1) 城市有轨电车客货两用,白天运客,夜间还可运货 (2) 设计符合现代化交通要求的有轨电车车辆,车厢能载客230名,时速达70 km,没有噪声,低耗电 (3) 采用了具有多款消音的新型有轨电车车辆:包括轮胎的改良使用了橡胶的金属轮;弹簧改良采用了螺旋式的弹簧以及气垫式弹簧;车门开关的改善使用了电动开关,路基建设的改良使路基和地面一样平整,不仅减少了保养费还提高了车辆的运行平稳等问题,使市容不再受到不良影响,消除了视觉污染
神　户（日本）		日本神户市区的有轨电车以速度为特点,有轨电车速度比汽车快。为了避免中途陷于交通阻塞,电车线路铺设在高出地面5米的混凝土高架桥上;车辆为无人驾驶,由小型电子设备执行乘客疏导、驾驶车辆以及调度车辆等任务
加拿大		在埃德蒙顿、多伦多、温哥华等城市将有轨电车作为主要交通工具
苏黎世（瑞士）	线路长度400多km 线路规模:约交通线路总长的1/4 客运规模:城市总客运量占62%	
克雷非尔德城（德国）	线路规模:城市交通线总长的7% 客运规模:城市总客运量的35%	改造原有电车轨道,降低了车厢地板的高度。汉诺威的城市高速电车线路长达60多公里,其车辆调度已采用了电子计算机控制车辆的运行
布鲁塞尔市（比利时）	客运规模:占城市公共交通运量的42%	荷兰阿姆斯特丹和海牙已开挖铺设了高速电车轨道的隧道,使轨电车既能沿地面行驶,也能在高架桥上行驶,还可穿越隧洞

(续表)

城市及国	规　　模	建设与运营特点
俄罗斯	一种新型的有轨电车时速可达65公里	(1) 新型有轨电车车辆的车厢底板离地面比较低,方便了残疾人、老年人和儿童上下车,这样还可使电车刹闸平稳并降低了噪声。 (2) 一名乘务员驾驶由多节车厢连接起来的车辆,加大了载客量。 (3) 将电车轨道铺设在高架桥上或是部分进入地下提升车辆的安全行驶度。

• 资料来源:根据 http://baike.baidu.com 等相关网站资料整理。

三、我国城市发展及路面电车建设

(一) 我国城市发展

从大都市发展看,近年来随着区域宏观政策的制定,城市蔓延逐步减缓,功能要素加速向节点集中,新城已成为大都市发展的新的增长点。一是交通方面,地铁、高架铁路、轻轨等公交线路以及高速公路的扩建与延伸,使以往相对偏远区域获得新发展机会。同时节点新城的功能集聚也促进了新城的交通建设,促进了要素流动和经济联系,形成了新城与市域及周边互通的交通网。二是从大都市中心城区核心功能的增强看,中心城区带动大都市内部组织与全球城市网络连接,从参与全球战略角度重构了中心城区与节点新城之间的交通联系,形成了中心城＋节点新城的互助的协作格局和大都市空间构架。从市域整体角度看现代交通体系和通讯网络日趋完善,使新城,特别是大都市近郊新城的优势更加明显,郊区路面电车与快速公交线路的接驳等推动了中心城市与近郊节点新城间的有效连接,使大都市的节点新城获得更多的发展机遇。

中小城市发展。2014 年 3 月,国家颁布了《国家新型城镇化规划(2014—2020年)》,表明国民经济平稳较快发展需要扩大中小城市的基础设施建设、扩大就业,以及通过发展来增加消费、扩大投资,为我国持续平稳发展提供强有力的支撑。事实上中小城市发展面临的最大问题,不单纯是促进经济建设的问题,如何改善居住环境,降低能耗已成为国内中小城市发展亟待解决的问题。2014 年,国家对 161 个中小城市的环境质量进行了检测,结果表明空气质量超标的城市有 145 个,而空气污染的主要来源之一是汽车尾气排放。中小城市快速发展中环境问题已越来越不可忽视,中小城市交通拥堵和空气污染日益成为制约中小城市可持续发展的难题之一。而各方面的研究表明清洁的路面电车是适应中小城市经济和绿色发展的重要公共交通形式。

(二) 我国现代路面电车建设

当前我国国内路面电车建设也已开始兴起,不少城市为适应城市交通需求和技术的进步,开通和正在积极计划开通城市现代路面电车。如上海 2017 年利用超长低地板路面电车和公交专用道构建开通了线路长约 8.8 公里的中运量现代城市路面电车公交专线。该线路经上海虹桥国际机场及城市中心的多个重要商圈与景点,为虹桥临空经济区人群出行带来了便利,线路到达各个景区距离也比地铁更短、更便利。除上海外开通城市路面电车的城市还有北京以及大连等城市。这些城市的现代路面电车可靠度和舒适度强,具有适用范围灵活、节能环保、投资较小、运量适中、维护较少等优点。

但仍有许多适合于路面电车的城市和区域有待于建设。例如,当前国内不论是大城市还是中小城市都有一些新型社区建于城市公共交通线路的末端,这些地区及新社区与城市公交干线或地铁站的距离多在 5 km 左右。从改善这些区域的居民出行、提升轨道交通网络的连通度,以及解决环境、低能耗和宜居等方面看,现代路面电车无疑是这些地区和区域的最优交通选择。包括在大城市的轨道交通终端采用这类新型的节能路面电车方式接驳,可以方便地解决新型社区的交通难问题,缓解大城市交通拥堵,减少污染,减少城市对个体机动车的依赖度,提高郊区土地价值,提升城市交通系统效益。因此进一步重视加强路面电车建设,使之与地铁、轻轨一起发展对城市发展意义重大。

四、未来城市交通发展趋势

(一) 罗马宣言

2017 年,一直致力于以先进科技与理念在世界推广便捷、畅达、可持续公共交通服务的国际公共交通联合会(UITP)在罗马召开了第56次大会。会议以未来"2020年城市公共交通"为题开展了一系列的讨论，并以实施公交优先政策，使公共交通成为促进经济增长、社会发展、环境改善的催化剂为核心发表了罗马宣言。根据国际公共交通联合会(UITP)罗马宣言，未来城市交通的发展趋势从空间资源、收费标准、协调规划、保证公共交通服务，以及增加公共交通投资等方面将呈现新状态。

1. 城市空间资源

根据罗马宣言，未来公共交通与私人交通在空间资源的分配上要平衡。这表明私人机动车对于个人和汽车工业来说是重要的，但是公共交通与私人交通在空间资源的分配上应取得平衡。这一观点是城市空间的分配应以人流量为依据。进一步而言其强调的是应给予公共交通专用的道路空间，以保证快速和可靠的运行，从而提高其运行效率和吸引力。

2. 环境成本收费

不同交通方式的选择应反映公平收费，根据罗马宣言，交通使用收费应当反映实际发生的外部环境和经济成本，主要是交通拥堵和环境污染造成的成本。只有这样，促进清洁交通建设的融资才更为可行，才能够保证长期的交通可持续性。

3. 城市交通首先是保证公共交通服务

根据罗马宣言的阐述，城市交通系统的组织应最大限度地满足社会需求，为大多数出行者提供可持续的交通方式，保证安全、可靠、方便和价格合理的服务，并且通过完善的信息，使之得到充分利用。

4. 土地使用与交通应协调规划

罗马宣言认为公共交通应当从更广阔的角度来考虑，包括地方、地区、国家，乃至国际的层次。规划政策要体现土地使用和交通需求的一体化，有利于形成可安居的社会。

5. 投资回报反映在更为高效的能源管理

罗马宣言强调现代化的、充分协调的交通系统需要持续的投资,其实际的经济回报反映在更为高效的能源管理、更为有效的空间利用、更多的就业机会上。公共交通部门将为提供高质量的公共汽车和轨道交通服务不断努力,并寻求政治领导的积极合作,以付诸实施。

根据罗马宣言,今后一段时间将是公共交通发展的关键时期,在这一时期采用什么样的交通模式来应对城市交通问题决定着城市的未来发展,也决定着进一步的城市化和机动化的健康发展。罗马宣言显示了可持续的绿色交通、公平、缓解空气污染应在全社会各界得到共识。同样也反映了城市交通不单是工程或技术问题,更是一个综合的社会经济问题。

(二) 未来趋势

城市交通是一个受到诸多外界因素干扰、具有耗能结构的复杂系统。随着经济社会的发展人们的生产生活方式都在发生变化,包括对出行的意识和方式也在发生变化。随着环境保护意识的不断加强,越来越多的人们开始认识到机动车对于环境的影响以及绿色出行的必要性。在这些发展变化中可以观察未来交通的发展变化趋势。

1. 人性化、安全、清洁是城市交通的主要特征

从社会的发展变化看,随着机动车的普及,人们对机动车带来的不利影响认识越来越清晰。同时大规模的个性化定制服务的出现,出行方式出现了若干新的趋势,滴滴打车、共享单车、共享专车等都将对个体机动车出行有所控制,形成更加多元化的出行方式。但不论选择哪一类出行方式,选择的核心都会是更加侧重于出行的方便快捷、安全与环保。从人口的变化看,无论是结构的变化和总量的变化,人口变化都将对交通产生影响。传统的公共交通系统的拥挤、时间难以保证、换乘多等都将不能适应更为复杂和更高的交通需求,舒适、环保在出行需求中的位置会有所提升。此外,公共交通也是城市和地区发展旅游业的支柱,是支撑大型公共活动不可缺少的交通方式。在这一形势下,深受人们喜爱的具有安全、便捷、环保功能的快速路面电车有望进入发展的黄金期,以满足人们对交通多方面出行需求。

2. 智能交通将为城市树立更好形象

智慧交通和公共交通能够为城市树立更好形象,促进交通方式向更加健康的模式转变。因此,从政策方面看,"十一五"以来国家就已经开始强调通过政府、企业、社会资源,通过产业政策、技术、财政支持加快城市智能交通系统建设,加快城市公交智能化改造。交通是政府进行环境改善、改善能源利用和资源节约三大战略的重要支撑,智能交通和公共交通发展是政府政策设计的重点,根据这一未来政策走向城市智能交通体系建设将取得突破性进展。城市智慧交通内部结构重构将使具有环境功效、绿色清洁和节能功效的交通成为改善交通的核心内容。

3. 常规公交和快速公交将实现跨越式发展

一方面是网络信息的发展将涉及公共交通服务的更多层次,更大提升公共交通水平。另一方面新技术通过提高公共交通营运效率和安全性使公共交通更加方便,更有吸引力,例如全面的乘客服务信息、一体化的票务系统等将会受到更多乘客的欢迎。

五、促进路面电车发展的政策设想

城市交通发展目标是将人和货物更加安全、迅速、高效、经济地通过各种运输工具在交通运输网络上有效移动,送达目的地。新一代新型城市路面电车顺应了未来发展趋势,符合现代城市交通发展,但要促进路面电车发展需要政策的扶持与限制。需要公共交通企业和公交管理部门的内部管理改革,进行相关的制度与机制建设。

(一)扶持与限制

扶持与限制是政府根据城市实际情况制定的有利于新一代新型城市路面电车

发展的各项扶持政策和限制措施。其中扶持是指通过各种手段发展新型城市路面电车,扩大其运行规模,改善其交通服务质量;限制就是指对机动车出行给予不便,在购置、使用等方面加以控制。

扶持主要包括四个方面。一是财政扶持。政府财政对新型城市路面电车经营亏损的适当补贴外,还包括为促进公交企业科技进步和管理手段现代化而给予的财政支持。财政扶持的实施以立法的形式进行。二是税收扶持。税收扶持一是政府在税费方面对运营新型路面电车的公交企业给予的税收优惠政策,减轻这些公交企业的税费负担。二是制定的专项税收政策,如法国巴黎通过开征企事业单位公共交通税支持公共交通事业发展。三是投资扶持。投资扶持除通过制度设计加大政府投资力度和完善政府投资方式外,还包括引导银行信贷向新型城市路面电车的建设运营倾斜,在银行信贷和配套资产计划中优先安排新型城市路面电车基础设施建设和车辆购置项目,确保资金的及时到位。四是票价政策。票价政策是在城市公共交通良性发展的价格与价值补偿机制基础上,在保证更多吸收市民乘坐和社会效益、环境效益和经济效益的统一的前提条件下,制定出合理的交通票价,一般来讲新型路面电车的票价低于同程地铁票价。

限制主要是针对个体机动车实施的交通需求管理。措施可包括:一是对个体机动车的拥有量进行控制。如上海对车辆购置实行配额制和加征车辆牌照税等。日本一些地区执行的停车库许可证制度,即通过对停车库的数量的控制限制机动车数量。二是对个体机动车使用的控制,包括运用价格手段进行控制。如实行停车位控制,特别是城市中心区的停车泊位,新加坡的加收中心城区停车费用便是一例。同时在城市边缘的公交转换站更多设立低收费或不收费的停车位,便于与公交换乘,如日本大型超市商场与换乘站联合设立免费停车场。此外,运用非价格手段设置禁行区,限制在某些道路上的机动车使用,在高峰期禁止左转或右转等。三是根据城市空间分配人流量的观点,在时间和路段上对个体机动车使用进行限制,如在上、下班时间的主干道上禁止个体机动车使用,在一些拥挤路段上限制小汽车的使用等。上述限制并不意味着排斥机动车的适度发展,以及其他交通方式的合理使用。相反通过一定限制促进节能、清洁的新型路面电车发展,确立公共交通的主导地位,腾出更多的道路时空资源,保障机动车的合理正常行驶,保障城市道路交通良好秩序和可持续发展。

（二）制度与机制建设

制度与机制建设是为促进新型路面电车的建设与发展，加快公交企业和公共交通管理部门内部进行的改革。这些内部改革应包括：一是转变政府职能，政府和企业分别从宏观和微观层面对公交企业进行管理，实行政企分离。政府行政部门行使社会经济管理职能，由代表国家投资的第三方机构行使国有公交企业的所有者职能，由企业经理人行使公交企业的经营者职能。二是引入竞争机制。打破以往的公共交通行业垄断，在国家宏观调控和协调发展基础上允许其他产权形式的企业进入公交市场参与竞争。包括不同公共交通方式之间的适当竞争、同一种交通方式在同一条线路上运行的不完全性竞争等。三是提高企业的自主生存能力。公交企业不能一味的依靠国家各种资金补贴运行，允许通过采取适当的市场手段来维持公交的运行，如允许进行与行业相关的多元化经营等。四是实行专营权制度。通过资质认证的企业可以参加招投标，获得线路专营权，在专营线路内独家经营公交业务。实行线路专营权后有利于政府根据线路的不同进行管理，划清政策性亏损和经营性损益，增大企业创收的积极性。五是缩小核算单位。明确责任，划清政策性与经营性亏损界限的同时使各企业有动力降低成本提高收入。

六、结　语

城市发展与城市交通系统的建设密不可分。城市道路交通是一个复杂的系统，其发展水平与一定的社会历史发展阶段相适应，与政府宏观政策、科学技术水平以及城市的社会经济发展水平、自然条件等密切相关。1600年，自英国伦敦的第一辆出租马车拉开了城市公共交通发展的序幕以来，伴随着城市化、机动化、全球化、新科技、信息化，城市公共交通走过了400多年的发展历程，发生了诸多的革新与变化。其中，公共交通以其独有的优势成为人们日常生活出行不可少的部分，成为各国城市客运交通发展大力倡导的主要方向。未来城市的发展将更加侧重于城市交通结构优化、环境改善以及减少资源消耗，创造更加和谐的空间效用、时间效用、经济效用。在这一情形下，新一代的新型城市路面电车将成为解决这些城市交通问题最有效的交通方式之一。

未来城市交通设想

未来城市道路上行驶的是无人驾驶汽车,货物运输是由无人机配送,城市交通由交通控制中心集中指挥,城市交通运输将会变得更加高效、舒适和环保。波士顿咨询集团2013年发表的《连接世界:变革交通、运输和供应链》研究报告预测了未来10—15年交通运输的变化趋势,并从技术变革、经济增长全球化、社会平等、信任和可持续性等不同维度提出了四个未来交通发展方案。这些方案包括"绿色生活节奏,用联运改变现有运输规则"、"速度、水平、程度,人与物全球流动增长最大化"、"社会分化形成的未来交通模式"、"安全与保障,物流系统优化"。该报告的各个方案为满足新的交通需求重塑城市交通运输提供了参考。

一、城市交通方案

(一) 方案 I:绿色生活节奏,联运改变现有运输规则

根据方案I的构想,在超大城市中未来绿色生活是指人们几乎已不再拥有汽车,原因是体现低碳排放的社会将使汽油价格不断提升,同时拥有汽车需要缴纳很高的税,在市中心还要缴纳拥堵费,而更主要的还有个人出行理念以及社会价值观的根本改变。21世纪的第二个10年里全球越来越多的受过良好教育的中产阶层希望拥有一种更健康、更绿色的生活方式,而汽车不再是社会地位的象征。每个城市的公共交通和共用交通已经成为主导的交通方式,特别是新兴国家在这个过程中不断推动整个国家的交通设施向更加可持续的模式转型发展。

未来城市道路上行驶的是无人驾驶的电动车:"群车"。这种形式的车将代表城市最先进的个人交通方式。在"群车"的设计中除有人员搭载功能外,还融入了

更多满足生活需要的智能设计。如具备作为智能生活用品的其他功能,能够按照设计程序在指定时间和指定地点满足个人出行。人们在选择"群车"出行时,可以按照自己的需要设计"群车"路线,如设计"群车"在途中指定的便利店前停靠,搭载物品等。在这种情况下便利店的服务员会根据预订好的订单将商品放在"群车"的特定位置上,账单通过电脑计入订单人的账户。"群车"通过这样的服务随时将用户接送到地铁、机场等公共交通设施。

未来城市交通系统能够在多种不同交通方式之间实现最优化连接,出行者可以从一系列的交通服务中进行选择。其中发挥重要作用的是城市交通运输互联平台,它承担着城市高端一体化联运出行方案的提供,包括提供各种相互协调的交通选择,如从地铁、电动公交、"群车"、实时控制汽车,以及共用自行车等。用户只需要通过手机终端就可以使用不同的模式,费用会以电子方式计入个人账户。

智能手机是未来一体化联运交通的助手。通过智能手机可以了解出行位置,并且排列出每次出行需要的所有交通方式。城市交通运输互联平台则通过实时交通数据给出何时、何地能够采用的最佳交通选择建议。例如,智能手机交通助手能够帮助人们在出行时安全地通过复杂线路,来到连接中转处或其他帮助出行的地点。未来自行车也将是最受欢迎的出行方式,特别是在良好天气环境下。同时,自行车和电动车不用缴纳能源税,人们在出行途中,如乘坐地铁时,手机私人助手会根据天气情况,建议在到站时选择方便的公共交通,如不预订群车,而是选用自行车和脚踏电动车等。

(二) 方案Ⅱ:速度、水平、程度,人和物全球流动增长最大化

方案Ⅱ以未来世界的高度全球化为背景,设想各国家之间的商业、社会以及政府职能都尽可能地服务于经济社会的进步,实现无缝对接。为了这一目标,交通和贸易的限制被取消,边境护照迎来的是 ACIS,即全自动登记,安检、出入境管理、智能签证。全球交通数据库中储存着每个持有护照人的生物信息资料和签证资料,TATLO,即跟踪及透明物流最优化装置可以为每一件行李和货物负责。新的技术和通行制度为人们的出行带来难以置信的服务效果。例如,当你想出国进行商务旅行时,你的行李在你乘电梯思考问题时不小心遗忘在公寓的大厅里时,通过TATLO,即跟踪及透明物流最优化装置能够将行李送到预订在行程中的酒店房间;又如,在去机场的途中,若超大城市出现大面积交通拥堵,但是城市的COMET,即基于现场情况的超大城市交通管理指挥中心可以引导成千上万的车辆进行运行路线最优化实现提前抵达。同时,出租车能够提供全部车载连接:一个移动客厅和虚拟办公系统,它包括一个三维屏幕,设有动作和声音控制,个人隐私由出租车屏蔽保护等。通过指纹登记可以轻松点击浏览最新的办公邮件,或者继续观赏喜欢的电影。

在机场,ACIS 全自动登记、安检、出入境管理、智能签证系统已经投入使用,缓解了机场、火车站和出入境频繁安检和身份核查。进入机舱,未来卫星设施的进一步发展将实现飞机上的无线网络接入,飞机上的座椅移动客厅和虚拟办公系统能够上传所有多媒体档案资料。迷你全息座舱中旅客可以进行查阅和评论,并跟家人用 Skype 进行视频通话。到达目的地,商务旅程体现的是新增长时代的人和货物,及时、有效、无缝对接带来的全球流动的缩影。

(三) 方案Ⅲ:社会分化形成的未来交通模式

方案Ⅲ预测未来社会将变得越来越个性化,越来越以职业和身份为导向,社会或许会形成 20% 的上层和 80% 大众阶层。这种分化包括权力不断向着受过最优良教育和最成功者方向进行转移,并使他们的利益得以延伸,其中包括社会分化对生活与交通模式的影响。方案Ⅲ选择了一名私人安保驾驶员的工作场景,描述了社会分化对交通的影响。

直升飞机飞行员海吉斯在一家安保公司上班,这家公司服务于某城市指挥中心。他按照指示视觉跟踪一个载有大学生参加毕业聚会的豪华车队,指挥中心卫星跟踪确保知道豪华车队的位置,豪华车队公司车辆的预防性维护和安全系统也在发挥作用。这种系统也是各个高档社区成员出行必须安装的设施,它配备防碰撞保护功能和防偷盗和防抢劫的高级安全防护功能,还能预测汽车零部件的损坏。学生车队行驶的公路看起来如同北美和欧洲的公路一样。但是在经过部分拥堵路段时,基于现场情况的超大城市交通管理系统(COMET)可以识别出豪华车队是他们的优先高级客户,因此能够引导他们进入一个由混凝土隔离墩所间隔的独立车道,帮助车队越过拥堵点迅速通往目的地;在隔离墩的另一边,共享车辆内坐着一家老小,正在使用一个一体化主动式联运旅行助手(IPITA),登录公共交通选项的实时搭便车网站,这个网站与社交媒体网站相互协调,用来安排更省钱的集体出行。这个家庭和他们的同乘者看到一辆豪华车高速驶过,车内的大学生们在向他们挥手。拥堵汽车里有一个小男孩不解地问:"为什么那些人能在那个空的车道行驶。"

(四)方案Ⅳ:安全与保障,物流系统优化

方案Ⅳ以一个农场生活为背景,未来很多空置的商业办公楼都将被翻新,红极一时的互联网金融贸易公司被清除,取而代之的是用成百上千立方米泥土(或培养液)来建造垂直农场,通过农场的生产和生活描述了未来生产、通信及物流交通。方案Ⅳ描述当地农场合作社的一员,他们居住在自己农场的建筑中,并且通过当地的零售商和大众市场来销售产品。未来的全球商品将完全使用新的无线频率识别(RFID)标签技术,来储存原产国信息、有效日期、产品的营养和保健说明等。这个农场社员家的农产品也必须经过新识别技术的检测,以确保顾客权益。这些严格的检测由跟踪和透明物流最优化系统(TATLO)提供,它作为额外的安全措施来确保食品供应的安全性。

安全和保障将成为影响未来交通各个方面的基本的考虑。这些针对风险和安全的新技术应用主要包括:(1)汽车使用的新一代安全配置,车辆操控和乘客健康分析仪会在人们进入车内的时候进行健康状况和病毒检测。(2)生物安全网络。未来的通信联系需要有收发双方的生物识别认证,才能确保信件被对方收到,因此手指扫描可能会成为其中最便于认证的方式之一,许多地方配有生物安全网络,只是使用过程相对繁琐。(3)网络系统本地化。未来世界人们会越来越多地发现,速度慢但安全性高地处理问题,虽然偶尔也会令人失望,但安全的交流方式具有很多优点,而本地化网络系统具备这一优势,因为在本地化网络系统中个人信息不储存于任何系统中。

二、城市交通方案展示的未来发展趋势

波士顿咨询公司的研究报告从 4 个不同方面描述出了未来交通运输模式。这些方案关系到未来更深层次的发展趋势：全球化的发展变化、人口扩张与社会发展、信息化技术的进一步快速发展。此外还涉及相关法律、标准化、数据所有权和融资，行业间和公共部门之间的合作，以及技术成熟和网络安全等，这些也会影响未来交通。

（一）全球化的发展变化

根据波士顿咨询公司研究报告描述的方案，从全球化层面看现在的航空交通管理已不能满足发展的需求。在机场和边检，外出旅行者遇到越来越多的令人尴尬的困扰，包括繁琐的安检、在行李寄存处和取行李处长久等待等。此外，国家的和地区的管理规定和标准上的差异，如相邻国家之间铁路轨道宽窄的差异也是这种相互不协调的又一写照，这使相互割裂的交通运输体系陷入了更多的困境。根据研究报告设计方案，有效的解决方案是通过使用新技术以及创新商业模式来促进未来世界全球化发展，包括弥补投资上的差距（据相关数据由于赤字和公共债务等原因经合组织国家政府的投资不断下滑，而从现在到 2025 年为满足全球化对基础建设的巨大需求，预计每年需要大约 4 万亿美元的投资）。

（二）人口增长与社会发展

社会分化形成的未来交通模式是波士顿研究报告提及的方案场景之一。而现实中未来 25 年预计全球将新增 10 亿人口，其中 87% 来自亚洲和非洲。这种背景下伴随人口增长将出现两大发展趋势：一是全球经济大变迁，全球人口的社会经济构成将改变，全球人口的一半将于 2030 年进入中产阶层，这个大趋势将会影响中产阶层的出行考虑。例如，拥有一辆汽车代表了中产阶层的一个突出愿望，发达国家汽车的保有量可能会出现停滞，但全球汽车数总量预计在 2025 年会比现在再增

加60％,意味着马路上大约将有16亿辆汽车。同时中产阶层的另一个出行方式影响民航,预计从2012—2025年至少翻一番,而亚洲预计将成为最重要的国内和国际航空市场。此外物流业的增长预计也一样,按照吨公里计算的货物运输,从2010年到2025年之间预计会增长60％。二是全球城市大变迁。到2025年全球接近一半的人口将居住在容量超过100万居民的城市之中。人口超过1 000万人的超大型城市数量预计将会由2011年的23个上升到2025年的37个,亚洲预计会新增9个。同时,值得注意的变化是全球老龄化。2025年全球人口中年龄超过55岁或者更高年龄的人口将占世界人口的20％(即80亿中的16亿人口);2025年,G7国家的老龄人口则会占到总人口的35％,这种形势下需要一些与年龄相匹配的出行方案。

(三) 信息技术发展趋势

全球化相互连接的程度不断加深,在新兴市场国家中产阶层不断扩大的推动下,全球手机用户从2012年的56亿增加到2017年的76亿,而目前这些新兴市场国家只有39％的人拥有手机。另外,有互联网接入功能的智能手机在2017年占据整个市场的2/3。同时在2012—2017年汽车和交通的机机连接(M2M)将翻三番。根据最新的全球移动通信协会(GSMA)研判,到2025年,90％新售出的汽车将可以同其他汽车或者基础设施进行交流。这代表着大约220亿美元的市场机会。实际上带有射频识别技术(RFID)标签的车辆、集装箱和产品已可以对其轻易地实时精确定位并进行核实,使供应链更加透明。这种不断增强的相互连接将彻底改变世界,企业将会及时把握巨大的市场机会,同时灵活寻找解决网络安全和数据隐私等问题的解决方案。例如,数据泛滥正在创造新的大数据分析行业,通过使用运算在大数据集里找寻预测模式,这种预测可以应用于包括超大城市对交通管理在内的许多领域。智能手机的巨大增长以及相伴随的基于定位的应用软件,创造了从地点A到地点B更便捷的交通解决方案。越来越多的顾客需要移动设备的个性化设计,满足其基于互联网的无缝交通解决方案的需求。除此之外,车辆上的传感器还可以实现无人驾驶,避免车辆相撞。交通、运输和通信部门都会从中受益。

三、结　语

　　随着社会的发展和技术的进步,未来 10 到 15 年是交通领域发展的关键时期,需要制定新的对策与措施。波士顿咨询集团《连接世界:变革交通、运输和供应链》研究报告通过 4 个方案设想了一个非常有趣的未来城市交通场景。通过联运改变现有的运输规则,利用新的技术执行新的签证方式、机场安全检查、出入境控制流程,完善了城市交通管理系统。此外,伴随人口增加,社会分化和物流系统优化等都将是今后城市建设交通发展必须要关注的课题。正如波士顿咨询集团研究报告所指出的,设计方案能否成功的关键不是新技术开发本身,而在于制度如何实现创新。例如,如何在管理限制和法律框架下建立商业企业和政府之间新的合作模式,以及进一步加强行业利益相关者和政策制定者之间的多领域对话等,才是真正推动和实现社会进步的基础。

区域道路交通建设综合效果评价

随着我国经济社会的快速发展,道路建设已不只是单纯考虑提高移动的速度,通过道路建设带动地区经济社会发展被寄予更大期望。对此,各地区对道路效果的分析和评价有了更多的要求,旨在通过实现道路建设预期效果促进地区发展。因此如何反映道路建设效果成为区域发展研究中的一项重要课题。本文从综合分析的观点出发,探讨通过道路效果综合评价反映地区特点与需求,为地区确定发展思路制订计划提供参考。

一、区域道路建设综合效果

图 6-3 是道路建设综合效果分类,其中包括道路建设效果产生和形成的过程,以及效果内容的可计量性和非计量性。从道路建设效果形成的过程看,道路建设效果可分为直接效果和间接效果。直接效果是指道路设施在利用过程中所产生的效果,直接效果影响的主体是道路设施的使用者以及道路设施的投资者;间接效果是指与道路设施功能相关的效果,即没有直接利用道路设施的主体受到道路建设的影响所产生的效果,如企业由于道路建设生产的外部订单增加、生产量发生变化、地区的产业或商业的外部投资发生变化等。在直接和间接效果中又包含有可计量的效果和不可计量的效果。可计量是指能够通过物理或数学的方法进行衡量的效果。可计量效果与可计量的经济活动变化和道路利用效果有所不同,不可计量效果属于社会范畴,如由于道路建设使地区的居民产生安心感、荣誉感等。从图 6-3 可以看到,可计量的直接效果包括出行费用的减少、交通工具燃料的节省、出行时间的短缩、生活时间的延长等。间接效果的可计量效果包括生产力的扩大、税收增加、就业增加、物价降低等方面;不可计量的直接效果内容有定时性保障、减轻驾驶员疲劳、提高驾驶的舒适度、减少货物损伤以及节约包装费用、减少交通事故

等。不可计量的间接效果有促进地区开发、促进土地利用、扩大生活圈、改善生活环境、增加人口集聚、提高行政效率等。此外,间接效果还包括与空间功能相对应效果,如影响地区景观效果,提高地区生活福利设施水准,提高城市安全保障、提升地区活动设施效果等。空间功能对应效果属不可计量效果,是存在性的效果。根据上述效果,与可计量效果相比,道路建设综合效果中更多的为不可计量效果。同时对于这些效果从时间角度观察可以看到比较直接的可计量效果,不可计量效果的潜在期更长。与此相同,间接效果的不可计量效果的潜在期也长于可计量效果的潜在期。发挥道路建设的潜在性效果,关系到地区的中长期发展,是道路建设中重点关注的问题。

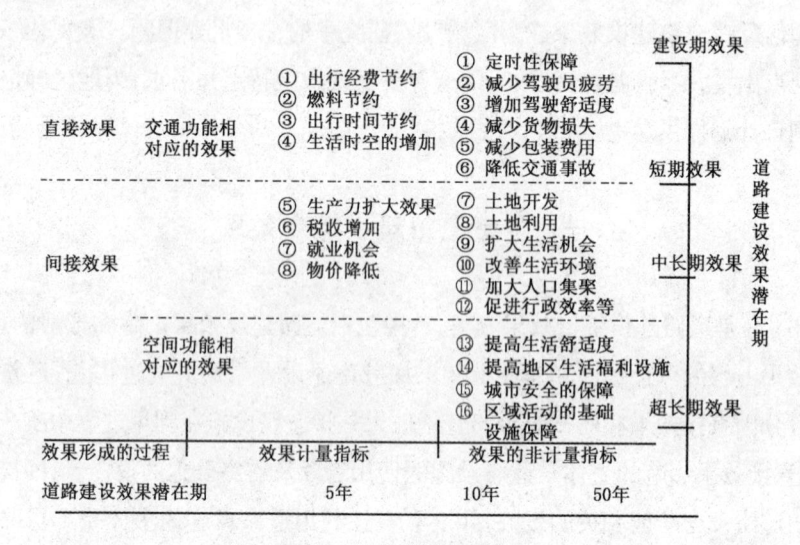

效果形成的过程	效果计量指标	效果的非计量指标	
直接效果	交通功能相对应的效果	① 出行经费节约 ② 燃料节约 ③ 出行时间节约 ④ 生活时空的增加	① 定时性保障 ② 减少驾驶员疲劳 ③ 增加驾驶舒适度 ④ 减少货物损失 ⑤ 减少包装费用 ⑥ 降低交通事故	建设期效果 短期效果
间接效果		⑤ 生产力扩大效果 ⑥ 税收增加 ⑦ 就业机会 ⑧ 物价降低	⑦ 土地开发 ⑧ 土地利用 ⑨ 扩大生活机会 ⑩ 改善生活环境 ⑪ 加大人口集聚 ⑫ 促进行政效率等	中长期效果
	空间功能相对应的效果		⑬ 提高生活舒适度 ⑭ 提高地区生活福利设施 ⑮ 城市安全的保障 ⑯ 区域活动的基础设施保障	超长期效果
道路建设效果潜在期		5年	10年　　　　50年	

图 6-3　道路建设综合效果

- 资料来源:春燕:《区域发展中的道路建设综合效果评价研究》,2009 年。

二、区域道路建设与道路建设效果评价

　　当前国内的区域道路建设是在本地区总体规划的基础上,结合地区发展实际,由政府相关职能部门编制项目申请,由上级主管部门审批通过实施。表 6-3 为国道、省道、县有公路、乡村道路等不同级别道路的建设项目审批过程中相关职能部门的职责分工。从中可以看到在区域道路建设中,交通主管部门、道路建设部门和

地方政府是地区道路建设的设计部门。审批部门分别是根据道路级别确定的国务院、省、自治区、直辖市政府以及县政府。其中可以看到的是,一些道路建设的决策部门同时也是地区发展战略的制定部门和实施部门。因此综合的道路建设可行性评价反映地区发展需求更是决策的重要依据,对于影响区域道路建设决策具有重要意义。

表 6-3 道路建设计划决策程序表

道路类别	计 划 部 门	决 策 部 门
国 道	国务院交通管理部门、交通关联部门、道路建设地区上级政府机关	国务院
省 道	省、自治区、直辖市政府交通管理部门和同级交通管理相关联部门以及建设道路沿线地方政府协助共同进行	省、自治区、直辖市政府决策、国务院备案
县 道	县政府交通主管部门与同级交通关联部门共同实施	通过县政府审查再由上级政府决定
村 道	乡政府在县政府的协助下进行	县政府决策

• 资料来源:《中国道路计划法规》第 2 章。

表 6-4 是现行区域道路建设可行性效果评价的主要内容和对应的相关主体。道路建设可行性评价是进行道路建设的重要参考,当前国内地区道路建设效果评价的主要内容包括费用与效益两大部分。其中,费用包括建设费用、维护费用、

表 6-4 道路建设评价项目及与评价主体间的关系

项 目	费 用 分 析		
内 容	建设费用	维护费用	车辆运输成本
	材料费	维护费	燃料费
	人工费	日常管理费	轮胎费用
	土地使用费		备品费用、车辆减价偿还
	准备费		人工费、保险•车辆道路维护费
	物价调整		车辆修理费 企业管理费
	效益分析		
内 容	运输成本减少效益	乘客时间短缩效益	交通安全效益
主 体	事业者(投资者)利用者	利用者(车辆驾驶员、运输物资业主、乘客)	利用(车辆驾驶员、运输物资业主乘客)
	财务分析		
内 容	资金收集 道路费用计算	事业收益计算 偿还能力分析	不确定因素分析
主 体		事业者(投资者)	

• 资料来源:根据《中国道路计划法规》第 2 章整理。

车辆运输成本等，费用的主体是投资者和机动车的驾驶人员。效益包括运输成本节约、乘客旅途时间缩短、交通安全等。效益的主体是投资者和道路设施利用者（乘客、机动车驾驶员、运输物资业主等，下同）。从区域道路建设综合效果角度看，现行道路建设效果评价是以投资者、道路设施利用者为主体的费用与效益评价。评价内容主要是道路建设的直接效果，没有包括间接效果和直接效果中不可计量部分。

综上可以看到，根据前文道路建设效果形成过程，道路建设效果是综合性和多方面的，影响主体包括道路设施的利用者和非直接利用者。因此，我国现行的道路建设可行性效果评价与实际道路建设效果之间有不适应性。现行道路建设可行性效果评价以道路投资者、道路设施利用者为主，主要分析投入费用与效益所得之间的比值关系。这种仅仅对道路建设的直接效果进行评价缺乏全面性，不能够充分反映道路建设效果，特别是道路建设的社会效果。现实发展表明道路建设的间接效果，对于把握道路建设对地区社会影响，完善现行道路建设，以及分析制定地区的中长期发展目标意义重大。

三、道路建设效果综合评价体系的构建

（一）构建综合效果评价体系的基本思路

道路建设效果综合评价体系的构建分为两部分，分别是评价指标选定和指标的结构化处理。评价指标是结合既往研究以及分析地区道路特点的基础上选定的。指标的结构化是为了便于问题分析，根据道路建设影响的多方面进行指标分层。分层内容一方面是综合评价指标的类别划分，包括社会、经济、环境三个方面，另一方面是对分类指标进行目标、战略、评价标准的层次划分。研究方法采用层次分析法(Analytic Hierarchy Process, AHP)，根据层次分析法(AHP)的比较关系原理计算各指标的评价权数。在不同地区指标权数的基础上可以分析各地道路建设效果和地区特点，明确不同地区在道路建设中的需求，进而分析需求产生的原因，为决策提供依据。图6-4是道路建设效果综合评价在地区道路建设决策中的位置。

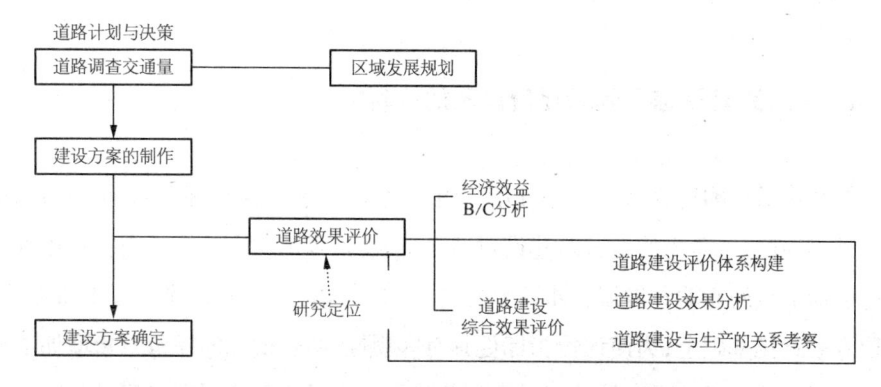

```
道路计划与决策
道路调查交通量 —— 区域发展规划
       │
建设方案的制作
       │                   经济效益 B/C分析
       ├──── 道路效果评价 ──┤
       │         ↑          │         道路建设评价体系构建
       │      研究定位       道路建设   道路建设效果分析
建设方案确定               综合效果评价 道路建设与生产的关系考察
```

图6-4　道路建设效果综合评价在地区道路建设决策中的定位

- 资料来源：笔者制作。

（二）评价指标

在既往研究中道路建设效果评价，国外相关研究主要关注以下方面：一是用地和交通影响分析；二是考虑具体项目寻求在土地开发效益和交通状况之间平衡的研究；三是考虑地区规划和交通建设规划管理融合一致的研究。其中，关于道路交通计划和地区规划融合的研究中有日本的折田仁典的地区道路建设效果研究，该研究从道路建设对地区经济、社会等方面产生的影响出发，归纳了道路建设效果综合评价的25项指标，通过这25项指标分析了不同地区道路建设时的主要效果。表6-5是折田区域道路建设效果综合评价归纳的25项指标。

表6-5　折田的区域道路建设效果

1	消除交通堵塞		14	抵制年轻者外流
2	提升冬季除雪作业能力		15	雇用场所的确保
3	确保积雪期交通畅通		16	推动都市设施建设
4	缩短到市区时间		17	强化社区联合
5	促进企业投资		18	增加地区物流量
6	振兴地方产业		19	促进实现广域的业务往来
7	促进地区的土地利用		20	提高地区形象、提升居民获得感
8	提高道路交通安全		21	有助于年轻人流出
9	可选出行线路的增加		22	导致本地商业的衰退
10	地区活动振兴		23	导致自然环境的恶化
11	促进农业发展		24	增加交通事故
12	生活范围的扩大		25	社区交流的崩溃
13	促进观光与休闲产业			

- 资料来源：根据折田的《关于过疏地区道路建设效果的研究》整理。

(三) 道路建设综合效果评价体系的构筑

与城市道路的行人量大、交叉口多、组成复杂等特点不同,地区交通关系到地区与外界的联系,考虑的是道路建设对城区与农村、乡镇与乡镇等不同行政级别区域内交通节点的影响与发展。本研究参考折田仁典的地区道路建设效果研究,在听取专家意见基础上,为使评价指标更具有客观性,结合设想的评价对象增加了反映环境因素的环境效果防护林建设的评价指标。为了便于把握道路建设地区对道路建设期待是什么,以及为达成这一期待目标需要有什么样的对策,及包括哪些内容等,本研究对道路建设效果指标进行了如图 6-5 所示的指标结构化。

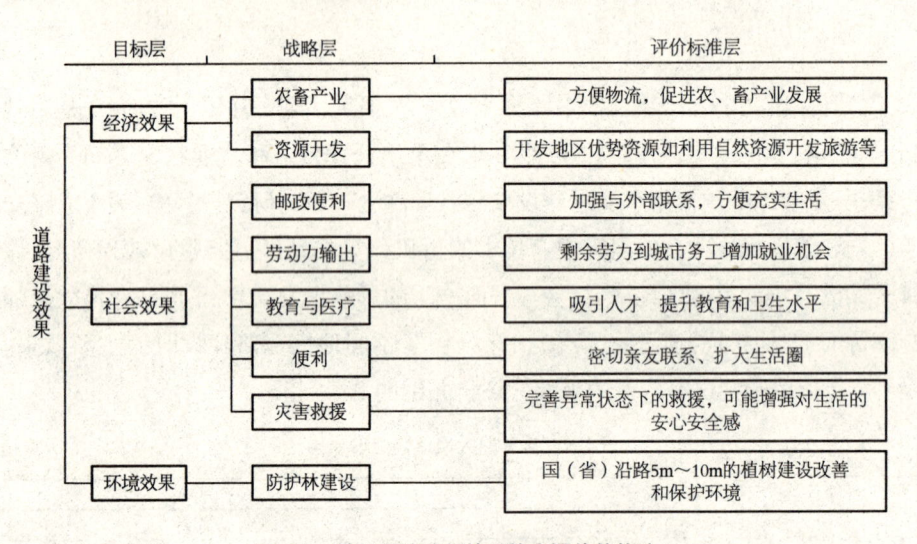

目标层	战略层	评价标准层
道路建设效果	经济效果 — 农畜产业	方便物流,促进农、畜产业发展
	经济效果 — 资源开发	开发地区优势资源如利用自然资源开发旅游等
	社会效果 — 邮政便利	加强与外部联系,方便充实生活
	社会效果 — 劳动力输出	剩余劳力到城市务工增加就业机会
	社会效果 — 教育与医疗	吸引人才 提升教育和卫生水平
	社会效果 — 便利	密切亲友联系、扩大生活圈
	社会效果 — 灾害救援	完善异常状态下的救援,可能增强对生活的安心安全感
	环境效果 — 防护林建设	国(省)沿路5m~10m的植树建设改善和保护环境

图 6-5　地区道路建设效果综合评价的构造

· 资料来源:同表 6-5。

四、案例综合评价研究区域的选定和特点分析

(一) 研究对象区域概况

作为研究案例,本研究以国家省际道路北海—阿荣旗线路中经棚—大板路段

(简称棚板道路)为对象,评价棚板道路的建设效果。棚板道路位于内蒙古自治区境内,1999年11月中央经济工作会议上为实现现代化目标,促进国土均衡开发,会议提出将西部地区开发作为国家"十一五"国民经济与社会发展规划的重点。在这一形势下,2001年12月在西部开发战略背景下棚板道路立项。棚板道路的建设目标是在加强地区基础设施建设同时,保护生态环境,调整产业结构,发展科学培育人才,加强民族团结,使地区在维护国家安全等方面发挥重要作用。根据立项计划,棚板道路建设有两个备选方案(以下分别称A方案、B方案)。A方案位于该计划地域的核心区林西县的北侧,计划道路全长125.7公里;B方案计划道路全长118.3公里,位于计划地区南侧。两个备选方案沿线分别有11个镇村。A方案沿线通过计划地域的核心行政市镇,周边有铁道和国道(333国道),计划方案沿线人口6.1万人,其中农业人口占26%,人均耕地面积0.04公顷。B方案的沿线与国道(306国道)和省道(204省道)相邻接,该区域为农业区,沿线无道路村镇较多。在两个方案中B方案区域的人均消费与A方案沿线区域相比占其14%,万人医疗人员数为12人,低于计划区域万人医疗人员数31人的平均水平,学校学生入学率为96%,低于区域平均值。

(二) 评价问卷调查实施及评价指标权重

在征得研究对象地区相关部门同意后,确认10位与计划相关人员配合进行了问卷调查。问卷调查的结果进行了CI值检验,对符合CI值的答卷通过算术平均值计算所有评价项目指标一对一的比较值,在此基础上根据AHP计算方法计算出每个评价指标的权重。其中包括目标层、战略层各项评价指标的权数以及备选方案的指标权数,评价指标权数反映地区主观的价值判断。表6-6和表6-7分别为目标层、战略层各项评价指标的权数及备选计划案的评价结果。

表6-6 根据AHP法计算的评价指标权重

评价项目							
目标层评价项目	经济				社会				环境
权 重	0.54				0.26				0.19
战略层评价项目	振兴农业	资源开发	邮政便利	劳动力转移	教育医疗	生活便利	灾害救援	沿道植树
权 重	0.25	0.75	0.11	0.29	0.37	0.08	0.15	0.19

表 6-7　备选方案的综合评价

战略层 评价项目	振兴农业	资源开发	邮政便利	劳动力转移	教育医疗	生活便利	灾害救援	沿道植树	综合评价
综合评点	0.14	0.41	0.03	0.08	0.10	0.02	0.04	0.19	
A 方案沿线	0.75	0.88	0.44	0.68	0.55	0.67	0.49	0.39	0.68
B 方案沿线	0.25	0.13	0.56	0.32	0.48	0.33	0.51	0.63	0.32

(三) 道路评价与地域振兴的讨论

道路建设效果综合评价和地域振兴讨论分两个部分,即层次评价和综合评价。在这里层次评价是指目标层评价和战略层评价。

表 6-6 系目标层次和战略层次的评价。目标层评价指标分析结果是经济效果权重 0.54,社会效果 0.26,环境效果权重 0.19,表明经济效果对研究对象的重要性。战略层项目评价:经济效果中"资源开发"比较"振兴农业"权重高为 0.75。对于这一结果参照地区概况进行分析,人均耕地面积少(0.25 公顷/人),农村人口的比例较大是影响"振兴农业"权重低于"资源开发"的主要原因。社会效果方面,权重次序为"教育医疗""劳动力转移""灾害救援""邮件便利""生活便利"。可以看出,对象区域重视以人才引进和扩大充实地区医疗和教育,通过劳动力的转移提高地区就业率,以及提升地区的抗灾救灾能力,反映了地区对安全保障的重视。

表 6-7 系计划方案的综合评价。综合评价实际上是 A 方案与 B 方案的比较。比较方法是根据两方案战略层各评价项目的综合得分来对比各个方案总的权重。根据对比 A 方案的权重相对高。结合不同沿线区域概况,分析其中的影响原因,一是 A 方案沿线通过该区域政治、经济、文化中心镇,沿线是该地区人口集聚和物资集聚的地区,因此区位优势有利于经济发展地区。二是从社会效果看,劳动力的转移、教育和医疗、生活的便利高的权重值偏重于 A 方案;邮件的便利、灾害救援偏重于 B 方案。分析其影响因素可看到不同地区特点,如 B 方案沿线区域交通条件较差,存在着许多无道路镇村,因此,更加重视防灾救援等要素。三是环境效果,B 方案权数较高。这主要是考虑由于该沿线区域的自然条件差所致。

根据上述评价分析,A 方案沿线是人与物相对集散多的地区,道路建设可以增加物资流动,扩大地区市场,改善企业投资条件。由于道路建设可以增加地区的信息量,增加外来知识,催生新的生产及服务业,提高沿线地区的生活消费和文化水平。B方案的沿线地区是与都市交通不便的经济发展相对落后地区,不可能期望像A方案通过道路建设达到类似的经济效果,但是通过道路交通可实现农业劳动力向外面市镇就业,会对地区的经济生活等方面产生影响。同时,从确保和增加灾害抢救能力,加强地区的稳定、国境的稳定等方面意义重大。

五、结　　语

本研究在考察道路建设效果以及当前国内道路建设可行性评价内容基础上,指出了现行道路评价中的问题,提出了建立道路建设效果综合评价系统的必要性,并参考国际相关研究提出了适合我国地区道路建设效果综合评价的指标体系。同时通过实例对道路建设的综合效果进行了评价,并探讨不同地区实现振兴的不同方式,为道路建设方案的决策和地区建设发展提供了可以参考的依据。道路建设效果综合评价结果表明,道路建设效果包含了地区经济、社会、环境等多方面,道路建设效果是综合性的,影响也是多方面的,不同地区通过道路建设促进地区发展的形式是多样的。把握和发挥道路建设的综合效果,关系到地区的发展与建设。依据地区的具体情况,分析把握道路建设的综合效果,对于促进地区发展具有积极的作用和意义。

专栏：
层次分析法(AHP)改良

层次分析法(Analytical Hierarchy Process)，也简称 AHP 层次分析法，是城市规划、城市交通规划等领域处理战略决策问题常用的分析方法。它是将一个复杂的多目标决策问题作为一个系统，将目标分解为多个目标或目标准则，进而分解多目标为若干层次。在此基础上通过问卷，利用一对一的分层定性指标的模糊量化，得出各分层指标权数以及每一层次单指标对上一层次指标的优先权重，最后通过再加权方法计算备选方案对总目标的优选权重，其中优选权重最大者为最优方案。层次分析法是 20 世纪 70 年代初由美国匹茨堡大学运筹学家萨蒂教授提出。它以其灵活、实用、相对简便等特点受到其应用领域的欢迎。但是在 AHP 分析法的实际应用中，问卷的一对一项目比较容易出现首尾不一导致的数据整合性差等问题，不仅影响分析结果的正确性，同时也影响到层次分析法的实际应用。对于这一层次分析法数据整合性问题，根据层次分析法的比较原理，从层次分析法一对一的比较关系出发，通过定义表现层次分析法评价结构构成的"评价轴"，能够改善层次分析法在实际中的应用。

一、层次分析法比较原理及评价轴定义

（一）一对一比较和一对一比较矩阵

层次分析法中问卷调查是层次分析中的重要一环，其中的一对一比较评价是分析评价的基础。调查问卷中分层指标的一对一比较的重要性尺度划分有相同重要、比较重要、重要、非常重要、极其重要五个不同级别。根据 AHP 层次分析原理，一对一的比较评价结果将转换成为一对一比较矩阵。表 6-8 所示为一对一比

较评价的重要性尺度(定性尺度)与其定量尺度之间对应数值关系。从表 6-8 中可以看到,当设定评价指标分别为 A_1、A_2、至 A_n 时,一对一的比较矩阵可以用 $A=(a_{ij})$ 表示。而 a_{ij} 是评价指标 A_i 与评价指标 A_j 的重要性的比较值。

表 6-8　一对一比较以及重要性评价尺度对应关系

重要性评价定性的尺度	极其重要	非常重要	重要	一般性重要	同等重要	一般性重要	重要	非常重要	极其重要	
评价项目 A_i					○*					评价项目 A_j
重要性评价定量的尺度	9 (1/9)**	7 (1/7)	5 (1/5)	3 (1/3)	1	* 在评价项目的比较中,您认为哪一方重要就在相应的侧面选择划○。 ** 分数表示不重要的尺度值。				
a_{ij}			** 5							

(二) 层次分析法(AHP)原理及评价轴定义

图 6-6 为基准评价指标比较概念图。该图表示一对一比较矩阵 $A=(a_{ij})$ 当以指标 Ai 为比较基准时,它与各指标 $A_j(_j=1,2,n)$ 的比较关系放在数轴上总结和展开的形式。数轴表示的数值分别相当于一对一比较评价时不同重要性比较的定量尺度。其中,数轴上的"1"表示相同重要性,同时也是评价指标在数轴上比较时的基准点。如,当某一评价指标与其他评价指标作比较时,当比较的结果比这个评价指标(基准指标)重要时,比较值表示在数轴的左侧,相反则标在右侧。此时,这一作为对象的评价指标可以认为基准指标。由此比较的结果就相当于一对一比较矩阵 $A=(a_{ij})$ 中列的数值。同时,再将同一数轴的各指标的基准与指标 A_i 在相同数轴比较时,其结果 $A=(a_{ij})$ 的值就相当于一对一比较矩阵中的行的数值。这就是 $a_{ij}=1/a_{ji}$,$a_{ii}=1$ 的层次分析法(AHP)原理。这一表现层次分析法(AHP)一对一关系性质的数轴可以称之为 AHP 评价轴。

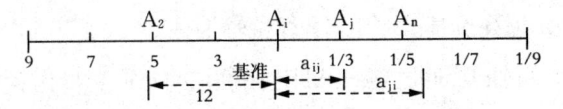

图 6-6　基准评价指标比较示意图(AHP 评价轴)

二、AHP层次分析法改良

(一) 一对一比较矩阵的展开

AHP层次分析法问卷调查是根据评价指标数量决定评价指标间比较的次数。当评价指标数量为n时,对评价指标要进行"n(n−1)/2"次反复比较。这一比较通过AHP评价轴表示的话,就是将所有的评价指标A_i(i=1, 2, …, n),作为基准,对m(m=n−i)个评价指标A_j(j=1, 2, …, m)进行对比评价。这个关系可以通过n个AHP评价轴的一对一比较,把数列A=(a_{ij})表现出来。因此通过任意一个AHP评价轴,根据AHP的性质,"$a_{jk}=a_{ik}/a_{ij}$"都可以构筑一个符合整合性要求的一对一比较数列。也就是说,任意评价指标A_i从不同AHP评价轴上能够得到关于a_{ij}的比较值和推定值。

(二) AHP层次分析法的改良

根据以上AHP评价轴和一对一矩阵的展开可以看到,AHP层次分析法是将各评价指标分别作为比较的基准,从每一个评价指标角度解析不同评价指标之间的相互影响和各评价指标相互的关系,而每个评价指标"a_{ij}"的比较结果是由比较值和许多关联值推算得出。因此对于改良AHP层次分析法的判断是:

第一,关于AHP层次分析法的一对一比较,如果确定了评价基准指标和顺序,便可以利用AHP评价轴的一半进行一对一比较。利用AHP评价轴进行的一对一比较更容易了解哪一个指标对哪个指标进行比较,评价与判断比较容易。由此,可以提高评价的整合性。

第二,在以A_i为评价基准的AHP评价轴上,所有关于A_i的比较的数据均集中反映在AHP评价轴上,通过这一AHP评价轴构筑一对一比较矩阵会变得相对容易和提高准确度。

三、AHP 层次分析法的改良问卷调查表

AHP 层次分析法问卷调查表的设计首先需要说明调查实施意图和调查的内容概要。其次就设问的内容和一对一比较评价改良填写方法作示范解释。一对一评价改良问卷如表 6-9 所示，由评价顺序、评价内容、评价尺度等内容构成。

表 6-9　目标层评价指标一对一比较表

评价顺序	评价内容	评价尺度				
		同样程度	稍重要	重要	非常重要	极其重要
r	A_i A_j					

$A_i A_j (i=1, 2, 3, \cdots)$ 是评价指标的各指标，n 是评价指标数。r 是表示从 1 到 $n(n-1)/2$ 的比较。

当评价指标较多情况下按 Step-1 和 Setp-2 示范程序在表 6-10、表 6-11 中进行评价操作。

Step-1 对评价指标重要度进行排序，排序方式如表 6-10 所示的 1、2、3 的方式"对号入座"。序号 M 表示各指标的排序，在排序中可以有相同序号出现，可记为 m。之后的评价在各自序号的评价轴上进行。（评价指标数与评价轴数一致，当没有出现相同重要度指标时序号与评价轴、评价指标数一致。即：n＝m）

表 6-10　Step-1 的评价指标重要序号比较表

评价指标顺序	A_1	A_2	A_3	$\cdots$	A_m

Step-2 根据评价指标序号按表 6-11 所示，在指标标准评价轴上，以各评价指标对次级序号各项指标进行一对一比较，把比较对象的序号添写相对应重要度表示比较的结果。不同序号的评价指标可以在相同重要度上表示。

表 6-11　Step-2 的 AHP 标准轴比较表

评价轴 1(A_1)	同等重要	稍重要	重要	非常重要	极其重要
评价轴 2(A_2)	同等重要	稍重要	重要	非常重要	极其重要
评价轴 n－1(A_m)	同等重要	稍重要	重要	非常重要	极其重要

改良的一对一比较评价问卷格式,减轻了答卷者负担,为解决层次分析法(AHP)在课题实际中的应用,作了有益的尝试。结合实际案例的区域道路交通建设效果综合评价,也证实了改良后层次分析法(AHP)的有效性与实用性。

第七篇

社会及城市治理

现代城市有"农"生活

城市有"农"生活不是单纯的城市化过程中的农村、农地、农业等资源多样性利用，而是从"城市，让生活更美好"思考的现代城市生活方式和生活态度。据联合国人口研究机构公布的城市化数据，2010年全世界总人口的55%生活在城市。高密度的快节奏城市生活模式冲击着人与自然、人与人，以及精神与物质之间的关系，拥挤和污染使人们的城市生活面临更多挑战。2010年上海世博会"城市，让生活更美好"提出的是21世纪的城市发展的愿景目标：城市必须成为人类能够过上和谐、健康、安全、幸福和充满希望的美满生活的地方。

一、有"农"城市生活

（一）城市有"农"生活概念

最早将城市与"农"相联系的是1930年的《日本大阪府农会报》，之后是1977年美国农业经济学家艾伦·尼斯在其撰写的《日本农业模式》提到了"城市农业"。他指出城市农业是在都市化地区，利用田园景观、自然生态及环境资源，结合农、林、牧、渔生产、农业经营活动、农村文化及农家生活为城市的休闲旅游、体验农业、了解农村提供的各种服务。进入21世纪，学术界进一步对"城市农业"进行了广义理解，提出21世纪将是城市农村化的时代，城市"有"农生活成为21世纪城乡融合时代的新概念。

城市有"农"生活概念包含三方面的内容：一是资源的区域性。城市有"农"概念突破城市与乡村的划分，以及以市区为核心的城市认识观念。它从区域整体性的角度强调市域农地、农业、农村是城市的重要组成部分，资源配置要按照经济、社会、生态、文化协调发展的要求，注重区域整体性，进行其附属资源的分配与利用。

二是城市生活的重要组成部分。根据社会多样化需求的发展变化,认识市域农业资源的多功能性,通过生产性农业向城市生活相关体验农业、农畜产品加工销售等产业转型,保护和利用市域农业资源。三是成就未来城市发展愿景。利用多功能性的农业资源成就未来城市发展愿景不单纯是"就可能论利用",而是"就目标论利用"。以城市有"农"生活成就未来城市发展愿景是着眼城市发展目标,寻求未来城市农业资源与城市发展战略的功能布局在空间上达到融合,体现的是根据目标论利用的发展思路。

(二) 城市有"农"生活的表现

城市有"农"生活是通过社会服务体系的建设以及行政职能介入使"农"的要素渗透在城市各个领域。这种有"农"城市生活的主要表现形式有以下几个方面:

1. 产业方面

一是为满足市场对新鲜农畜产品的需求形成的以城市农业与城市中心区商贸服务区为主的农副产品商贸流通业。二是以城市农副产品为主的深加工业带动的城市农业设施、设备、农业信息服务业、城市农业相关金融服务业。三是城市农业衍生的与文化、旅游、环境等相关产业不断成长的创新城市农业产业。

2. 城市生活方面

一是借助便捷交通使城市居民生活向乡村郊区扩展。如,城市居民利用假期,到城市周边休闲、到郊区消费和从业。二是农场和社区建立农副产品和消费者的互动关系,向社区供给安全、新鲜、高品质食品,满足市场对新鲜农畜产品的需求。

3. 城市环境方面

一是依据气候、植物资源优势等条件进行的城市绿化,如街心公园、休闲公园种植瓜果、蔬菜、花卉类等。二是在城市楼宇、住户阳台种植和养殖可食用农业品。三是在道路两旁林荫大道种植的食用植物和观赏植物,如银杏树和果树。

二、国外有"农"城市生活的现状

(一) 美国

在美国许多城市保留着传统式的农场,农场和社区通过建立农民和消费者的互动关系,形成农场固定的销售渠道,向社区供给安全、新鲜、高品质食品,满足了市民需求同时也持续促进了农场发展。目前在纽约大约有600多个这类的农场。

(二) 日本

在日本,城市观光农园、市民农园、科学教育园地、文化资源利用型的文化馆、文化传习所、民间艺术展览厅等主要集中在东京、大阪、名古屋三大城市圈内,满足都市圈市民对蔬果、观光、休闲、体验农业等多方面的需求。日本政府积极倡导市民与各级行政共同参与从事城市农业活动。政府协同城市总体规划部门、城市绿化部门、地区防灾部门、食育推广等部门制定城市与农业融合的联合推进计划。

(三) 德国

缘于传统文化"农"是国民生活中的重要组成部分,在柏林城市规划中每5公里范围内会有市民农园和菜园等设施,市民徒步或自行车出行20—30分钟便能够到达这类设施。在柏林市民人均拥有市民农园和菜园等设施10平方米,总规模为市区面积的4%。市民参加市民农园和菜园活动多以俱乐部会员的形式参加。

随着现代社会发展,许多国家的政府都在政策上支持有"农"城市生活的形成与发展。德国城市农庄中3/4的土地所有权是地方政府所有。城市农地被列为城市绿地实行统一规划,农庄、农地的土地使用性质受联邦计划法保护,分永久使用和定期使用(永久使用的占60%)。在日本,1999年政府通过了关于发挥农业的多方面功能振兴城市农业的决议。2000年政府制定了限制城区开发的政策以保护地区特点和社区的传统文化。2001年下放农地转让权给地方。2005年又出台了鼓励市民从事农业的措施。2007年公布了推进城市与农村交流振兴农村的援助计划。

三、国内推进有"农"城市生活的条件

(一) 上海案例

农业资源方面,目前,上海市已有粮食、蔬菜、苗木、水产、葡萄等多个产业基地,拥有农民专业合作社已超过800家,以水乡资源为主的上海观光休闲农业渐趋成熟,游客可以进入农业产品基地,赏桃花、品鲜蔬、摘瓜果,还可以垂钓小河畔、留宿乡村。从城市农业多功能角度看,上海城市农业已具有超越第一产业向休闲、城市生态环境服务和教育等生活相关产业转型的潜力。

社会支持系统方面,上海市现有农业专业行业协会10家,各协会对农民种植、养殖及市场进入等方面进行专业技能培训与指导。上海的农产品质量认证中心对农产品质量安全实施监管,各区的农业综合服务中心形成公益性技术服务为主的服务管理网络。此外,多种利益形式的跨区联合体完善了农业社会化服务体系。如,农工商集团联合浦东、奉贤、崇明等区建立了花卉果实、优质蔬菜、优质稻米产业联合等。

城市需求方面,现代城市建设使自然绿地稀少、食品安全等问题影响着人们的生活方式,是当前城市化中普遍存在的问题。有关方面的城市居民民意调查显示,赞成促进农地住宅开发的占12.2%,赞成积极保护和发挥农地作用的占46.6%,接近半数。同时,上海城市绿化单一,绿化工程成本高,对于缺水的上海也是不小的负担。

(二) 国内推进城市有"农"生活的条件

国内发展城市有"农"生活,一是在我国许多城市,特别是中小城市,最低生活保障标准还是难以满足贫困人群的生活需求。引导这些人群从事适当的城市有

"农"生产,可以增加他们的收入,并减少其生活支出,提高生活水平,从而减轻政府财政负担,有益于和谐社会建设。二是发展城市有"农"生活可以使城市土地资源更加有效利用。我国的人均耕地少,但城市却存在土地资源浪费现象。尤其是中小城市,由于开发资金不足土地闲置抛荒现象普遍。而这些闲置抛荒的城市土地位置优越又基本是肥沃的可耕地。发展城市有"农"生活可以为这些土地的还农提供可能。一些美、日、德等国城市利用城市农业生产缓解了耕地的不足,提高了土地的利用率,很值得借鉴。三是发展城市有"农"生活能够更好满足城市居民不断增长的生活需求。随着生活水平的提高,城市居民对农产品的需求越来越多样和精致化。但现在许多城市,特别是中小城市的时新蔬菜、水果等精细农产品还要靠长途运输来满足,不但增加了成本,在质量上也受到影响。同时从城市居民的精神生活需求看,城市有"农"生活也关系到城市环境的美化,如花卉、园艺、养蚕、中草药种植等,都是城市有"农"需求的发展空间。

四、城市有"农"生活建设需要关注的方面

城市有"农"生活不是一项单纯的扩大城市农业种植,而是关系到城市土地管理、规划、民政,以及城市居民在内的系统工程,促进城市有"农"生活建设需要有观念和生活方式上的转变、需要加强规划建设,需要进一步促进城乡统筹社会融合。

树立新观念,发展城市农业成为城市发展的重要支撑。树立城市农业、农村、农地是城市的重要组成部分的观念,是实现城市发展目标的重要支撑。政府可以鼓励城市居民到农村投入,参与农业的经营和开发,参与各种农家乐的经营方式。探讨城市居民在和农民平等交换的基础上,租赁农村的耕地和建设用地,探讨城市居民到郊区租赁农用房开办旅游、休闲、服务等产业。

倡导新的生活方式,促进城市农业保护与发展。它包括支持鼓励城乡交流,发展假日经济,通过快捷交通促使城市生活向郊区扩展,鼓励市民到郊外休闲消费。学习上海城市超市有限公司将蔬菜从生产基地到市民餐桌的配送模式,结合郊区开展如"桃花节""柑橘节""风筝节"等,通过开设快递服务完成时令鲜果快递市内外业务,使之成为时尚来丰富城乡人民精神生活,倡导和探索以新的生活方式保护与发展城市农业。

建设具有示范意义生态宜居城市模型。结合城乡发展战略,着眼城市区域整体按照经济、社会、生态、文化等协调发展的要求进行土地及附属资源的综合利用。以新城和新市镇建设为重点,建设人与自然共生的可持续发展城市,向市民提供体验自然等城乡交流氛围。

城乡统筹推动城乡经济社会融合。融合的意义是促进公共资源在城乡之间均衡配置、生产要素在城乡之间自由流动。而促进融合的方式有加强城乡发展规划、产业布局、基础设施建设、公共服务以及城乡劳动就业和城乡社会管理等。然而,关于城乡统筹资源配置以及要素的流动,目前讨论更多的是农村的城市化建设,对统筹中农业要素向城市的流动,特别是城市如何应对承接等问题缺乏研究,这反映了城乡统筹中存在的一个问题,即忽视了统筹中农村要素对城市的影响作用。21世纪是建设以循环社会、环境共生社会、低碳社会为发展目标,通过城乡统筹促进和实现城市的持续性发展是具有现实意义的课题。

五、结 语

城市有"农"生活是城乡融合时代的新概念,是对城市和农业的广义理解。展望城市有"农"的发展前景,它将促进公共资源在城乡之间均衡配置、生产要素在城乡之间自由流动。从发展目标上看,城市有"农"有利于解决中小城市贫困和再就业问题,解决贫困人口生活需求,减轻政府财政负担。从内容上看,城市有"农"与大面积种植的农村农业不同,更加需要有一定的创新,包括技术方面的,如开发种植可以分解有毒物质的、能够吸收汽车尾气的植物,形成环保型农业,并与城市绿化相结合以美化城市。

21世纪都市新型社区综合养老发展趋势

人口老龄化是指总人口中的年轻人口的数量相对减少,老年人口数量在总人口中所占比例不断上升的过程。一般意义上,一个国家或地区60岁以上老年人口占总人口数量的10%,或65岁以上老年人口占人口总数的7%时,就意味着这个国家或地区的人口处于老龄化社会。随着人口高龄化的加速,如何认识老龄化社会,为老龄社会提供护理、医疗、生活支援、预防等一系列社会服务受到社会各界关注。近期日本东京、大阪等城市联合院校共同发布了《都市老龄化对策研讨报告》。该报告从未来都市型养老的角度,从维持和提升老龄社会的生活质量 QOL (Quality of Life)出发,提出了"21世纪新型社区"概念,强调老龄化社会的新型社区服务不仅是医疗和护理,还包括居住、出行、饮食、陪伴等。本文对该报告内容进行整理,归纳其中值得参考的内容。

一、未来都市养老的基本特征

根据《都市老龄化对策研讨报告》,未来都市型养老的基本特征主要表现在都市的区域空间、未来社会的老龄者和都市医疗等方面。

(一) 都市的区域空间特点

从人口老龄化角度看未来都市型养老的区域空间特点,一是高密度的老龄人口聚居。从老龄化发展总的趋势看,预计2025年日本全国老龄人口将超过总人口的25%,但由于都市与地方之间的差异,都市的老龄人口分布程度将更集中。如东京都的老龄人口密度是1 208人/km²,大阪府是1 034人/km²,而日本全国的平均的老龄人口密度是77人/km²。东京和大阪明显高出日本全国高龄人口分布的平均值。二是都市中充足的生活基础设施。与一般地区相比，都市，特别是大都市拥有便利的交通网、活跃的企业活动、住宅，以及能够租赁的空置的房产（东京都有类似的资源75.0万户、大阪府有62.5万户、神奈川县有42.9万户）。三是高地价背景下完备的基础设施建设及服务。从地价情况看城市，特别是大都市的地价均高于一般城市，但在这一背景下完善的居家服务和介护人才的保障等方面，大都市是一般城市服务水平的数倍。

（二）未来社会的高龄者特征

未来社会高龄者特征，根据《都市老龄化对策研讨报告》，主要表现在高学历、有稳定的年金收入，有选择个性化生活方式的基本条件以及有较强的居家养老意识。此外还有很强的参与工作和参与社会活动的欲望等。

第一，高学历化和稳定的养老收入。在日本未来高龄者多是有进入高等学校或大学经历的一代。日本自20世纪60年代开始，学校入学人数和学校毕业生就职人数明显上升。同时，这一时期的社会发展特征还包括都市化和高速的经济增长。从20世纪六七十年代开始，各地方人口开始大规模向都市转移。在这代人当中许多人参与加入了高速增长期的年功序列工资和长期雇佣制度。这一制度保障了这代人退休后有较为稳定的生活来源，包括作为家庭主妇的女性。根据2012年日本内阁府组织的民情调查，未来老龄社会有超过50%老年家庭以年金收入作为生活来源。其中，家庭年收入在240万—300万日元的老年化家庭为17.3%，收入在480万日元以上的占18.8%，年收入不满120万日元的约为8.3%。

第二，有选择文化消费和个性化生活方式的条件。对未来的高龄者们来讲，他们的小学校及中学生时代是电视、洗衣机、冰箱等耐用消费品急速普及的时代。而20世纪80年代机动车的普及让未来的高龄者经历了各类的休闲生活的体验，包括对时代流行、旅游、文化等社会现象的认识与观察。此外，90年代的经济低迷促进消费，和2000年代急速普及的网络通信与智能手机等都对未来的高龄者产生了影响。因此，未来高龄者在消费和生活方式方面有创新生活的能力，包括利用机动车、电脑、智能手机创造丰富日常生活等。

第三,有较强的居家养老意识且对居家医疗与护理有更高需求。根据调查,未来老龄家庭拥有产权居住条件的约占老龄家庭的 9 成。对于"是否考虑从现在的住房搬迁"的提问,70% 的受访者认为没有搬迁的考虑而愿意留在现居住的地方,选择以居家方式养老。受访者中选择"居家养老"的占 38.2%,选择在养老院养老的占 16.1%,也有选择在"病院等医疗机构"养老的,占 12.4%,选择老人保健护理设施的占 8.6%。

第四,在参与工作和参与社会活动方面,根据调查,未来 60 岁以上的高龄者,虽然进入退休状态,离开公司的正式员工岗位,但仍有相当部分人员选择转为企业契约社员、临时工等非正式编制的员工继续工作。其工作的理由包括为了生存价值、维持健康以及在"在能活动的时候希望一直能够工作"等。对于高龄者的就业形态和就业时间,很多企业采取了按照具体情况具体处理的多样方式,因此也方便了高龄者的就业需求。在社会活动的参与方面,未来高龄者拥有积极参与地区社会活动的意愿。很多受访人希望退休后、劳动时间减少能够用更多剩余时间参与各项社区活动,其中包括娱乐和体育活动,以及各种对高龄者的支援活动等。

(三) 未来都市医疗特征

未来都市医治的意义不单是医疗,保持和提升高龄者的生活质量是医疗的主要任务。因此新的医疗内涵在医疗与护理基础上,增加了对于高龄者日常生活的支援,其中包括居住、出行、饮食、陪伴等对高龄者自立生活的援助与护理。

二、21 世纪新型社区的主要内容

(一) 新的居住理念

新的居住理念包括五个方面:一是居住选择和居住方式的多样性。它包括未来的居住设施会有连带服务的附加设施建设、有面向高龄者的有附加服务设施的住宅建设、有收费服务的老人公寓建设。二是对配备服务设施的高龄者住宅以及收费老人公寓,通过详细的信息服务,各设施内能够接受到相关的医疗和看护服务(包括说明外部提供的服务内容)。为保护入居者的利益,这类服务有地方政府的指导和监督。三是根据地方的保险和财政情况,以居住地为核心为高龄者住宅提供配套服务。对于符合居住地条件的,可以根据制度利用居住地周边的服务设施及地域支援项目。四是对高龄人群集中的社区进行设施改造再建,再建规划要满足社区医疗和看护双向服务的需要。五是利用城市的空置住房,为低收入和低资产高龄者的廉价住房需求提供保障。

(二)居家医疗养老与看护

居家养老与看护内容包括普及 24 小时定期巡回服务、复合型服务、小规模多功能型居住看护、访问诊疗、访问看护等。这些看护能够对高龄者认知度初期问题进行及时的应对治疗。居家医疗养老看护主要由社会法人运营的都市公共服务机构承担,进行 24 小时定期巡回居家服务。这方面也可以以企业间合作、法人间的联合为主在地区层面开展,开展居家医疗养老与看护支援的关键是在整个地区实现援助人员的有效配置。此外是促进建设有效信息互通共有的社区环境,充分发挥 ICT 的作用,促进市区街道为主的居家医疗与看护联合。政府方面是通过都道府县政府采取广域综合的措施,推进看护报酬标准的制定。

(三)养老生活(由多样的服务构成的丰富的高龄社会生活)

新型社区形态中内容丰富的养老生活:一是扶持退职人员的再就业和对社会活动的参与,欢迎更多社会成员支持和参与到看护预防事业,以及高龄者生活的支援服务活动当中。二是发挥都市资源多样和积聚的优势,动员更多社会主体参与地区建设。三是鼓励在高龄期前的四五十岁的年龄段为养老看护作提前准备。都市中类似健身俱乐部等民间服务设施丰富,通过人们积极的消费意识,提高整个地区的增强健康的意识。四是为满足高龄社会在都市生活中的各种生活需求,动员各方面有能力的社会主体提供多样性的服务。五是最大限度发挥市区、街道、村的信息传播作用,宣传民间企业提供的各种项目服务。六是通过培训协调员等活动,加强以市、街、村为中心的高龄社会援助体制建设,推进互助组建设。

三、新型社区综合养老系统建设

都市新型社区综合养老系统建设主要包括养老院建设,养老设施间的区域协调、街道养老设施建设等。

(一) 养老院建设

推进养老院建设关键问题在于设施的用地方面,根据《都市老龄化对策研讨报告》对于连锁的社区养老院可以采用设施租赁的经营方式。如果是同具有行政职能的都市再生机构(UR)合作,还可以考虑利用未使用的公有土地或小学校旧址等进行设施建设。《都市老龄化对策研讨报告》还提议民间企业申请住宅、办公楼等建设时可将一部分作为社区养老院进行建设,社区养老院的销售的方法可以进一步讨论。其中的养老院建设项目,包括具体建筑形式等均可以与相关部门探讨获得容积率的配套优惠。

(二) 养老的区域间调整

养老的区域协调:一是以各地区的高龄者选择为前提进行的广域养老设施建设。由于大都市中心城区的地价高,养老设施建设困难大,因此地区间的联合养老设施建设应运而生。如东京中心城7个区的养老设施分别分布在东京都的13地区内。中心城区的居民养老可以借助发达的交通网络进行跨区域选择,东京杉并区在南伊豆町建设养老院设施就是其中一例。二是建立跨区域的看护保险制度。如东京与静冈县缔结的看护保险项目。该项目以尊重养老者本人的意愿为前提,注意避免家庭及家族与社区产生的分离。政策规定异地养老项目实施中,重点是把握高龄者的养老需求,使双方都对看护保险的内容及援助计划有所了解。这样地区社区之间联系性强,居民和其自身社区就能够保持联系,希望回乡的高龄者能够自主制订计划。

（三）社区养老院系统建设

社区养老院系统建设是为满足都市高龄者居家养老的意愿，根据各地实际情况以每万人口为标准进行社区内的"居家养老支援中心"建设。对于社区综合养老系统的建设，厚生劳动省规定对此类项目的自治计划给予支援。该援助计划分6期到2025年，通过中长期建设实现社区综合养护系统的建设。此外，对于考虑搬迁的高龄者，由于建立移住地的社会关系需要较长时间，政府鼓励在健康状态下进行搬迁计划。

四、新型社区综合养老系统运行

（一）运行机制

日本新型都市社区综合养老系统运行以《介护保险法》的介护保险制度为基础。2000年4月日本开始实施以《介护保险法》为基础的介护保险制度。该制度规定40岁以上有住所的城镇居民强制参保介护保险并缴纳介护保险金。根据该制度，参保居民65岁以后可根据条件不同享受不同标准的介护服务，介护保险金通过社会保险的形式为新型都市社区的高龄者综合养老照护服务提供费用支撑。介护保险制度独立于其他社会保险制度，它的意义在于强调了国民自立，承认日本新型都市社区综合养老护理在家庭养老中的重要作用，并在制度层面予以支持。

（二）运行资金

新型都市社区综合养老护理资金筹集由政府、社会以及个人共同承担，采取多种渠道筹资。其中政府为主、服务机构为辅。如日本介护保险制度所需资金一半源于税金、一半源于保险金。其中税金部分来自中央和地方政府财政,国家、都道府县、市町村三级政府支付介护保险制度所需资金分别是总额的 25％、12.5％和 12.5％。

(三) 服务项目

新型都市社区居家养老包括短期托付、日间和夜间护理、护理访问服务等。短期托付服务是指在高龄者家属外出时,可以将高龄者托付给社区养老院,接受社区养老院的短期护理服务。日间护理服务是指为高龄者提供身体检查和康复训练,接送高龄者到社区老年人护理中心的服务。护理访问服务包括为高龄者提供做饭喂食、洗澡换衣、打扫卫生等服务。以及为失能失智高龄者提供日托护理和多功能型居家护理等社区服务。需要接受以上服务的高龄者,向所在的市、镇或村提出申请,根据专门机构的审核评估确定介护保险的标准,即可享受等级不同的生活照料和居家护理服务。

五、21 世纪新型社区综合养老的启示

(一) 政府层面:发挥政府引导作用,整合制度资源

社区综合养老护理是一项系统的带有保障性质的社会福利事业,对资金和服务等资源的依赖性很强,对于这些仅靠社区的努力是不够的,更需要政府从制度层面加以确认。因此社区综合养老护理中政府应发挥重要的主导作用。包括制度、政策法规和财政投入等方面的支持。一是要充分认识社区养老护理是未来养老的一个主要趋势,应将其纳入社会发展和社区建设系统规划当中,推动社区综合养老护理的快速健康发展。二是进一步完善基本养老制度,随着经济增长适度提高养老保障水平,整合各项保障制度,通过社会保障制度保障高龄者基本生活收入为社区综合养老护理提供支撑。三是政府制定相关政策法规,加强对社区综合养老管理和监督。以税收优惠和资金补贴等方式,吸引企业和社会力量参与社区综合养老,利用市场化运作使养老资源得到合理配置和有效利用。

（二）社区层面：加强基础设施建设与整合，建立社区综合养老服务网

社区基础设施是社区承担综合养老护理必不可少的物质条件。为了保证社区综合养老护理的持续发展，加强社区基础设施除新设施建设外还需整合完善原有设施资源。相关设施主要包括：保健室、健身活动室、社区诊所、社区养老院、老年公寓等。新建设施可以适合高龄者人群的收入能力，满足支付能力较弱的高龄者的服务需求。整合利用现有资源是除利用社区综合配置的社区内的资源外，还包括社区软件资源和硬件资源合理整合。社区内闲置不用的办公楼、学校等用房，可将其建设成综合养老护理服务设施。合理利用已有的公园、体育场馆、青少年活动中心等设施，使之为高龄者活动服务。此外，由于各种原因不同，区域社区综合养老护理服务的供给与需求都会存在差异与不平衡，部分高龄者的养老需求在本社区无法获得满足，而其他社区能够提供其需要的服务。因此，建立社区综合养老护理服务网，通过衔接机制协调社区之间的养老服务供给。如各社区分别建立老年人信息库，统计社区综合养老护理人员基本信息。依托社区信息平台，建立健全社区之间的综合养老护理服务。

六、结　　语

在老龄化和社会养老事业发展的初期阶段，日本各城市及地方也缺乏对传统习惯的考虑，片面地在郊外、海边建设了许多高档和有规模的养老设施，并根据老龄化的加速和养老指标的增长，片面追求养老的床位数量。但现实中高龄者们很多不愿意离开熟悉的环境、社区和家庭去入住养老机构，这使得许多的大型养老机构被废弃，造成大量社会公共资源的浪费。新型都市型社区综合养老显示了日本已把社会养老服务体系的建设重点转移到支援居家和社区融合的养老方面，体现了以家庭为核心的居家养老及护理将是高龄者养老的主要方式。根据《都市老龄化对策研讨报告》，城市建设应对传统的家庭养老功能建设给予重视，全力支持为社区的居家养老护理提供服务的"居家养老支援中心"建设。根据相关法律，日本各地方每万人口区域内必须建设一个"居家养老支援中心"，为老人提供保健师、看

护经理、社会福祉等服务,建设方针的转变将对全社会的养老体系建设起到良好的推动作用。

目前,我国的社会养老体系建设也已开始,如何配合社会发展需求建设养老体系和养老设施受到社会方方面面的关注,也引来诸多讨论。根据日本新都市型社区形态养老设施建设经验,未来的养老护理将更加尊重传统观念,以人为本。同时也需要政府、社会、社区共同努力,构建支持社区综合养老护理服务体系,满足老龄化社会发展需求。

利用社会资源的日本末端交通治理对策

末端交通是城市交通系统的重要组成部分,与城市快速交通共同构成完整的城市交通系统,在促进完善城市公共交通系统中占有重要位置。本文以都市圈城市末端交通的对策为题,介绍日本首都圈及关西都市圈末端交通发展现状,分析末端交通建设对出行者、交通站点区域以及城市公共交通的影响,了解政府在支持末端交通建设中的职能和作用,探讨城市末端交通建设的主要方向。

一、城市末端交通的地区影响

(一) 地区影响

1. 提高出行方便度

有效与快速公交衔接的末端交通建设,在形成新的交通换乘环境的同时,缩短了出行时间。特别是以自行车为主的末端交通出行中,对于没有携带自行车的人来讲,末端交通可以为他们的下一段行程提供帮助。

2. 促进站区周边商业发展

完善末端交通与快速交通的有效性衔接,能够更大限度地加大车站周边的活动范围,扩大车站的影响区域。促进不同方式的末端交通在区域间的联合运营、增加交通的可选择性,为周边居民创造更多的利用机会。末端交通建设能够使利用者在更大空间内活动,活动范围更加自由,因此,对于促进站区周边商业发展具有积极作用。

3. 提供了新的公共交通便利服务

共享自行车,当发生需要时便能够顺利满足需求,不需要专门的自行车的管理者,这对于没携带自行车的出行者会带来很大的方便。特别是对于在车站周边通勤的人和学生,他们不必再为购买和存放自行车费心,省下很多时间和费用。

(二) 公交影响

1. 促进公共交通的利用

末端交通的改善,影响最直接的是通勤和学生上学。在这方面,衔接有效便捷的公共交通系统会吸引通勤人员和学生选择公共交通。末端交通的改善,扩大了站点范围影响,促使更多人使用快速公共交通。

2. 提升站点周边停车效率

末端交通建设促进站点停车场建设,停车场多功能使用,扩大站区停车场容量。特别是自行车停车位要求的面积较小,如果将停车场的一部分用于自行车的停放,能够促进停车场多功能使用,扩大停车场容量。

3. 改善公共交通环境

末端交通的改善可以有助于自行车携带者选择租赁自行车,这样对改善快速交通的乘车环境具有一定影响。同时也可在一定程度上减轻站区自行车存放压力,改变乱放自行车现象。

4. 增加公交大巴的竞合可能性

末端交通建设可能使原先利用公交大巴的乘客根据线路和便捷度进行重新选择,因此在距离以及线路方向等方面末端交通内部也存在一定的竞合关系。

二、日本都市圈城市末端交通建设

(一) 都市圈末端交通现状

2011 年 6 月,日本国土交通政策研究所对东京大阪都市圈即首都圈和关西都市圈的末端交通状况进行了调查,图 7-1 是此次调查的数据。该数据反映了都市圈末端交通到站(居住地—车站)和出站(车站—目的地)两种不同方向的末端交通情况。根据图中数据,首都圈末端交通到站方式中步行者占 60.6%,自行车利用者占 20%、路面公交利用者占 11.7%、助动车利用者占 1.6%,此外还有接送机动车的比例是 3.6%。出站方面的末端交通中,步行为 87.5%、地面公交 7.3%、自行车 1.8%、接送大巴为 1.6%。关西都市圈到站的末端交通步行占 53.4%、自行车 24.3%、路面公交 10.1%、助动车 3.9%、接送机动车 4.7%。出站的末端交通中,步行为 83.1%,地面公交 8.1%,自行车占 4.7%数量相比到站相对较少,此外接送大巴约占 1.6%。

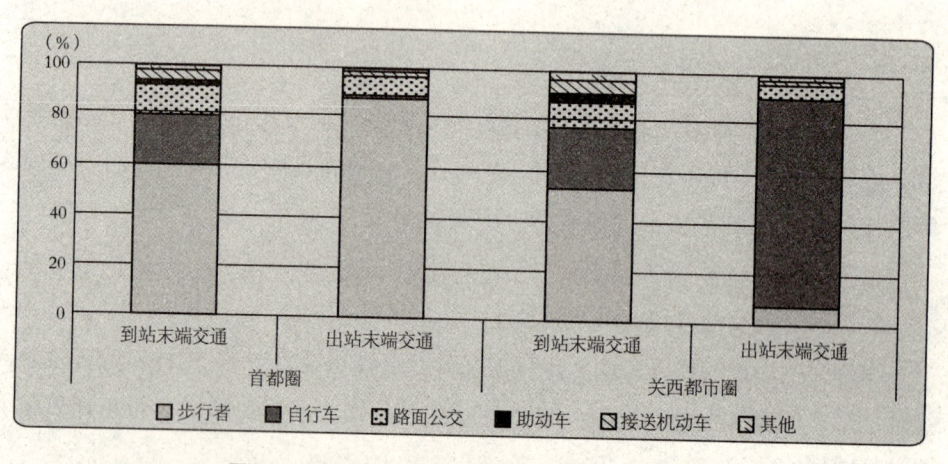

图 7-1 日本都市圈末端交通分担比例(到站和出站)

- 数据来源:根据交通省 国土交通政策研究所:《关于促进地区自行车使用的调查研究》整理。

首都圈和关西都市圈末端交通的主要特点有两个:一是从到站的末端交通看,步行者占首位,自行车居第二位,自行车分担比例在到站的末端交通中占 20%—24.3%,其中七成是通勤交通。自行车作为在通勤和上学的交通工具在末端交通中发挥着重要的不可缺少的作用。二是在末端交通中出站交通和进站交通的交通利用形态有所不同,不同环境的首都圈的情况与关西都市圈的情况也存在较大不同。首都圈出站交通中自行车利用率明显低于到站时所占的比例,步行比例增加。关西都市圈的统计数据则相反,83%的出站交通是自行车。产生上述现象的原因或是因为在当地自行车的使用条件受到限制或到站区域的目的地与站点距离的影响。

（二）都市圈末端交通的问题

末端交通中的问题主要从车站周边环境,即车站自行车停车场配置、停车场利用等情况中进行考察。根据考察都市末端交通的问题主要可以概括为以下五个方面:一是自行车业务过度集中于车站为核心的单一区域,自行车使用者中约 7 成以上要在车站周边使用。二是自行车停车场的容量不足问题,但对于土地高密度利用的车站周边,因为用地和建设费用等因素,大规模的停车场建设受到限制。三是伴随停车场相关费用增加,支出超过收入的状况加大了运营的负担。四是停车场的利用率不均衡,在川崎车站、新川大道等城市重要节点区域自行车停车场有超出收容台数 216% 的自行车在此停放,且车站周边的自行车总需求还在不断增加。五是自行车使用者的违法停放影响了城市景观,不良的车辆停放还给步行者以及自行车通行带来了很多不便。预计随着加强中心城区及交通节点区域的功能建设,前往这些区域大型商业设施的交通以及前往车站的通勤交通需求还将不断增加,停车场设施建设不足,停车场供给存在的压力还将进一步加大。从首都圈情况看,川崎站·京急川崎站、元住吉站、横滨站的日均客流人数分别是 11.3 万人、2.5 万人和 8.4 万人规模,各车站在车站周边 500—7 500 米范围内散设有停车场①。停车场的停车规模约是客流规模的 10%—17%,也有低于 10% 的情况。调查的各车站的停车场利用率均在 90% 以上,停车场趋于饱和,但从自行车辆保有数、车辆利用率,以及外部车辆存放数量,各车站自行车停车场均不足。

（三）末端交通的对策与措施

1. 末端交通政策条例及对策目标

政府重视城市规划中的末端交通建设,其中相关政策条例有为加强末端交通设施建设和提升设施服务水平的《停车场附置义务条例》《自行车社区地区协议》《关于铁路运营企业的自行车停车场设施建设的责任义务条例》,有为调整末端交

---

① 车站周边各停车场信息(停车场停车台数、形态、费用等)通过画像标示显示。

通需求与总量的《自行车使用自律条例》,限制路面随便停放自行车的《停车规范化的相关条例》、《指定放置禁止区域条例》等。在这些政策条例基础上,城市末端交通建设总的对策目标,一是加强末端交通基础设施建设,提升设施整体服务水平;二是针对末端交通设施不足等问题促进末端交通设施的有效利用;三是政府与社区合作,指导和合理调控需求及控制总量;四是利用制度引导末端交通发展;五是优先保障人们工作和学习的末端交通的出行需求。

2. 末端交通主要对策措施

根据日本国土交通省都市圈末端交通调查发布的报告,都市圈改善末端交通的主要对策措施包括:

对策一:加强末端交通基础设施建设,提升设施服务水平。(1)根据保障行人安全和避免步行者在区域集中的原则,选择在车站周边分散建设末端交通的停车设施。(2)发挥公共空间作用,充分利用公共用地和公共空地,根据使用者的需求实施基础设施建设。(3)鼓励动员以民营机构为主体的独立或多方参与的公共停车场建设。民营主体包括民营地方铁路公司、商厦经营者以及民间业者等。(4)支持停车场建设中指定自行车停放区的规划,扩大停放区。

对策二:促进末端交通停车设施的有效利用。在全市范围内整合协调停车场资源,进行停车设施的功能细分,根据各停车场周边环境和设施特性制定收费标准,通过定期券、免费停车等形式开展活动,促进各类停车场的充分利用。

对策三:平衡需求,控制总量。主要方法是探讨在社区引进自行车的可能性,通过社区引入自行车,平衡需求,控制总量。具体构想是通过社区供应自行车,出行者可以自由借出和自由返还,提高短距离交通的便利性。这样,一台自行车可以被多人使用,比较一人一台的使用情况,有望减少自行车的使用总量,同时也减少对停车场停车的压力。

对策四:引导合理使用自行车。(1)制定自行车停放规章制度,包括提示和指导正确的自行车停放,制定自行车停车场建设及收费标准,鼓励更多的民营自行车停车场建设。(2)通过政府和社区组织开展各类宣传交通规则和遵守交通规则活动,指导自行车的正确使用。(3)通过制度强制取缔自行车随意停放,严禁在禁放自行车的区域内停放自行车,确保步行空间。(4)宣传交通规则,推广良好的交通习惯。

对策五:保障交通方式。主要包括明确优先考虑人们工作和学习出行的末端交通。同时注重往返旅游景区的社区交通保障,优化路面公交的线路设置,保证自行车通道的用地和建设。

3. 有效利用社会资源参与末端交通建设

以提高快速公共交通的便利性为目标,末端交通建设应得到社会资源的参与和地方的支持。从东京民营铁路公司作为社会资源参与末端交通运营看,企业在对未来长远发展抱有预期的情况下,能够克服企业环节亏损平衡内部业务统筹末端交通①,在地区的末端交通建设中发挥重要作用。在市场经济环境中存在市场竞争领域、准公共领域和公共产品领域,哪些领域可以开展政府与社会资本合作,在政府与社会资本合作的具体实施中如何追求双赢,都需要具体和细致探讨。包括科学选择能够可持续保证合作关系的合作伙伴,也是实现社会资源参与其中的一个至关重要的环节。

三、日本都市圈末端交通案例的启示

改善末端交通形成良好的都市交通环境,日本都市圈末端交通发展中的问题、对策及其对社会和公交系统的影响,为我们城市末端交通建设管理提供了可借鉴的经验:

(一)作为促进公交发展的一个环节,纳入政府计划实施系统

支持末端交通发展首先是将末端交通建设要作为交通计划的一个环节,由政府纳入地区交通计划统筹安排。日本都市圈的调查中,放置自行车状况和改善地

---

① 关于企业内部统筹是讲从公司的经营绩效看,末端交通运营中64%的企业业务处于亏损经营,其中亏损比例最大约占到企业收入的6%左右(有盈利收入企业的盈利额也仅占企业收入的1%~8%之间)。之所以能够使民营铁路公司克服经营环节上的亏损,为保证客流需求与体现服务统筹进行企业内部业务平衡,维持铁路交通运输的末端交通,主要是由于多元化运用特许政策对民营铁路公司形成支持。

区交通不便等已作为地方交通对策的一部分纳入地区计划。同时利用制度设计促进实施停车场与自行车管理一体化运营管理,委托现有停车场负责管理和运营共用自行车业务。从调查情况看,停车场与租赁自行车业务进行一体化管理和运营,对减少运营成本有明显的效果。因此,政府充当业务主体时,从公平角度将末端交通建设归入公交发展计划是末端交通发展的重要基础。

(二) 利用社会资本

作为发展末端交通的策略之一,政府允许民营铁路公司利用多元化经营参与末端交通服务。以东京为例,东京现有的8家大型民营铁路公司中,除东急公司将末端交通业务委托给子公司管理经营外,其余公司均自行经营末端交通。利用公交提供社区的末端交通服务是东京各民营铁路公司多元化经营的重要内容之一,企业一方面通过末端交通保障地方铁路运营客流需求,同时这也是民营铁路公司服务社区的重要体现。从政府方面看,社区与地方铁路之间的接驳联系解决了末端交通问题,为地区创造了低成本、便捷的出行环境,同时也有效减少了地方的机动车出行。以提高快速公共交通的便利性为目标,末端交通建设,应得到行业的参与和地方政府的支持。

(三) 结合站区环境统筹考虑末端交通建设

站区环境是指快速交通站点周边2—3公里范围区域。站区环境的特性对于末端交通建设的有效性具有重要意义。从日本都市圈末端交通现状调查看,当区域是以住宅区和住宅街区为主时,末端交通的出行的目标是利用快速交通到其他区或市中心区通勤和学习出行,属于到站型末端交通。这时的末端交通建设,首先要保证对固定需求人群的服务。如果站区周边2—3公里范围内集中了商务设施、大学、研究机构,末端交通主要体现出站型末端交通,末端交通除满足人们通勤和学生的固定需求外,还需要考虑具有不确定性的来访者的末端交通需求。作为末端交通的自行车,既要满足到站交通的需求,同时也要考虑出站交通的需求。不同环境不同需求的末端交通选择方式存在差异。

（四）整合快速交通站点周边交通资源

整合快速交通站点周边交通资源包括：了解快速交通站点周边 2—3 公里区域中公交线路分布情况，如在公交线路少的区域可以规模性开展共用自行车业务，在区域内大学和商务设施区域建立共用自行车站点，形成末端交通运营网络化。对于处理末端交通竞合关系的问题，从促进快速公共交通角度出发，在公交大巴的利用便利相对较差，以及其他交通方式不易到达的区域，如大学以及商务设施等区域，应积极鼓励发展共用自行车。共用自行车的停车场地离站点较近，自行车有缩短交通时间和其他交通难以到达优势。

（五）明确末端交通建设中各方的职责及合作领域

末端交通建设涉及政府、快速交通运营商、地区以及出行者。首先政府要对末端交通项目建设运营主体给予支持与协作。从案例调查情况看，政府对末端交通的支持包括：制定自行车放置政策、提供用地保障、为市民以及到访旅游者提供相关信息，制定和调整停车费以及共用自行车收费标准。其次是政府作为项目主管要与相关方和地区进行协调，为市民以及出行者提供末端交通的相关信息，协调制定停车场的费用和自行车收费标准。

四、结　　语

当前，城市快速交通发展迅速，与快速交通衔接的末端交通的重要性日渐显现，尤其是在强调城市绿色交通和可持续发展等方面更具有重要意义。无论一座城市的快速交通如何发达，也依然存在末端交通的问题。末端出行范围约 1—3 公里往往需要步行、自行车以及地面公交等，其中步行、自行车占用资源少、短程、绿色环保、无交通拥堵、覆盖城市各个角落以及交通出行"门到门"无缝衔接等特点，对提高城市公共交通出行比例、对形成城市低碳和谐、绿色高效的交通良性发展和促进城市的可持续发展具有非常重要的意义。日本首都圈和关西都市圈的城市末端交通现状及对策，为国内讨论城市公共交通以及改善末端交通建设提供了一定的参考。

政府主导形成第三方为主的行业管理格局
——东京出租车行业管理经验

行业管理是在国家法律制度约束基础上,由政府、企业、行业组织,以及消费者共同参与形成的行业管理系统。当前国内现行的行业管理有以政府为主的行业部门管理,有行业企业管理,还有以政府与代表行业组织的第三方机构相互协作的行业管理。随着全面改革的不断深化,行业管理中导入政府以外的社会力量,发挥行业管理第三方机构作用已成为社会各方面的普遍共识。然而现实情况是行业管理中第三方机构缺乏独立制约力量,对行政部门的依赖性过大,这不仅影响了第三方机构在行业管理中正常发挥作用,也影响着行业管理改革的推进。本文在指出国内行业管理中问题的基础上,考察东京出租车行业第三方机构管理方式以为国内探讨行业管理改革提供参考。

一、问题的提出

当前,根据行业特点,行业管理的方式主要存在以下几种:一是由政府相关管理部门直接承担的部门式行业管理,如在国民经济发展具有战略意义的交通和通信等行业。部门行业式管理中管理部门集行政职能和管理职能于一体,甚至集国有资产、管理职能于一体,是具有较强垄断性的管理方式。二是公司式管理。即具有政府性质的全国性(或区域性)行业总公司和相关政府职能部门,通过划分政企职责,对行业内经济活动进行统一集中管理。实行这一管理方式的包括石化以及电力等行业。三是行政式行业管理,如旅游、民航、交通等行业,政府通过设立行业管理部门对该行业实施行政和行业管理。行政行业式管理特点是管理部门不直接管理企业,只作为政府的职能部门统筹规划、掌握政策、组织协调、监督行业服务,并通过政府综合经济部门的有关管理活动实施对行业经济运行的调节和控制。四是第三方机构为主的行业管理。这一管理方式是在政府对行业、企业宏观调控基础上,通过第三方机构的自律性管理来实现行业管理。其特点是有利于调动各方面力量,实现行业管理的有效社会分工。以上行业管理方式中可以看到政府职能在行业管理中的影响依然占有较重要地位,但从趋势上看,以第三方机构为主体,行政管理与第三方机构管理有机结合的第三方行业管理模式是今后行业管理转型发展的主要方向。

行业管理关系到政府、企业、劳动者,以及市场和消费者等各个方面。在这方方面面的关系中,企业关注经营利润、企业形象,以及长远发展,消费者关注的是服务和价格合理性,劳动者关心的有安全、收入和社会保障的持续性等,政府关注的是在此基础上的社会秩序。从关系角度看,实践表明第三方管理机构能够合理平衡这些关系中的各方面需求。理论上讲行业管理中第三方机构方式是在政府、企业、消费者(市场)之间发挥沟通、协调、服务、监督等作用的桥梁,是协助推进政府相关政策执行,影响政府政策制定,使社会资源得到优化配置、市场经济顺畅运行、促进市场主体有序竞争的重要社会组织。随着行业管理改革深入,现在已有不少行业和部门开始向行业第三方机构赋予更多行业管理职能。包括将原部门中具有第三方机构职能的行业协会或商会从行政体系中脱离,委托其行业管理职能。行业协会、商会也在这一形势下通过一些基础性管理服务工作,接受政府部门行业管理信息,又把企业的要求反馈给政府,力求在政府和企业之间承担起承上启下的第三方机构管理作用。但由于政府部门的管理职能作用和影响依然较大,行业协会和商会尚缺乏独立制约力量,因此还难脱离对行政部门的依赖性,影响了协会商会作为第三方机构在行业管理中正常发挥作用。

二、东京出租车行业管理

(一) 东京出租车行业特点

1. 中小企业

根据日本出租车行业协会的行业调查,东京的出租汽车公司有 16 808 家,车辆 50 494 辆,平均每家出租汽车公司拥有的出租汽车数量为 3 辆。东京出租车行业是以中小企业为主的行业,在东京出租车行业中注册资本在 10 万日元以下的企业占全行业企业总数的 2/3,行业中拥有 200 辆车以上的出租车公司不足行业企业的 5%,半数以上企业拥有的出租车数量在 10 辆以下,其中多数是一人一车的出租车企业。

2. 多样性的用工和工资形式

东京出租车行业在用工方面,采用了常规用工和定时用工两种方式。其中占 78% 的是常规用工,定时用工占 22%。常规用工的驾驶员有较稳定的公司保障,是行业中的主要用工形式。从工资待遇看,不论是常规用工还是定时用工,东京出租车行业工资待遇分固定工资、收入比例提成工资(公司收入达到一定值后按提成分配)和固定工资与收入比例提成混合制的工资(基础工资+收入比例提成)三种。混合制工资是东京出租车行业主要的收入分配形式,特别是市场竞争加剧情况下,许多公司为追求利润鼓励创收,多采取固定工资和收入比例提成混合的工资制来核算工资。根据相关资料,东京出租车行业采用基础工资+收入比例提成工资分配方式的企业占企业总数的 37.5%,其次为固定工资和收入比例提成工资。

3. 行业费用结构及定价方式

根据东京出租车行业企业收支情况调查,东京的出租车行业企业费用构成主要包括燃料费、出租车辆维修费、车辆折旧费、其他运输费、管理费、营业外费用,以及人工费(驾驶员和其他人员费用)和利润相关支出等 8 项。在行业的收支构成中,人工费支出比重最大约为总费用支出的 76.9%(其中驾驶员人工费占 96%,其他人员费用占 4%)。其次是管理费,约占费用结构的 10.2%,燃料费和其他运输费支出占 6%,折旧费占 2%,利润分配及其他项目分别占 1% 左右。相对于较固定的费用构成,东京在出租车行业的定价方面采取了以公司经营情况为基础的出租车运费定价制度。出租车公司可根据地区规定的出租车运费上限自行制定出租车运费价格。如在东京普通的出租车起步价有 710 日元,也有 500 日元的。也有一些出租车公司通过采取缩短起步价公里数的方法来减少起步价,增加短距离利用者对于出租车的需求。以公司经营情况为基础的出租车运费定价制度,促进了出租车企业在竞争中灵活经营,也使消费者在出租车使用方面有了更多的可选择性。

（二）东京出租车行业管理方式

东京出租车行业管理采用了政府宏观调控和以第三方为主行业管理相结合的管理方式。

1. 政府宏观调控

根据日本国土交通省《出租车行业问题对策报告》，作为城市公共交通的重要组成部分，地区经济发展重要支撑的东京地区出租车行业发展的主要任务是保障其行业劳动者生活和在地区发展方面发挥作用。在这一方针指导下，东京的出租车行业管理，政府主要是对出租车供大于求、竞争激烈等问题组织讨论，联合行业管理第三方机构提出方案，制定调整供给和调和竞争的对策等。如2002年，东京依据《改善道路运输法》取消了原有运输行业供给调整制度对出租车行业车辆数量的限制规定，放宽了出租车行业的准入标准。新的政策帮助出租车行业吸引了更多创业者，促进了行业的市场公平竞争和经营者创新，活跃了出租车行业。此外，是对出租车行业从业人员劳动时间长于其他行业、收入水平较低等问题给予重视，积极会同相关机构研究探讨，提出增加固定工资、增加提成比例等政策措施。同时围绕出租车行业效益差等问题建立企业和员工评比制度，鼓励行业合作以及出租车企业合并、转让、重组，推进行业公平竞争与市场淘汰制，提升出租车行业的整体实力，降低成本，提升运营效益。在增加服务项目，扩大消费市场方面，政府采取措施包括设立社区方便出租车站点，支持建设区域叫车服务系统，引导减少空车驾驶等。鼓励和支持企业建立信息通道、增加服务项目刺激市民消费需求。

2. 第三方机构行业管理

东京出租车行业管理的第三方机构由政府指定，其任务包括监督管理和对出租车行业企业提供服务[1]。政府通过第三方机构管理促进企业经营者自律，对违

---

[1] 1969年，日本交通运输省为加强出租车行业管理，提高出租车行业服务水平，制定了《加强改善大都市出租车行业服务对策》，提出在东京和大阪率先试行由第三方负责执行的出租汽车行业管理。根据这一规定，东京成立了出租车行业管理第三方机构即日本东京租汽车现代化中心(现称财团法人东京出租汽车中心)对出租车公司及驾驶员的业绩实施考核，负责进行出租车行业的服务监管。

法和有不当经营的企业和驾驶员进行公开曝光,对于有不良记录和违反法令情节的营业者及出租车驾驶员进行严格处分等。承担出租车行业管理的第三方机构配合政府制定出租车行业企业以及驾驶员的服务评比标准,向社会公布评比等级,为消费者正确选择出租车服务提供可参考信息,为出租车行业经营创造良好环境。除此之外出租车行业管理第三方机构还组织出租车驾驶员职业培训,确保驾驶员资质等,在提高出租车服务水平等方面发挥作用。

三、行业管理第三方机构及组织特点

(一) 第三方机构

1969年为加强东京的出租车行业管理,提高出租车行业服务水平,根据日本交通运输省的《加强改善大都市出租车行业服务对策》东京开始在出租车行业,施行由第三方负责的出租车行业管理。当时的东京出租汽车行业管理第三方机构全称日本东京租车现代化中心(现称财团法人东京出租车中心,简称出租车中心)。作为出租车行业管理主体,东京出租车中心的主要职能包括三个方面:一是负责出租车行业的服务监督与管理,如根据相关注册制度负责管理颁发出租车公司驾驶员营业许可,对受到举报拒绝载客的驾驶员在一定时间内取消其在区域内从事出租车驾驶业务的资格等。二是对出租汽车行业、企业及驾驶员的业绩进行考核。具体内容有,提出出租车驾驶员必须具备职业素养,为驾驶员提供指导和研修,负责驾驶员的职业水平考试。为能够出色地驾驶车辆,熟知驾驶区地理情况的出租车驾驶员评级。中心还对出租车企业进行评级。三是出租汽车中心为出租车的业务运营提供服务,如出版和编辑地图,在街区设置出租汽车调度员或出租汽车调度车,及时了解交通堵塞和施工信息,协助指导出租汽车为客人提供优质服务。此外,还利用设施为出租车驾驶员提供宿舍、食堂等福利,改善出租车驾驶员工作环境。为提升行业服务水平,东京出租汽车中心还负责组织开展出租车行业民意调查,收集市民对出租车行业的意见。同时东京出租汽车中心还与出租车行业行政管理部门保持经常联系,及时处理与出租车行业服务有关的投诉等。第三方机构从中立的立场出发,在提高东京出租车的服务水平、为乘客提供便利等方面发挥了重要作用。

(二) 第三方机构组织特点

财团法人东京出租汽车中心是由官方指定,承担对出租车行业发展实施监管及提供服务的职能机构。依据日本相关法规,财团法人东京出租车中心是属于从事与公益相关业务并受行政业务主管部门认可的非营利性机构。因此作为非营利机构,政府财团法人东京出租汽车中心的经费来源在制度上有着明确规定:一是作为第三方管理机构依据相关制度在接受国家政府机关委托相关业务时,政府机关将为此支付补助金和委托费,这些费用是第三方机构的基本资产及经费。二是出租车企业驾驶员注册费、出租汽车公司管理费、外部机构赞助费、机构设施运营收入等。三是其他经费收入,如财团法人可以通过基金以及发展会员制等争取事业费收入。通过这些经费保证了作为非营利机构东京出租汽车中心执行行业第三方管理职能。此外政府还通过行政组织方式在协助提升第三方机构加强行业管理方面发挥作用,如2002年根据《出租汽车行业规范化特别措施法》东京出租汽车中心被确定为长设性机构,作为行业管理的第三方机构,在出租汽车行业中的管理地位得到进一步的认可和提高。

四、东京出租车行业管理经验与启示

(一) 政府主导促进形成以第三方机构为主的行业管理格局

任何一种管理方式能发挥作用,是因为该管理方式具备了发挥作用的制度环境。东京出租车行业第三方机构成为行业管理主体并发挥作用:一是东京根据公共服务性质定位出租车行业发展方向,以此促进了政府为出租车行业第三方机构的设置进行了制度安排,保证了出租车行业第三方机构的管理职能确立和其作用的充分发挥。二是政府结合实际有效把握了行业管理第三方机构建设及第三方机构与方方面面的关系特征,支持第三方机构管理发挥作用。因此通过第三方机构的行业管理,东京出租车行业发展既满足现代城市发展的要求,满足居民出行需要,也能兼顾出租车驾驶员的利益,促进整个行业的发展,提高服务管理水平。

(二) 以行业定位为基础,明确第三方管理机构的管理职能

在东京出租车行业第三方机构组建中,在第三方机构相关制度、资金落实以及政府对第三方机构给予支持和保障中,东京出租车行业的发展定位发挥了积极作用。由于出租车行业定位是城市公共交通的重要组成部分,地区经济发展的重要支撑,因此东京在城市公共交通规划中对出租车行业给予了与地铁、巴士公交等相同的关注度,保证了根据国家政策和相关规定对出租车行业劳动强度大、运营风险相对较高等特点给出具体的政策倾斜。在确保出租车企业经营者和从业人员的共同利益基础上制定了以第三方机构为主的行业管理规则,确定政府支持的高层次起点的行业第三方管理体系,保障了第三方机构管理方式下出租车行业作为公共交通的健康发展。

(三) 通过第三方机构促进行业相关方意见沟通

东京出租汽车中心是介于政府和企业的第三方机构,作为第三方机构,东京出租车中心以公正中立的立场听取出租汽车企业、驾驶员,以及乘客方面的利益诉求和建议,为出租车行业相关利益方提供诉求窗口,也为政府与出租车行业企业、驾驶员、乘客沟通创造条件,为政府制定政策提供信息。因此,东京出租车行业第三方机构的管理方式把以往出租车行业驾驶员与企业间的内部问题提升到一个新的"行政"层面,把行业释放到社会上的问题(如服务质量等问题)转化为第三方机构的经营目标。东京出租车行业第三方机构加强了东京出租车行业的合理规范经营,保护出租车司机和乘客的利益,促进出租车行业的健康发展。行业管理涉及行业内部和外部的方方面面,东京出租车行业第三方机构管理从内容上看包括改善出租车行业内部驾驶员劳动环境和解决外部交通混乱影响出租车运行运营,以及满足出租车乘客的需求等问题。

五、结　　语

随着全面深化改革的不断推进,以第三方机构为主体的行业管理已成为行业改革发展的大趋势。但从国内行业管理现状看,一步到位地实行以第三方机构为主体的行业管理还不现实。从东京出租车行业管理经验看,行业的管理方式选择取决于行业的性质、地区经济发展水平、国家经济发展战略,同时还受到行业管理历史的影响。东京出租车行业第三方机构管理经验告诉我们,行业管理不仅是经济领域的问题,同时也是完善社会管理的重要内容,需要政府的方针主导和对策措施。行业第三方机构管理具有社会管理的复杂性,同时也体现了政府在主导经济社会生活方面拥有的强大资源配置能力和影响力。因此针对国内行业管理,第三方机构成为管理主体的问题必须明确政府、市场、社会三者的职能作用和边界,有效利用政府职能,鼓励发展新的社会组织承担社会管理职能,根据行业特点对具备竞争能力的行业在制度、机构设置、资金落实等方面给予支持,保障行业第三方机构建设,促进行业健康发展。在第三方机构监督管理下调动和提高行业自律性和诚信度,促进和提高城市社会管理水平。

专栏：
公共项目治理视角下政府与社会资本合作的制度设计：
东京地方铁路建设政策实践分析

近年来政府与社会资本合作作为国家战略和支持新型城镇化建设的重要手段自上而下地大力推进。国务院、国家发改委、财政部等多次印发文件加强政府财政投入、完善管理方式，以推进政府与社会资本合作。2014年财政部专门成立了政府与社会资本合作中心，公布了政府与社会资本合作的示范项目，显示了国家在推动政府和社会资本合作方面的决心和力度。尤其在铁路建设与运营领域，国家发改委和有关部委连续发表多个文件，推动公私合作，如：国家发改委《关于进一步鼓励和扩大社会资本投资建设铁路的实施意见》(发改基础〔2016〕1610号)、《关于印发中长期铁路网规划的通知》(发改基础〔2016〕1536号)、《关于促进市域(郊)铁路发展的指导意见》(发改基础〔2017〕1173号)等。

事实上，我国开始尝试政府与社会资本合作是20世纪80年代，其间经历了1984—1993年改革开放引进外资的探索期、1994—2002年市场化推进中的试点期、2003—2013年社会主义市场经济初步建立的推广期。多年的探索国内政府与社会资本合作在规范地方投资、激励政府支出与收益匹配、利用社会闲散资金加快地方基础设施建设等方面发挥了重要作用。但存在的问题也较为突出，主要表现在作为公共项目，政府与社会资本合作如何在合作的利益博弈中既确保公共利益的实现又能满足社会资本利益，使社会资本投资得到合理回报。当前政府与社会资本合作的利益平衡主要采取政府财政支付方式，这种支付方式一方面给政府财政造成压力，同时也影响企业能力的发挥。

日本是实践和推广政府与社会资本合作较早的国家之一，也是公共项目治理较成熟的国家之一。1881年，日本制定了最早的公共项目治理文件：《民营铁路建设条例》，允许鼓励民营企业参与城市地方铁路建设。之后又陆续制定了《轻轨铁路补贴法》和《促进新城建设与铁路建设一体化特别措施法》等支持社会资本参与城市地方铁路建设。法规制度的保障使政府职能和社会资本的资金、技术、管理有效结合,充分发挥了政府和社会资本各自的优势,取得了以东京为代表的日本主要大都市地方铁路建设政府与社会资本合作的双赢。在地方铁路建设成功的基础上1990年日本又进一步根据社会发展实际制定了《关于充分发挥民间事业者活力促进特别设施建设的临时措施法》(PFI法),将政府与社会资本的合作范围进一步扩大到租赁住宅、船舶、飞机等运输设施以及人造卫星等领域。这一举措表明了地方铁路建设政府与社会资本合作实践取得的成效得到了广泛认可,同时也说明政府与社会资本合作是推进公共服务改革和加快公共基础设施建设的重要途径,是创造合作双赢或多赢的重要合作模式。2013年梁时娟等在研究归纳公共项目治理的运行及运行特点中对比了国内与日本的政府与社会资本合作的管理执行情况,针对政府与社会资本合作的利益平衡指出,作为公共项目治理,日本通过制度设计,以政府介入的最小化促进了公共项目建设的双赢,强调了有效政府与社会资本合作的制度设计是解决国内政府与社会资本合作利益博弈,促进社会资本参与的关键。本文从这一现实问题出发从公共项目治理的角度聚焦东京地方铁路建设,考察其合作制度设计的特点及其创造合作双赢的内在逻辑关系,为探讨我国当前政府与社会资本合作实现双赢提供参考与借鉴。

一、公共项目治理

公共项目治理是特纳(Turner)在威廉姆森(Williamson)交易成本的经济学框架下提出的。他认为在特定的公共项目中公共项目治理是一种决策机制,它通过一定的策略调整来实现项目的建设目标。特纳指出要使公共项目有效交付使用,达到预期目标和实现利益,应围绕项目的一系列结构、系统和过程进行全面的战略性制度设计和安排。同时他还强调公共项目治理应由一方主导的项目治理转为多方制衡的项目治理,形成项目的组织型治理。

20世纪90年代伴随现代项目管理研究范围的扩展,从制度层面解决项目管理中存在的代理问题的公共项目治理理论研究开始兴起。公共项目治理理论以公共项目中的多主体经济关系及其责权利配置为研究对象,以保证项目成功和促进企业发展为目标,关注项目管理理论未能深入的制度层面的问题。他认为,公共项目是多主体参与的项目契约组织,是以临时性契约组织为核心的项目利益各相关主体自身价值的集合,公共项目治理就是研究公共需求带动下政府投资人与项目参与方之间的契约关系。2004 年国际公共项目管理协会(A Guide to Governance of Project Management)年度报告进一步明确了公共项目治理的内涵是为实现项目有效交付和确保公共项目及其产出的可持续性,通过利益相关主体权利、利益的平衡来实现项目价值。

关于公共项目治理的制度计划,Bekker M C 和 Steyn H 指出,在复杂合作关系中有效的制度设计可以使不同治理机制形成优势互补。在 Ruuska 的研究中可以看到在相关主体责权利关系上,这些治理机制包含了风险分担、激励机制;张喆等的研究更具体提出了公共项目治理中的契约治理机制和自我履约机制,指出这些机制是制约利益相关者履行合同和形成合作信任关系的基础,其中责权利是形成相互关系最重要的内部治理机制等。这些公共项目治理研究的核心主张是,公共项目治理应从项目控制权配置与责权利匹配的角度设计政府与社会资本的合作关系,讲求促进多方制衡基础上的公共项目治理;主张公共项目治理的目标不仅是最终的交付产品,更表现在合作的过程中,通过合理的责权利配置,平衡项目交易过程和使用过程中各方面的利益诉求,满足企业的正当利益,促进提高政府与社会资本合作效率。

二、公共项目治理视角下东京地方铁路建设

东京地方铁路建设始于 19 世纪末工业化带动下的东京城市化建设。1881 年日本制定了《民营铁路建设条例》允许和鼓励社会资本参与地方铁路建设。1911 年政府又颁布《轻轨铁路补贴法》,允许社会资本在地方铁路建设中多元化经营,以及通过固定资产税优惠,补贴企业的铁路建设与运营。这些政策措施在财务方面为社会资本参与项目创造了条件,有效降低了社会资本参与基础设施建设的投资风险,在促进东京城市交通建设中发挥了重要作用。第二次世界大战后日本政府出台了《促进新城建设与铁路建设一体化特别措施法》,通过设立特别基金和发行地方债券等方式支持鼓励社会资本投资地方铁路。1987 年政府又进一步制定政策引入第三方参与建设,即政府、地方、民营企业共同出资,通过设立

法人制度,共同组织地方铁路建设。

公共项目治理视角下的东京地方铁路建设,一是政府通过政策引导社会资本参与城市基础设施建设。在这一过程中东京地方铁路建设体现了地方、企业、居民等社会多主体利益,政府以鼓励市场化为主要建设方向,在项目管理中采用市场经济的管理方法和竞争机制,重视公共项目的投入产出,使地方铁路建设满足了社会资本参与建设的内在愿望,调动了社会资本参与建设的积极性。同时也发挥了政府在政策调控的优势,减少了财政压力。二是这一系列政策影响下东京地方铁路建设政府与社会资本合作取得的共赢效果。它包括实现了项目自身的建设目标,形成了东京市域交通网。东京市域交通网包括路面公交、地铁、JR城市铁路和地方铁路。①在政府与社会资本合作下,东京地方铁路的建设里程达到了1 488.4公里,占到了市域交通的49.75%、城郊铁路的57.39%,成为衔接东京大都市快速交通的重要组成部分,促进了东京新城建设。基于《民营铁路建设条例》及《促进新城建设与铁路建设一体化特别措施法》,20世纪70—80年代在距离东京中心城区30公里附近区域内,面积超过1 000公顷的新城建设有13个之多,其中包括东京急行电铁公司建设的著名的多摩田园新城、东京都规划小田急线和京王快线等民营铁路公司参与建设的多摩新城,以及千叶新城、筑波科学城、北港新城等。这些由地方政府、民营铁路公司等共同参与的新城沿铁路线展开,与城郊地方铁路融为一体集聚在东京周边,在东京城市发展的关键时期发挥了重要作用。一是满足了这一时期东京大规模产业功能疏解以及劳动人口增长对住宅和就业等方面的需求,另一方面促进了东京周边地区的快速发展,使东京都市圈的首都功能能够在更大范围内发挥作用;此外还有一项不可忽视的成效是东京地方铁路建设促进了地方民营铁路企业的发展壮大,其中一些企业成长为大型集团公司。以东京急行电铁公司(简称东急公司)为例,东急公司是伴随东京地方铁路建设发展起来的民营铁路公司。20世纪初,东急公司在政府特许政策影响下参与地方铁路建设,其中60年代东急公司在开发东京南部城郊铁路时,利用多元化经营特许对沿线坡地进行平整,规划了面积5 000公顷的多摩田园新城。在多摩田园新城建设中东急公司除为新城提供交通基础设施外,还在加强环境保护基础上规划建设了新城百货商

---

① 东京城郊铁路分为JR铁路和地方性民营铁路。其中,JR铁路是指以日本铁路公司为主建造的国有铁路,政府与社会资本合作建设的为地方性民营铁路,简称地方铁路。

场、酒店、饭店、休闲娱乐以及大学和商务办公等基础设施,使多摩田园新城成为东京高品质生活的象征。现在东急公司建设的多摩田园新城人口已超过 50 万,是东京周边规模最大的新城。东急公司也在建设中发展壮大,现东急公司企业员工超过 10 万人,拥有 400 多家下属企业,其中 10 家成员公司在东京证券交易所上市,企业的年销售收入也已达到 47 830 亿日元,是日本全国民营铁路公司最有代表性的企业之一。作为民营铁路公司的代表企业,东急公司营业收入中 49% 来源于交通运输主业,房地产占收入约占 33%,酒店收入约为 2%,其他业务收入 16%。除东急公司外,东京现在还有 7 家大型民营铁路公司和数量众多中小企业在从事与地方铁路运输相关的业务,这些企业通过地方铁路建设发展扩大,在东京的交通运输和城市发展中发挥着至关重要的作用。

三、东京地方铁路建设制度设计的特点

东京地方铁路建设的特点是政府将政府与社会资本之间的利益关系及其责权利分配通过制度设计纳入了一个规范的合作框架之中,其制度设计包括自下而上的响应社会资本需求、自上而下的实施重点战略的主题型合作,以及引入第三方模式促进风险共担等。这些制度在将公共项目的控制权与责权利进行合理匹配的基础上,保证满足了企业的激励相容,又有效提高了政府与社会资本合作效率,体现了政府与社会资本合作契约的本质。

(一) 自下而上地响应社会资本需求

响应社会资本需求是东京地方铁路建设政府与社会资本合作的第一阶段采用的合作模式。该制度设计的特点是自下而上,政府根据社会资本需求通过法律方式制定企业多元化经营特许以鼓励社会资本进行地方铁路建设。多元化特许规定社会资本在建设和经营地方性铁路时允许从事一定规模的与铁路运输业务相关的开发和商业活动。[①]这些开发和商业活动包括企业可以在铁路沿线进行土地的商业开发,经营与铁路业务相关的公交和出租汽车等服务、提供卖场和超市购物以及

---

① 1911 年政府颁布《轻轨铁路补贴法》,允许和鼓励私营企业参与地方铁路建设,允许民用资本进行地方铁路建设,可以多元化经营,以及通过固定资产税优惠等补贴和支撑企业的铁路建设与运营。

休闲娱乐等。政府的多元化经营特许为社会资本从事地方铁路建设提供了方便，企业可以根据企业需求通过多元化特许经营增加和扩大铁路沿线人口及客流，同时还可以用多元化运营获取的营业收入补贴交通运输业务中的部分环节实现企业的统筹运营。由于自下而上的多元化经营特许满足了社会资本多渠道获得投资回报的需求，因此有力促进了社会资本对东京地方铁路建设的投入。表1-6所列的东京京急快线、东急快线、小田急、京王、西武、东武、京成快线等地方铁路都是基于多元化经营特许由社会资本(民营铁路公司)规划建设的，这些铁路基础设施的建设成为支撑东京交通网的基础。

表7-1 企业多元化运营模式下的东京地方铁路建设

线路名	运营机构	运行区间	里程(km)	建设时间(年)
伊势崎线	东武铁路	浅草—伊势崎	114.5	1899
东上线		池袋—寄居	76	1914
京城上押线	京城电铁	青砥—押上	5.7	1912
京城本线		京 成	69.3	1912
京急本线	京滨急行电铁	泉岳寺—浦贺	56.7	1901
空港线		东急浦田—羽田机场	6.5	1902
东横线	东京急行电铁	涩谷—横滨	24.2	1926
目黑线		目黑—武藏小杉	9.1	1923
田园都市线		涩谷—中央林间	31.5	1927
池上线		五反田—浦田	10.9	1922
井之头线	京王电铁	涩谷—吉祥寺	12.7	1933
京王线		新宿—京王八王子	37.9	1913
小田园线	小田急电铁	新宿—小田园	82.5	1927
新宿线	西武铁路	西武新宿—本川越	47.5	1895
池袋线		池袋—吾野	57.8	1915
浅草线		西马込—押上	18.3	1960
三田线		黑目—西高岛平	26.5	1968
都电荒川线		三之轮桥—早稻田	12.3	1911

• 资料来源：根据东京都城市建设局"都市建设项目"整理(http://www.toshiseibi.metro.tokyo.jp/cpproject/intro)。

(二)自上而下地实施重点战略的主题型合作

1972年，为配合日本首都圈发展规划，促进东京周边新城建设，东京设立"东京地方铁路建设基金"对东京地方铁路建设及其电气化改造等项目实施特殊资金补助。基金补贴措施规定民营铁路公司建设项目贷款利息超过 5％的部分可接受"东京地方铁路建设基金"的特殊资金补贴，同时贷款的偿还期限可以延长到 25 年。这一制度设计为企业筹集地方铁路建设资金促进地方铁路建设升级改造创造了更为有利的条件，在促进东京都市圈城郊铁路建设中发挥了很大作用。在此基础上，1987 年为进一步提升对地方铁路建设改造的建设力度，政府又设立"特定都市铁路建设储备金"，配套制定了《特定都市铁路建设促进特别法》。根据该法律，社会资本（企业）可以将部分交通运输的投资支出转嫁到运费中收回，其增收部分作为"特定城市建设储备金"逐年积累免予征税（积累期限规定为 10 年），同时政府拿出一定数额经费补充此项建设经费。自上而下的主题型合作制度目标明确，采取了有针对性的措施（借款、利息优惠），有力地促进了东京地方铁路建设的现代化改造。

（三）体现风险共担关系的第三方建设

体现风险共担关系的第三方建设是指政府、社会资本、金融机构等共同出资，项目建设完成后以混合所有制形式对项目实行企业化运营管理的政府与社会资本合作模式。20 世纪 70 年代后东京地方铁路建设采取了这种通过第三方模式配置责权利体现风险共担关系的合作模式。风险共担的体现：一是无息贷款。东京地方铁路建设利用设立的"东京地方铁路建设基金"由日本铁路建设公团负责向计划进行新城交通建设的第三方提供免息贷款，贷款上限为建设投入的 40％。二是贷款外其余部分由企业以及建设地区政府共同承担，如东京地方铁路东叶高速铁道建设中，沿线千叶县出资 26.4％、船桥市出资 24.2％、八千代市出资 23％，东京地铁和京成电铁公司也分别出资 13.8％和 3.7％。三是第三方建设中要组织具有法定权力的协议委员会协商建设事宜，铁路建设完成后由专业的铁路运营企业以股份公司的形式组织运营。从合作模式看，第三方合作建设的制度设计具备了公共项目治理的典型特征，通过责权利的合理配置，保证了满足企业的激励相容又有效提高了政府与社会资本合作效率。

四、合作双赢制度设计的内在逻辑关系

东京地方铁路建设走过了近百年,经历了不同的发展时期,不同的制度设计与合作方式促使东京地方铁路建设取得多方面成果,透过这些可以看到政府与社会资本合作实现双赢的内在逻辑关系。本文从合作准则、合作模式,以及保持长期稳定合作等方面归纳如下。

(一)合作准则:将企业利益与地区开发前景相结合

在东京地方铁路建设中多数社会资本选择的开发运营方式是在销售部分开发外,还保留相当部分的开发设施进行商业运营,这种开发及运营方式一方面表达了企业对新城发展前景抱有的预期,但更重要的是反映了政府合作制度设计中的长远的考虑。一是制度合作的对象选择,地方铁路公司只有在建设区域长期发展才能实现发展,二是东京地方铁路建设的制度设计,无论是多元化经营特许还是设立专项资金,或是采用的第三方建设方式,制度设计最基本的一项是将社会资本的自身利益与地区的长远发展目标的结合。这是东京地方铁路建设政府与社会资本合作实现双赢和取得了一系列成果(城郊地方铁路建设、有效疏解首都功能、促进东京周边新城开发、促进都市圈经济一体化形成,企业的发展等)的前提与基础。正是由于制度设计考虑了不同主体利益诉求,且将其与项目建设捆绑在一起,企业才能够将其利益与地区发展前景结合,才能最大限度发挥企业优势,专注各项事业的长远规划建设,在实现地区发展的同时成长壮大。

(二)合作模式:风险共担

在东京地方铁路建设中,政府与社会资本合作采取了企业多元化经营特许、政府政策补助、第三方合作等模式。这些合作模式反映了不同时期的发展状况,表达了各时期政府的不同政策意图,但其中的共同特点是风险共担。如东京地方铁路建设初期开始的多元化经营特许制度。这种合作方式为社会资本参与创造了更多

投资回报机会,有效减少了大规模公共基础设施建设投资对于政府财政的压力,同时也避免了政府补贴可能带来的企业竞争力激励不足等方面问题。包括在特定时期政府针对地方铁路电气化改造以及大都市新城建设提供的财政专项基金补助等,这里的风险共担包括政府承担政策风险,社会资本承担了项目经营等方面风险。而第三方建设模式的风险共担则更进一步地利用市场化的责权利分配减轻了企业参与建设的投资风险,同时也通过企业参与减少和避免了政府决策可能出现的失误等。因此,不同于简单的融资,东京地方铁路建设政府与社会资本根据各自的优势来承担不同的风险,同时以风险分担为核心找到与政策目标相一致的合作方式是东京地方铁路建设实现合作双赢的重要特点。

(三) 管理方式:保持长期稳定的合作关系

东京地方铁路建设,政府与民营铁路公司的合作从多元化经营特许开始持续了近百年。在这一过程中企业获得了发展机会,政府也在合作中得到了向社会提供公共产品及服务的重要助手。这一实践说明政府与社会资本合作不同于短期的融资合作,长期稳定的合作是合作双方进行战略性规划的重要基础,也是衡量政府策略能否执行、合作能否取得成效的重要标准。公共项目治理也强调长期稳定的合作是实现双赢的基础,因为长期稳定的合作关系能够保证企业对未来长远发展抱有预期,保证了企业从地区发展着眼进行基础设施建设,进行相关产业和服务业投资,包括克服环节亏损统筹经营。例如,东京地方铁路建设中各企业经营的末端交通,从经营绩效看有半数以上企业经营处于亏损,其中亏损额比例最大的约占企业收入的6%(有盈利收入的企业盈利额也仅占企业收入的1%—8%),但各公司均努力克服环节亏损,统筹平衡内部业务,保留和经营末端交通,其原因在于企业有长远的发展预期和对全局发展的战略考虑。因此,政府与社会资本合作的目标不仅表现在最终的交付产品上,更表现在过程和关键环节上,在过程中建立信赖关系实现长期合作。

五、总 结 与 启 示

从政策的实践与应用来看,东京地方铁路建设探索的公共项目治理结构是一种制度框架,在这一框架下公共项目的利益相关者通过责权利的制度安排决定项目的合作及相互关系。形式上东京地方铁路建设是民营铁路公司利用政策参与城市基础设施建设,事实上是政府根据各时期发展需求引导社会资本支持城市化建设所进行的制度设计。它表现了政府与社会资本合作过程中一定固化的契约关系里制度设计对合作双赢的影响,以及利益共享、风险共担、长期合作在制度设计中的核心作用。东京地方铁路建设准确地抓住了公共项目治理的这一核心,在多元化经营特许、专项基金补贴、第三方建设等制度设计中通过不同方式的风险分担实现了合理的利益分配,消除了困扰政府与社会资本合作的利益博弈,避免了政府不必要参与造成的社会资本难以利用市场经济规律,通过自主经营与决策获得合理投资回报等问题。东京地方铁路建设案例证明了政府与社会资本合作关键问题在于制度,而制度设计的重点是利益与风险。

当前,国内城镇化建设发展迅速,公共基础设施建设与公共服务供给等领域存在着巨大需求,同时许多企业也在期待更好的发展机会。政府与社会资本合作不仅能够解决城镇化建设中的资金不足,促进地方建设,同时也能够为企业发展提供更多良好发展机遇。从东京地方铁路建设经验看,突破传统的公共部门与社会资本合作关系,让企业从依赖政府补助中走出来,建立全新的政府与社会资本合作双赢模式是构建新时期政府与社会资本合作关系的关键。东京地方铁路建设政策实践的启示:

第一,在实践中逐步修订和完善制度设计。制度设计是政府与社会资本合作双赢的基础,也是提升社会资本参与信心、降低项目风险的有效措施。东京地方铁路建设的制度设计先后经历了长期完善过程,才逐步形成了政府侧重提出投资政策,制定相关法律制度,而把社会资本能做的事交给社会资本去做的成熟合作模式。这种合作模式有效发挥社会资本积极性,为政府与社会资本合作的推进与展开创造了良好环境。因此,国内在加强政府与社会资本合作制度设计方面应重视在实践中的逐步完善,如在政策之后要尽快出台配套现行合理运作的相关制度法规。

第二,树立新的合作理念建立平等合作关系。政府与社会资本合作是一个长久持续的过程,只有对过去行政意识进行突破才能使建设与管理适应新的经济社会发展需要。建立新的合作关系从政府层面看要进一步加强用政策表达合作意图。更加专注和把握发展形势进行政策优化,通过行政、财政、投融资等方面的管理制度变化找到与政策目标相一致的合作方式,改善和提高公共产品的供给和效率,促进城市建设和管理适应新的发展格局。从企业或社会资本层面看新的合作关系是进一步实现规则平等、机会平等和权利平等,废除现有对社会资本的不合理规定。这些都是建立新型政府与社会资本合作关系的基础。

第三,有效发挥市场在公共资源配置中作用。它包括突破传统的政府主导格局,让企业从依赖政府补助中走出来,建立政府与社会资本平等合作关系。东京地方铁路建设经验表明,与依靠政府补贴维持合作相比,在项目的战略规划中让社会资本将其管理效率、市场优势与公共服务有机结合,以责权利对等的风险共担关系保证政府、社会资本和地方在合作过程中各自获得合理收益显然更符合市场配置资源的基本原则,更能够促使政府与社会资本相互融合,避免政府财政补贴造成企业效率低下,促进政府治理能力的提升。进一步明确政府与社会资本合作中的权利平等、相互合作以及合法关系,将公司合作中的政府主导作用及其控制力和影响力降到最低。政府投资参股公私合作项目应注重兜底或支持发挥引导性功能。只有让社会资本在政府引导鼓励和监督下充分发挥其主动性和进取性,才能更好地发挥政府和社会资本优势,形成合作双赢局面。

参考文献

外文资料：

Mori Building Co., Ltd,《六本木新城》,设计新潮杂志社。

Richard Simmons, "In Hope of Promoting Good Public space Designing Japan",《日本都市计划》2008年6月。

财团法人森纪念财团,城市战略研究所:《世界の都市総合力ランキング》Global Power City Index,日经印刷株式会社,2010—2015年。

常濑光市等:《湘南 c-x 的计划和创新型设计协商》,《日本都市计划》,2008年6月。

独立行政法人中小企业基础建设机构:《中小企业创新援助战略案例分析报告》,2008年3月。

国土交通省都市·地域整備局 都市計画課 都市交通調査室,《都市交通計画課題に対応した検討事例集》。

国土交通省都市·区域整备局:《全国城市交通特性调查报告2》,2005年。

国土交通省自动车交通局:《东京地区出租车现状》,2012年。

交通省国土交通政策研究所:第99号关于地区促进地区自行车使用的调查研究。

进士五十八:《都市与"农"》,《都市计划》2008, Vol.57/ No.4。

京都府:关西文化学术研究都市(京都府域)建设规划,2008年8月。

京都市産業観光局商工部商業振興課:《都心部地域商業集積の活性化策略》,2013年11月15日。

蓼沼庆正:《大都市圈铁路利用民营建设的上下分离制度》,《运输政策研究》。

木下荣藏:《关于AHP新的思考:一手法提案的研究》,《日本土木计划学研究·讲演集》,No.17, 1995.1。

木下荣藏:《关于应用层次分析进行多目地问题决策的研究》,《交通工学》,Vol.28, No.1。

日本国土交通省都市区域整备局:《全国城市交通特性调查报告1》,(都市人口出行活动),2005年。

日本国土交通省:《新成长战略》,2013年。

日本国土交通省:《新たな国土のグランドデザイン》,平成26年3月。

日本国土交通省:住宅\城市领域支付改革研讨系列,2011年。

日本交通政策审议会:《关于出租车行业问题对策报告》,2008年。

日本节部省科学技术研究所:2010年第2次全国创新调查报告。

日本节部省科学技术政策研究所(第2研究小组):《日本企業における研究開発の国際現状と変遷》,平成20年。

日本経済新聞WEB刊:《動き出す国家戦略特区大胆な規制緩和進むか》,2013年11月5日記事。

日本総合研究所(株):《高齢化が日本経済に及ぼす影響》(都市部の高齢化対策に関する検討会報告書)。

森纪念财团全球城市综合排名报告(2011)(概要版)。

森纪念财团全球城市综合排名报告(2012年—2014年)。

森纪念财团全球城市综合排名年报告(2010)。

盛亚也子:《关于AHP相对位置评价的研究》,《日本土木计划学研究·讲演集》,No.12,2000.11。

石井伸一:《国际大都市未来交通》,上海社会科学院新知库论坛,2013年4月。

世纪政策研究所:《新たな都市政策の条件—独自な都市形成を図るための都市計画制度と都市政策の実効性を高める方策について》,2000年6月。

首相官邸ホームページ《"国家戦略特別区域法案"の閣議決定について》。

台北市:《未来十年规划纲要》,台北市网站。

田坂敏雄编《東アジア都市論の構想—東アジアの都市間競争とシビル·ソサエティ構想—》,御茶ノ水書房,2005年2月。

五條敦:《大都市圏における市町地フリンジ農地の展望》,《都市計画》。

西正光、坂东弘、小林洁司:《PFI项目方式选择的理论研究》,《第27届土木计划学研究发表会论文集》,东京:日本土木学会,2003(光盘版)。

早川康弘、松进贞二郎:《道路投资的社会经济评价》,东洋经济新报社1997年。

折田仁典、清水浩志郎:《关于过稀地区道路建设效果的研究》,《土木建筑工程计划学习研究论文集》,1995年12月。

中村良平、江岛由裕:《地区产业创生与创造型中小企业》(日),大学教育出版,2004年。

中里幸聖:《东京圈都市轨道交通的展开》,《经营战略研究》,2008年夏季号,Vol.18。

竹内智子:《都市农地与都市绿地计划》,《都市计划》,2008年,Vol.57/No.4。

中文文献:

宾晖:《东日本铁路公司客运经营的启示》,《铁道运输与经济》2009年第4期。

波士顿咨询集团:《连接世界:变革交通、运输和供应链》,《世界经济论坛(World Economic Forum)》,2013年5月(胡大龙译)。

蔡蔚:《城市轨道交通的基本属性对投融资的启示》,《城市轨道交通研究》2007年第1期。

曹海军:《城市治理视野下的政府与社会资本合作研究》,《天津行政学院学报》2016年第1期。

陈静、周峰:《新公共管理的政策工具:PPP的理论与实践分析》,《河南商业高等专科学校学报》2007年3月。

陈群民、钱洁:《台北城市文化发展的经验及对上海的启示》,《科学发展》2011年第4期。

春燕:《东京六本木大型城市公共空间的开发经验》,《国际城市发展报告》,社会科学文献出版社2013年版。

春燕:《台北市:未来十年规划纲要》,《国际城市发展报告(2012)》。

戴铜、金广君:《美国容积率激励技术的发展分析及启示》,《哈尔滨工业大学学报(社会科学版)》2010年7月刊,第12卷第4期。

丁钰:《中小企业创新应该解决的问题》,《经济师》2005年第5期。

段德罡、黄博燕:《中心城区概念辨析》,《现代城市研究》2008年第10期。

谷人旭:《日本关西经济圈21世纪产业发展构图及其启示》,《世界地理研究》2000年3月。

谷炜、杜秀婷、郝媛:《多主体城市知识创新体系的构建研究》,《科学管理研究》

2013年第5期。

谷晓江、陈加友:《全球化背景下我国文化的战略抉择——文化现代化的战略思考》,《中国现代化研究论坛论文集》2009年第7期。

广州干部社会主义学院:《广州建设国家中心城市笔谈》,《广州社会主义学院学报》2010年7月20日。

郭莉:《台湾文化旅游产业的发展现状及优劣势分析》,《中国产业》2011年第6期。

国家发展与改革委员会:《环渤海地区合作发展纲要》,2015年10月12日。

韩军等:《政府与社会资本合作模式研究》,《上海经济研究》2017年第2期。

呼和浩特市政府:《呼和浩特市2015年国民经济和社会发展统计公报》。

胡晓峰:《中心城市核心区商业发展研究——以重庆渝中区为例》,重庆工商大学工商管理硕士(MBA)教育学院,2013年5月。

黄城志:《城市公共空间的构成与设计》,《城市设计》2012年。

黄阳、吕庆华:《西方城市公共空间发展对我国创意城市营造的启示》,《经济地理》2011年8月。

贾康、林竹、孙洁:《PPP模式在中国的探索效应与实践》,《深化改革经济导刊》2015年1月。

康青松:《日本创新集群的发展及启示——以九州半导体创新集群为例》,《科技进步与对策》2012年第3期。

李慧芳:《论我国新型城市形态建设中的政府职能要素》,《山东行政学院学报》2009年6月。

李梅霞:《关于AHP判断矩阵一致性改进的研究》,《中国系统工程理论与实践》2002年(第2期)。

李铁、文辉:《东京都市圈发展对我国特大城市发展的启示》,《城市中国网》2014年7月。

梁时娟、张子龙、王守清:《中、英、日、韩PPP项目模式的政府管理比较研究》,《项目管理技术》2013年第11期。

刘珈琦:《城市道路公共交通发展及趋势分析》,《环境与社会》2017年6月。

刘健、马恩拉瓦莱:《从新城到欧洲中心——巴黎地区新城建设回顾》,《国外城市规划》2002年第1期。

刘其:《都市农业　农业现代化的先头劲旅》,《中国发展观察》2014年5月。

刘万里:《关于AHP判断矩阵修正方法的研究》,《中国系统工程理论与实践》1997年6月。

倪外、曾刚、滕堂伟:《区域创新集群发展的关键要素及作用机制研究——以日本创新集群为例》,《地域研究与开发》2010年第2期。

彭丽敏:《武汉建设国家中心城市的思考——以城市功能和国家战略的动态耦合为线索》,《城市发展研究》2013年1月26日。

彭希哲、胡湛,《公共政策视角下的中国人口老龄化》,《中国社会科学》2011年第3期。

邱华盛:《关西文化研究城》,《科学与社会》1995年第3期。

荣朝、李津京:《公私合作关系的构建与实施——基于交通领域利用民间资本的研究》,《产业经济评论》2014年第13期。

沙凯逊等:《一个建设项目垂直治理的委托代理模型》,《项目管理技术》2011年5月。

沈汉:《日本新建关西文化学术研究城市》,《日本问题研究》1994年第2期。

沈晓初、王振主编:《上海郊区发展报告(2011—2012)》,上海社会科学院出版社2012年版。

史官清、冯康、张先平:《城市核心区旧城改造的典型困境与突破思路》,《湖北经济学院学报》2015年第4期。

苏跃江、周芦芦、孟娟:《国内外机动车增量控制方法的经验与启示》,《现代城市研究》2015年3月刊。

孙施文:《城市中心与城市公共空间——上海浦东陆家嘴地区建设的规划评论》,《城市规划》2006年8月。

孙永河、段万春、杜元伟:《知识密集型服务业创新机制分析》,《现代管理科学》2011年第2期。

覃成林,郑云峰,张华:《我国区域经济协调发展的趋势及特征分析》,《经济地理》2013年第1期。

谭鑫、郑丽楠:《国内外公共项目公私合作模式的理论述评》,《广东行政学院学报》2016 年 4 月。

唐莹莹等:《发达国家文化中心城市建设的经验及对北京的启示》,《北京联合大学学报》2014 年第 2 期。

万振:《日本节化名城京都》,《当代世界》2003 年第 8 期。

王美凤:《我国老年人口年龄结构变动及其对经济增长的影响》,《人口与社会》,2015 年第 3 期。

王蕊:《从日本经验看我国中小企业发展的几个问题》,《中国信息报社》2008 年 3 月 13 日。

王颖:《呼和浩特市文化产业发展策略研究》,内蒙古师范大学 2013 年硕士学位论文。

吴丽华、罗米良:《日本创新产业集群形成及特征对我国产业群聚的借鉴》,《科学管理研究》2011 年第 3 期。

徐曙:《日本的城市新交通系统——AGT》,《城市轨道交通研究》1998 年第 1 期。

严玲、邓娇娇:《国内外公共项目治理研究现状及趋势展望》,《软科学》2012 年 12 月·第 26 卷·第 12 期(总第 156 期)。

严玲、尹贻林、范道津:《公共项目治理理论概念模型的建立》,《中国软科学》2004 年第 6 期。

杨栋梁:《日本民营铁路经营模式及其借鉴性思考》,《南开大学学报(哲学社会科学版)》2010 年第 3 期。

杨天薇:《对城市轨道交通补贴方式的探讨》,《现代城市轨道交通》2008 年第 6 期。

杨文红、闫敏:《知识密集型服务业创新的影响因素及其政策选择》,《商业时代》2010 年第 13 期。

于本瑞、侯景新、张道政:《PPP 模式的国内外实践及启示》,《现代管理科学》2014 年第 8 期。

张航、万军:《城市慢行交通发展模式研究》,《城市研究》2011 年第 9 期。

张剑涛:《世界文化中心城市:识别、评价与塑造》,《国际城市发展报告(2012)》。

张俊浦:《日本养老经验对我国社会养老服务体系建设的启示》,《改革与战略》2014 年第 8 期。

张可云、王裕瑾：《世界新城实践与京津冀新城建设思考》，《京津冀协同发展研究》2016年36卷第6期。

张崎：《关于构筑AHP一对一比较矩阵方法评价的研究》，《日本土木计划学研究》论文集，1997年。

张玉鑫、奚东帆：《聚焦公共空间艺术，提升城市软实力——关于上海公共空间规划与建设的思考》，《上海城市规划》2013年6月。

张喆等：《不完全契约及关系契约视角下的PPP最优控制权配置探讨》，《外国经济与管理》，2007年8月刊。

章希：《展望2020年的公共交通》，《世界之窗》2017年第4期。

赵春飞：《国外应对老龄化的经验和启示》，《中国经济导刊》2017年9月。

赵民、李峰清、徐素：《新时期上海建设"全球城市"的态势辨析与战略选择》，《城市规划学刊》2014年7月。

赵童、蒲琪：《国内外几种交通影响分析理论与方法的比较分析》，《城市轨道交通研究》2000年第1期。

甄静：《我国轻轨交通的发展战略》，《城市轨道交通研究》2002年第1期。

郑伟、林山君、陈凯：《中国人口老龄化的特征趋势及对经济增长的影响》，《数量经济技术经济研究》2014年第8期。

《中国道路计划法规》第2章。

中国道路建设监督管理公司：《省际道路维修的可行性报告书（经棚——大板道路）》，2002年。

《中华人民共和国国民经济与社会发展第十二个五年规划纲要》，人民出版社2011年版。

周春燕、王琼辉：《公众参与城市轨道交通政府补贴机制探讨》，《价格理论与实践》2007年第6期。

周阳：《国家中心城市:概念、特征、功能及其评价》，《城市观察》2012年第1期。

周正祥、张秀芳、张平：《新常态下PPP模式应用存在的问题及对策》，《中国软科学》2015年第9期。

朱键元：《政府和社会资本合作模式的若干思考》，《行政管理改革》2015年第6期。

朱四海:《转型期政府行业管理模式选择》,《龙岩师专学报》2003 年 10 月。

网络资料:

2010 年度日本文部省地区创新发展计划,http://www.mext.go.jp/a_menu/kagaku/chiiki/budget/1297966.htm。

2010 年日本文部省创新集群发展援助政策,http://www.mext.go.jp/a_menu/kagaku/chiiki/budget/1297966.htm。

城市运营网:《新城运作机制的比较研究》,http://c.kaifa01.com/theory02/theory02090918065_all.htm,2009 年 9 月 18 日。

大阪产业经济咨询中心:《大阪の都市競争力——外资系企业のアジア都市立地戦略調査～》,http://www.pref.osaka.lg.jp/attach。

大阪产业经济咨询中心:《大阪の都市競争力——外资系企业のアジア都市立地戦略調査》,http://www.pref.osaka.lg.jp/attach。

东急电铁:《東急多摩田園都市とまちづくり》,http://www.tokyu.co.jp/company/business/urban_development/denentoshi/index.html。

东京都:《2020 奥林匹克构想》,http://ja.wikipedia.org/wiki。

东京都:《东京未来 10 年》2009 行动纲领,http://www.chijihon.metro.tokyo.jp/actionplan/index.html。

东京都:《东京未来 10 年》2008 行动纲领,http://www.chijihon.metro.tokyo.jp/bridge/index.ht。

东京都:《2020 年的东京》,http://www.metro.tokyo.jp/INET/KEIKAKU/2011/.../70lcm101.htm。

东京都市建设局:《都市建设项目》,http://www.toshiseibi.metro.tokyo.jp/cpproject/intro/list_saisei.html。

《东京都武蔵小山街区再建方针概要》,http://tochi.mlit.go.jp/seido-shisaku/tochi-riyou。

东京都政策企划局:《东京未来 10 年》,http://www.chijihon.metro.tokyo.jp/plan2011/pdf/tougou/2011_honbuntougou.pdf。

東京都政策企画局調整部国家戦略特区推進調整担当:《外国企業誘致に向けた東京都の取組》,http://www.bdc-tokyo.org/event/pdf/141117/04.pdf。

東京都政策企画局:《国家戦略特区》,http://www.seisakukikaku.metro.tokyo.jp/invest_tokyo/japanese/。

丰田正和(METI 制造产业局次长):《日本制造业振兴战略》,http://www.rieti.go.jp/jp/events/bbl/03071401.html。

国立社会保障・人口问题研究所:《都道府县未来人口预测》,http://www.stat.go.jp/data/mesh/topics/topi681.htm。

国土交通省政府网,《利用地区创新的容积率特例制度案例》,都市计划,http://www.mlit.go.jp/crd/city_plan/katuyourei.html。

《呼和浩特市国民经济与社会发展第"十二五"规划纲要》,http://wenku.baidu.com/view/c47fb20316fc700abb68fc42.html。

京都府:关西文化学术研究都市政府网,http://www.pref.kyoto.jp/bunkaga/4.html。

経済産業省貿易振興課:《特定多国籍企業による研究開発事業等の促進に関する特別措置法(アジア拠点化推進法)ガイドライン》,http://www.kantei.go.jp/jp/singi/tiiki/kokusentoc_wg/h25_kettei.html。

陆锡明、顾啸涛:《上海市第五次居民出行调查与交通特征研究》,《城市交通》,http://www.docin.com/p-425441072.html。

内閣府:年次経済財政報告(経済財政政策担当大臣報告),《リスクに立ち向かう日本経済》,平成 20 年 7 月。http://www5.cao.go.jp/j-j/wp/wp-je08/08b03050.html。

内蒙古旅游政务:《第六届民族商品交易会会刊》,2013,http://www.nmg-tour.gov.cn/。

千代田区政府网,《都市建设》,https://www.city.chiyoda.lg.jp/koho/machizukuri/toshi/saisetokubetsu.html。

《日本出租车行业概况》,http://you-me-p.com/taxi_driver/cat/。

《日本出租车行业问题点》,http://you-me-p.com/taxi_driver/2008/11/post-4.html。

日本国土交通省都市交通调查:《全国城市交通特性调查报告》,2010 年,http://www.mlit.go.jp/crd/tosiko/pt/kotsujittai.html#chukyo。

日本厚生省:《出租车驾驶员劳动情况调查报告》(概要版),www.mhlw.go.jp/

houdou/2005/11/h1111-2a1，2005 年 11 月。

日本交通省国土交通：《日本都市交通计划调查》，2010 年，http://www.mlit. go.jp/crd/tosiko/pt/kotsujittai.html♯chukyo。

王彬彬：《大力推进服务业创新发展》，新华网浙江频道（2009-01-13　15：54：21)，http://www.zj.xinhuanet.com/website/2009-01/13/content_15443347.htm。

新华新闻：《城市话题：紧凑型城市更节能》，http://news.xinhuanet.com/city/2012-03/29/c_122904422.htm。

一般社团法人：《日本出租车联合会统计调查报告》，http://www.taxi-japan.or.jp/content/。

中国报告大厅：《2014 年我国出租车行业现状分析》，http://www.chinabgao.com/k/chuzuche/2067.html。

总务省统计局：《超高龄社会とその地域差》，http://www.mizuho-ir.co.jp/publication/column/2010/0323.html。

佐谷説子：《コンパクトシティ政策：世界 5 都市の比較分析，OECD》，http://www.oecdtokyo.org/theme/terri/2012/20120613compactcity.html。